JN155388

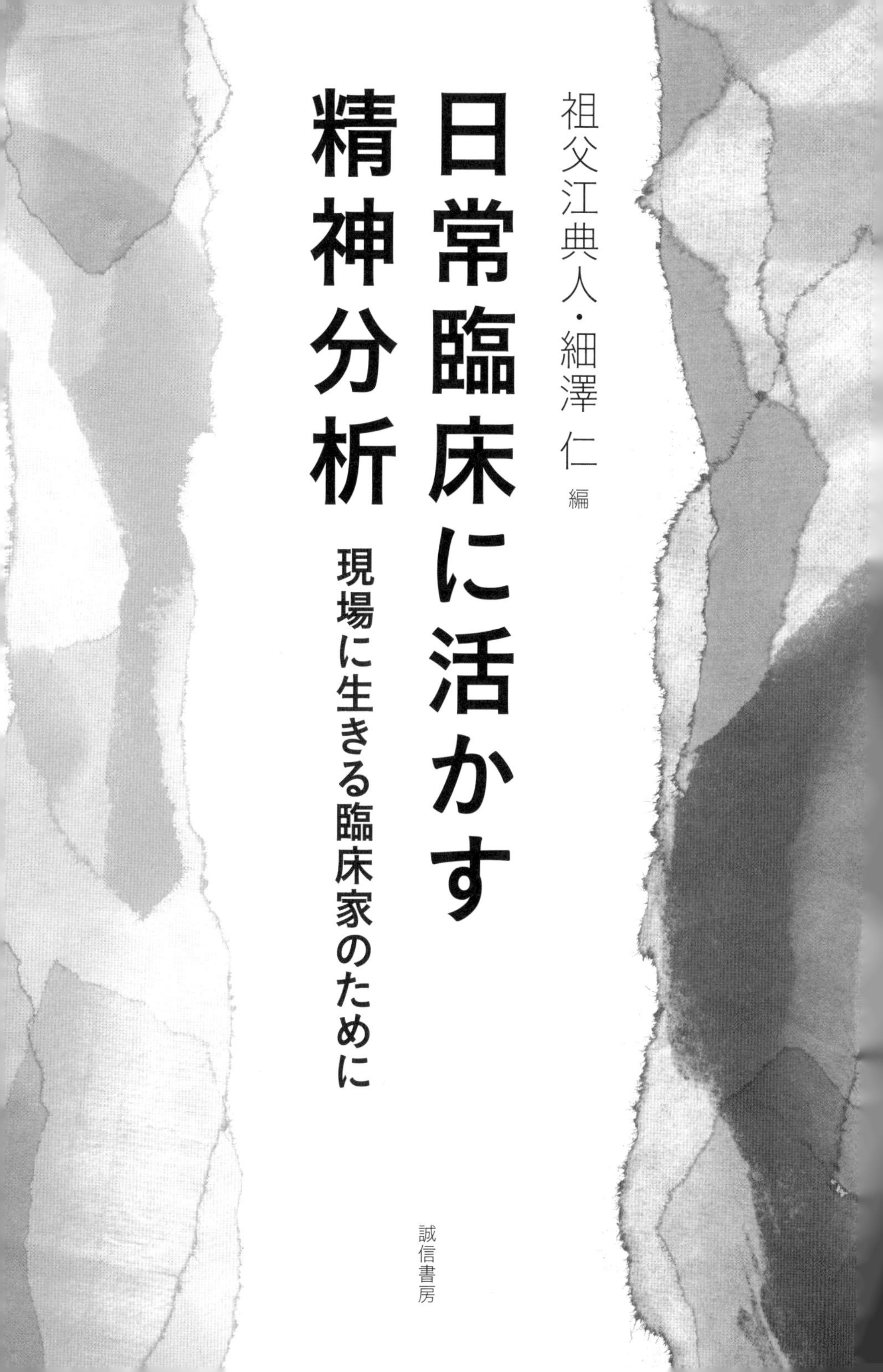

日常臨床に活かす精神分析

現場に生きる臨床家のために

祖父江典人・細澤 仁 編

誠信書房

はじめに

細澤　仁

　本書は祖父江典人先生の還暦記念という性格を有しています。私はどういうわけか還暦記念本に縁があり、『松木邦裕との対決——精神分析的対論』（岩崎学術出版社）と『精神分析を語る』（みすず書房）に編者としてかかわっています。前者は松木邦裕先生、後者は藤山直樹先生の還暦記念本です。

　松木先生と藤山先生は、私にとって師匠です。もっとも、おふたりは私を弟子とは認めていません。正確に言うと、私はおふたりの自称弟子です。ただし、おふたりは、そう言うと嫌な顔をしそうですが、やはりエスタブリッシュメントであるのに比して、私は辺縁に棲むアウトサイダー（というかアナーキスト）ですので、不肖の弟子もよいところですね。

　何はともあれ、通常、還暦記念本は弟子（たち）が師匠への感謝を込めて企画、作成するものでしょう。ところが、私は祖父江先生の弟子ではありません。私は、祖父江先生の分析やスーパーヴィジョンを受けたことはありませんし、事例検討会や研究会で指導を受けたこともありません。さらには、私と祖父江先生の間には、師弟関係どころか、公式には日本精神分析学会の会員同士という極めて遠い関係しかありません。精神分析業界では、師弟関係ないし研究会の仲間という関係が親密な関係の土台となることが多いと言えます。しかし、私は祖父江先生と研究会の仲間として活動したこともありません。

　それでは、私と祖父江先生の関係はどのようなものなのでしょうか？　それは、まったくパーソナルな友人関係としか言いようがありません。この業界では極めて珍しい関係ではないでしょうか？　特に接点もなかったけれど、何故か気が合う関係ぐらいはいくらでもあるでしょうが、パーソナルな友人関係を築き、還暦記念本の編集にまでかかわる関係というのはさすがにあまりないでしょう。

私の方が祖父江先生よりも相当年下にもかかわらず、祖父江先生を友達呼ばわりするとは、生意気極まりないですね。私の生意気さに寛容なところが祖父江、松木、藤山の三先生に共通の要素です。生意気さに寛容な人でなければ、私と付き合うことは難しいのでしょう。私の生意気さを許してもらっている上に、渋々とはいえ、私の個人的趣味満載の還暦記念本企画にまで乗っていただいて、お三方には感謝しています。

私の見るところ、祖父江先生は、精神分析業界では珍しく、リアリストでありながら、人生を本当の意味で愛することができる人です。本書の内容は、精神分析を実践すること自体が目的化してしまう精神分析原理主義に否を唱え、あくまで臨床の現実の中で精神分析を患者・クライアントに役立てるという祖父江先生の姿勢に触発されて企画されました。各著者は、祖父江先生と幾分なりとも縁がある心理臨床家ですが、必ずしも祖父江先生と同じ臨床姿勢を持っているわけではありません。各著者の日常臨床に対する考えを著述してもらうことで、祖父江先生の臨床姿勢について読者がさまざまに想いをめぐらせる契機となるよう意図されています。

正式の精神分析（カウチを用いた週四回以上の自由連想）を実践できるのは一部のエリート精神分析原理主義者だけです。そして精神分析を受けることができる患者は、（精神分析家が持ち出しをしていない限り）、精神分析に年間数百万円のお金を支払うことができる金持ちだけです。精神分析に関心がある心理臨床家の大多数は日常臨床の中でいかにして精神分析に基づいた実践を行うことができるのかという葛藤に満ちた現実の中にいます。本書は、そのような一般の心理臨床家に向けられた実践の書です。それゆえ、本書は、精神分析にあまり関心がない心理臨床家、精神分析に敷居の高さを感じている心理臨床家、そして、初心の心理臨床家にも有用であると信じます。

そして、私個人にとっては、本書は私と祖父江先生の友情の証です。私にとって極めてパーソナルな想いに彩られた本書が、多くの心理臨床家の実践に役立つことができればとても幸せです。

目次

はじめに（細澤 仁）iii

第Ⅰ部 日常臨床と精神分析

第1章 日常臨床に活かす精神分析――日常臨床と死の世界 ■祖父江典人 3

第2章 精神分析は日常臨床に役立つか ■成田善弘 18

第3章 日常臨床と精神分析――精神科一般診療に役立つ精神分析と精神分析臨床 ■松木邦裕 33

1 はじめに 33

2 精神科病院やクリニックでの日常臨床に精神分析がどのように役立つのか 34

3 精神医学と精神分析に相違はあるのか 41

4 おわりに 47

第4章　日常臨床と精神分析　■細澤　仁　49

1　日常臨床という場　49
2　大事故を契機とするPTSD症例　52
3　思春期の解離性同一性障害の症例　56
4　考察——精神分析的体験の本質から見た日常臨床　59
5　まとめ　64

特別寄稿　「日常臨床に生かす精神分析」について　■馬場禮子　66
——精神分析の日常と非日常

第Ⅱ部　病院における実践

第5章　病院の臨床　■木村宏之　73

1　はじめに　73
2　病院という設定　74
3　病院の臨床——症例提示　79
4　ベッドサイド面接の実践　85
5　おわりに　91

第6章　薬と精神分析的観点　■江崎幸生　93
1　はじめに　93
2　投薬と治療者-患者関係　94
3　拒薬について　97
4　過量服薬について　101
5　薬と逆転移感情　104
6　おわりに　108
■臨床コラム1　精神科病院における双極性障害
——成人してからの母親との葛藤（奥田桃子）　110
■臨床コラム2　精神科病院におけるパーソナリティ障害
——幼児的自己を抱えるということ（西岡慶樹）　114
■臨床コラム3　病院における発達支援（中川麻由子）　118
■臨床コラム4　臓器移植と心理療法
——ある女性レシピエントとの出会いを通して（北島智子）　122

第Ⅲ部　教育における実践

第7章　学生相談の力動的実践　■岡田暁宜　129
1　はじめに　129

2　二つの「精神分析」　130
3　学生相談の多義性と創造性　131
4　学生相談で扱う問題の連続性と重複性　133
5　学生相談における精神分析——過去と現在　135
6　学生相談の力動的実践　136
7　おわりに　147

第8章　学校臨床における緊急支援
——生徒の自死事案をめぐって　■上田勝久　149
1　はじめに　149
2　生徒の自死に対する学校の反応　150
3　想定されるさまざまな事態とその対応法について　154
4　おわりに　168

■臨床コラム5　学生相談における発達支援　（和田浩平）　172

第Ⅳ部　福祉における実践

第9章　ひきこもりへの支援　■浜内彩乃　179
1　はじめに　179

2　ひきこもりへの支援　180
3　あるひきこもりの事例　186
4　事例をめぐる考察　188
5　おわりに　193

第10章　福祉における実践
――自閉症スペクトラム障害児者への支援を中心に　■木谷秀勝　195

1　はじめに　195
2　転機となったある青年期の症例との出会い　196
3　発達障害児者への理解と対応　201
4　精神分析から学んだこと、発達臨床から学んだこと　206
5　まとめにかえて　209

第11章　シーシュポスはほほ笑む
――精神分析は非行の地域心理臨床から何を学ぶか？　■平野直己　212

1　問題――精神分析の応用という「失敗」から学ぶ　212
2　地域の中での非行臨床　216
3　事例を通して――春男の事例　217
4　繰り返される日常を生きていくこととその臨床実践　225
5　おわりに　227

■臨床コラム6　福祉における実践
——仮面の奥のたどり着けなかった悲しみ（松平有加）229
■臨床コラム7　発達障害をもつ人への適応支援
——力動的視点がもたらすもの（豊田佳子）232

第Ⅴ部　産業における実践

第12章　企業内メンタルヘルス相談
——精神力動的理解と応用■乾　吉佑　239
1　はじめに　239
2　職場で課題となる二つの職場不適応　240
3　メンタルヘルス相談の実施上の準備　242
4　事　例　249
5　メンタルヘルス相談を有効にするために　253
6　おわりに　256
■臨床コラム8　産業における支援（前川由未子）258
おわりに（祖父江典人）263
人名索引／事項索引

第Ⅰ部 ■ 日常臨床と精神分析

第1章

日常臨床に活かす精神分析

日常臨床と死の世界

祖父江典人

病院臨床の畑を二十年間常勤で務めてきた中で、さまざまなケースに出会った。その多くは、自ら心理療法を求めてきたわけではなく、主治医の勧めによって、半信半疑ながらカウンセリングなるものを受けてみようという動機の患者たちであった。彼らは、病気の治癒を求めているのであって、「こころを見つめる」類の内省自体を端から求めているわけではなかった。それでも病院に勤める臨床心理士の身としては、動機づけの乏しい患者に、何とか〝納得〟していただき、「自らを知る」心理療法へと誘う必要性があった。病院臨床の心理の仕事とは、患者を心理療法の舞台に乗せるまでに、骨の折れる一仕事するところから始まることも少なくないのだ。

その中で私の臨床理論や技法の核となったのは、精神分析であり対象関係論であった。なぜなら、もともとヒステリー患者の病理の解明から始まったように、精神分析は通常ならざる心理状態の理解を得意としていたからだ。病院に来る患者たちは、特にパーソナリティ障害の患者群は、一筋縄ではいかないこころの屈曲を抱えていた。ロジャーズゆかりの実直な共感・受容だけでは（それが心理療法の基本であることには変わりないが）、太刀打ちできないのは明らかだった。

私は久しく、精神分析の中でもとりわけクライン派の明快な病理理解に魅了され、クライン派の分析家に師事していた。だが、いつの頃からか、それらの純血主義の技法だけでは、逆に患者を苦しませること、あるいは悲惨な結果を招くことも少なくないことを経験的に知った。すなわち、「心理療法は深まっても患者は悪くなる」という皮肉な結果が訪れた。そのことは、境界例の患者に端的に表れた。それは私の技量の未熟さにも拠っただろうが、そうした経過を辿ることが少なくないことは、他のセラピストでもさほど違わないようだった。したがって、境界例のセラピーの難しさに辛酸を舐めていた精神科医は、「心理に境界例を回すと悪くなる」と、言ったりしたものだ。私はそうした言われように内心憤慨しながらも、否定できない事実も感じずにはいられなかった。

今なら、その事実を精神分析の常套文句で説明することも容易だ。いわゆる「陰性治療反応」が起こる、ということである。とりわけ病理の重い患者においては。患者は、セラピストへの羨望、あるいは矛先を自らに向けるマゾヒズムによって、「良くなって良いはずの時に悪くなる」のである。

ひどい説明原理だ、と思う。確かに、患者の病理の一端をうまく説明してはいるが、結局は患者が悪くなる理由を患者に押し付けている感は否めない。そこにはセラピスト側の責、すなわち技量の問題は問われていない。セラピストの技量の稚拙さを棚に上げ、患者の〝攻撃性〟という物語に責任を押し付けているきらいがなくもない。精神分析は、病理に明るいがゆえに、患者に対して時に〝無慈悲〟だ。もちろん、私自身もその愚を犯してきたひとりである。

そうした精神分析の超自我化、体制化の危険性に対して、最も自覚的だった分析家のひとりが、ウィルフレッド・ビオンだろう。後期ビオンの業績は、精神分析という「虎の皮の縞模様」（虎そのものではないうわべ）への挑戦でもある（祖父江、二〇一〇）。

いささか話が逸れたようだ。元に戻そう。

私は、とりわけパーソナリティ障害と言われる、病態の重い患者の心理療法において、セラピーがうまくいかなかったり、悲惨な結末に至ってしまったりすることも幾度となく経験した。私は次第に、攻撃性の解釈が、こちらの意図とは別に、患者にとって耐えがたい自己否定感を増悪させてしまうことも少なくないことに気づいていった。特に思春期以降の青少年や大人においては、攻撃性の解釈は患者を〝潰して〟しまいやすい。なぜなら、もともとひどい自己イメージを植え付けられている彼らにとって、攻撃性を持つということは、「悪い人間」「ダメな人間」「愛されない人間」を実証されることと等価に体感される。その結果、自我が攻撃性の解釈に耐えられなくなる。陰性治療反応とは、実のところ、耐え難い解釈に対する〝自我の悲鳴〟に他ならない。

もっとも私は攻撃性の解釈自体が〝悪いこと〟だと思っているわけではない。要は自我の強度を斟酌して、セラピーは進められるべき、ということだ。したがって、自我の強度が脆弱なパーソナリティ障害に、早くから攻撃性の解釈を中心に推し進めるようなクライン派セラピーには、私は反対の立場を取る（もっとも、クライン派を一括りにして批判することはできない。私の師であった松木邦裕をはじめ、優れた技量を持つセラピストは、学派を超えた感性や器を持つ）。攻撃性を受け止めるこころの器が成り立っていないのに、心的苦痛を押し込めば器は破壊される。このことは、すでに別に詳述した（祖父江、二〇一五）。

だが私は、クライン派理論自体に否定的なわけではない。クライン派のセラピー理論は人のこころの芯を突いていると思っているからだ。すなわち、フロイト由来の「ありきたりの不幸に耐える」ことの深遠な意味を最もよく理解しているのがクライン派理論である。創始者フロイトが洞見した「ありきたりの不幸に耐えること」の意義を現代に当てはめれば、その「ありきたりな不幸」とは、「性愛」から「羨望」を持つ私たちの不幸に置き換わることだろう。その羨望は、他者に向かうこともあれば、自己に向かって猛威を振るうこともある。だが、私たちのこころの健康さとは、そうした醜い自己の側面を知ることによって担保されるところがある。すなわち、最も見たくないもの、聞きたくないもの、耐え難いものを通過することによって、（それに耐えられれば）私たちはようやく〝正気〟でいられるのだ。すなわち、人間存在にまつわるパラドクスをクライン派精神分析はよく見抜いている。

端的に言えば、境界例の人たちの「見捨てられ不安」の解消は、〝見捨てられていない〟こと、あるいは「見捨てられ不安」は自分の空想（思い違い）だということを「知ること」によって、解消されるわけではない。それとは逆に、母親から少なくとも部分的には実際に〝見捨てられていた〟ことを「知ること」によって、その解消はもたらされる類のものである。すなわち、「母親は私のことを愛していなかった」ということを静かな悲しみとともに「知ること」によって、「見捨てられ不安」は成仏していくのである。そうした瞬間に立ち会う私たちは、心理療法において最も感動を余儀なくさせられる局面に出会っているのである。小さい頃から、親からネグレクトされてきた男の子は、中学生になることを機にセラピーを終了する際、「先生、僕もう大丈夫だよ。お母さんがいなくてもやっていけるよ」と静かな決意を語った。そのことばを贈られた私は、思わず目頭が熱くなるのを抑えることができなかった。彼は、幼いながらも、「不在の乳房」（愛の不在）を受け入れ、自らの足で歩んでいこうとする〝男〟になったのだ。たとえそこには背伸びし過ぎの防衛的側面が含まれていたとしても、自らの足で生きようとする彼の人間としての尊厳は失われない。

クライン派精神分析は、最も苦痛なことに向き合うことの臨床的意義をよく知っている。繰り返すが、見捨てられ不安という「言い知れぬ不安」は、見捨てられていないという安心を買うことではなくて、部分的には〝見捨てられた〟ことを「知ること」によって、その呪縛から解放されるのである。

だが、何度も言うが、それには自我の強度が必要なのだ。日常臨床の中で出会う患者たちに、いきなり攻撃性の解釈や陰性転移を扱うことは、酷でもあり乱暴でもある。私は苦い経験を繰り返すうちに、次第にクライン派の原理主義的な技法から離れていった。その代わり、苦しい中での自我の努力を認めたり、目には見えない良性の繋がり（良性の投影同一化）を解釈したり、アイデンティティの芽を育てたりすることによって、まずは自我の器作りを目指すようになった（祖父江、二〇一二、二〇一五）。不思議でもないことだが、自我の強度が増すと、患者たちは容易に私に攻撃性を向けやすくなるようだった。それは破壊的な攻撃性というより、「正当な抗議」に近いものだった。セラピストのことを信頼しているからこそ、〝文句が言える〟という関係も生まれるのだ。そうなると、彼らは自らの足で歩む手応えを感じ出し、終結も視野に入ってきた。

こうして私の「日常臨床に活かす精神分析」は、次第に力を持つようになっていった。

だが、そうした私の〝過信〟を木っ端みじんに打ち砕くケースに私は出会ってしまった。このケースのことは、これまでどこにも触れていない。触ることができないほど、打ちのめされたからだ。だが、日常臨床を語る以上、このことに触れないわけにはいかない。

・・・・・・・・・・・・・・・・・・・・

二十代後半の女性がうつ状態を主訴に私に紹介されてきた。私は当時すでにベテランと言われるキャリアに達していた。だが私は、面接室にその女性を迎え入れたとき、これまでに経験したことのない不思議な印象を持った。これまで出会ってきたどの患者にもその印象は重ならないのである。一見彼女の印象はスキゾイドに似ていたが、彼女にはスキゾイド特有の微細な対人緊張感は認められなかった。

私は戸惑った。

仮に彼女をAとしよう。Aは透明感のある植物的な印象の女性で、その眼差しは私を見ているようで見ていなかった。とても透き通った瞳をしていたが、その眼差しの先は、私の方をまっすぐに向いているにもかかわらず、私の顔を通過し、私の頭の向こう側まで透かして見ているかのようだった。

その植物的な印象とは対照的に、彼女の訴えは激しくも執拗だった。ある親族の男性の一言が無神経で許せない、というのだった。彼女は、その男性が人のこころが傷つくことに対する「想像力が欠如」していると言って責め立てていた。それ以来、彼女のうつはひどくなったというのだった。私はその訴えを聞きながら、私自身も共感性がないと言われて、いずれ責められるのではないかという怖れを覚えたが、彼女が咎めるようなその男性の発言は、どこにでもありうるのではないかと思い、共感し難さを覚えた。だが私は、それこそまさに「想像力の欠如」と咎められるのではないかと怖れ、彼女の言い分を何とか理解しようとしていた。

彼女の生育を聞いてみると、中学生のときに母親が病死していた。母親イメージははっきりしなかったが、それ以来彼女は「守られている感覚」を失ったと言った。また、中学、高校と女の子集団が苦手で、一応グループには入っていたものの、まったく楽しめなかった。短大に進学したものの、「自分のいるところでないような気がした」という理由で中退していた。それ以来彼女は、飲食業を中心にバイトを渡り歩き、来談時にまで至っていた。

Aは細い身体ながら大食漢であった。飲食店のまかないも、大人の男性の二人前ほども平らげ、周囲を驚かせていた。彼女は飲食業が好きだと言った。人が食事をし、幸せになっている顔を見るのが好きだからと言った。将来は、自分の小さなお店を持ちたいと夢を語った。だが、そうでありながら、ひとところに長続きはしなかった。店の人間関係のちょっとしたギスギス感が見えてくると、嫌になってやめてしまうというのだった。そして、先の親族のこころない一言以来、彼女はうつに陥り、飲食業のバイトもできなくなり、自宅で暮らしていた。主治医はベテランで、サポートのうまい精神科医だった。投薬も出されていたが、うまく薬に反応しないようだった。

私は、今まで出会ったことのない印象のAと注意深くというか、手探りで面接を始めた。見立ても立たなかった。なぜ彼女が、〝その程度〟のこころないひとことで、バイトもできなくなるほどの大きな反応を引き起こすのか、私にはよく理解できなかった。さらに、〝その程度〟の人間関係のギスギスで、なぜ彼女がすぐに飲食店を辞めてしまうのか、それもよくわからなかった。欲求不満耐性が低いと言えばそれまでだが、彼女は、境界例的な情動の不安定さも、投影機制の活発さも認められなかった。いわゆる、通常の欲求不満耐性の低い病態とは、明らかに違うのだった。

九〇度法の面接では、彼女は比較的よく話した。沈黙が生まれるようなこともなかった。話の内容は、日常的なこまごまとしたことが主で、彼女が私にサービスして無理にしゃべっているような印象も緊張の防衛としてのしゃべりという印象もなかった。その語りは力みもなく、淀みなかった。私は、さして疲れることもなく彼女に付き合っていたと思う。だが、ひとたび例の男性の一件になると、彼女は急に語気を強め、堰を切ったように「想像力の欠如」した男性の発言を咎めるのだった。だが、その話題に触れなければ、彼女は静かな雰囲気を湛えた透明感のあるきれいな女性だった。

Aは田舎の広い土地に住んでいた。あるとき彼女は、インコの子どもを拾って飼い出した。彼女は、その鳥を小さな籠に入れて面接場面に連れてくるようになった。彼女は、かわいがっているインコを面接場面で私に見せ、極めて〝自然に〟、面接室の中に鳥を放った、私に断りもせずに。私は一瞬唖然とし、室内に鳥が鳴きながら飛び回るのを苦笑いとも愛想笑いともつかぬ笑みを浮かべながら、鳥の飛ぶさまを見ているほかなかった。

その後Aは、毎回インコを連れてくるようになり、毎回インコを面接室に放った。鳥はAの分身なのだという理解は成り立つ気がしたが、そんなことを言ったところで無駄な気がした。彼女は「そうですね」と言って、素通りしたことだろう。アクティング・インとして扱う気にもならなかった。何かありきたりで、彼女に響かない気がしたからだ。したがって、私は、彼女の鳥の風景の一コマになって様子を見ようと思った。そのうち、インコは私の肩や頭に止まるようになり、彼女は少し嬉しそうにそれを見ていた。鳥なので当然ながら糞もした。私がティッシュで自分の衣服の糞を拭っていると、彼女は「ごめんなさい」というものの、さして意に介する様子もなく、私の上に止まるインコの写真を撮るようになった。彼女はカメラも趣味だったのだ。そして、次の回には、プリントしてきて、「先生とピーコ」というようなタイトルを付けて、私に写真をくれるのだった。

彼女のそれらの行いは、無邪気さとは印象を異にしていた。意に介していない、という方が当たっていた。私は慕われていたのだろうか？　だが、私には慕われているという実感は持てなかった。

Aの人間関係の様相も次第に明らかになって行った。彼女は、困ったことがあっても親にも相談したことがなかった。短大を中退したり、一人暮らしをしたりして寂しくても、そういう顔を家族には見せなかった。バイト先でも「いつも楽しそうだね、悩みなんかないでしょ」というような印象を与えていた。Aとしては、それほど装っているつもりはなくても、落ち込んでいる面は人には見せられない、相手のテンションを低下させてしまうからと思っていた。したがって、そういうときには人に会わないようにしていたら、自然に自分から人間関係を切ってしまう結果になっていた。

私がAに伝えていたのは、彼女がある種「混じり気のない純粋な人間関係」を求めているのだろう、ということだった。彼女が親族の〝その程度〟の一言で傷つくのも、〝その程度〟の人間関係のギスギスでバイトを辞めてしまうのも、彼女が〝不純物〟の混ざらない〝純金〟の人間関係を求めているからだろう。その理解は、Aには一定の生きる力を与えたようだった。その証拠に、彼女は、以前に一度だけ参加したときに「何か自分と似たものを感じたから」という理由で、障害者のボランティアサークルで活動するようになった。さらには、近所の子どもたちが自然に彼女の庭のある家に遊びに来るようになった。子どもたちとのかかわりは、体力的には疲れても、「元気をもらえて、頭は全然疲れない」と彼女は語った。Aは子どもたちと遊んでいるときの写真を見せてくれたが、その笑顔は〝純粋無垢〟以外の何物でもなく、〝演技性〟のかけらも見えなかった。

Aは一日の中でも、嫌なことを思い出して気分の浮き沈みがあったり、将来自分がどうなるのかわからなかったり、と不安を口にしてはいたが、次第に元気になっていった。ボランティア活動など人間関係も広がっていった。だが、その一方で、〝微細に〟傷つくことも増えていった。ボランティアサークルの気のいい青年に、飲み会の席で冗談ぽく「三十歳近くにもなってはしゃいで」と言われたこと、子どもたちが集まってくることに対して、近所のおばさんから一言注意されたこと、さらには親戚から「まだ病気なの」と言われたことなど、そうした人間関係での「想像力の欠如」した発言に、Aはひどく傷つき、寝込んでしまうほどのダメージを受けた。それらはすべて、親族の男性の無神経な発言の〝ミニチュア版〟だった。私は、それらの傷つきやすさもAの「純粋な人間関係への希求性の表れ」という意味づけを行い、Aの傷つきを何とかサポートしようとしていた。

ここで、これらの〝傷つき〟が、潜伏的な陰性転移としてセラピストにも向けられているので、その陰性転移を扱う必要があるという見解が成り立つことを、私は知っている。だが、傷つきやすい〝剥き身のこころ〟を前にして、陰性転移をほじくり出そうとするセラピストの〝神経〟が私には理解できない。私は、まずはAと同じ方向を向き、Aの同伴者となることを心掛けていた。陰性転移は、いずれAの自我が補強されたときに、扱いうる手応えを持つのだろう、と考えていた。

Aは、次第にセラピストである私に対して質問してくることも増えていった。「先生も人生について考えることはありますか」「傷つくことはありますか」「どうして臨床心理士になったのですか」などである。私は比較的正直に答えていたと思う。たとえば、「日常的な人間関係だけでは、私のこころが満たされなかったのかもしれないですね」など。こうした発言が、Aを私への同一化に向かわせることになることを私は自覚していた。だが、それでもいい、あるいはそれが必要かもしれない、と私は考えていた。

子どもとかかわっている方が自分らしくいられること、絵や詩を書くことが好きなこと、手作りのものが好きなことなど、Aは自らのアイデンティティを模索していた。その模索の方向は、料理関係の仕事からセラピストの領域に次第に近づいていった。短大中退のAだが、いずれ病気が良くなったら大学に行き、「先生のような臨床心理士になって、子どもたちの力になりたい」と夢を語るようになっていったのである。

私は、これらAの〝自分探し〟を好ましく思っていたし、Aが私と同一化して、「臨床心理士になりたい」ということも好ましく思っていた。それらは確かにAの資質として内在しているものであり、たとえ実際にはAが児童指導員や臨床心理士になれなかったとしても、アイデンティティの核としてAの生への願いに大いに力を貸すことになる、ということを経験上知っていたからである。

だが、私はもう一方で、据わりの悪い感覚も自覚せざるを得なかった。私は戸惑った。なぜなら、私は自分が同一化されている〝実感〟をほとんど持てなかったからである。Aは明らかに私に同一化していた。しかし、同一化されている実感が当の私には起きなかったのである。Aと私との距離感は、出会った頃のそれとほとんど変わらず、距離の近さは体感されなかった。この感覚も私には経験されたことのない性質のものだった。

Aは、気分の浮き沈みがありながらも、〝自分探し〟を続けていった。だが、沈むときはいつも同じだった。例の親族の男性の「想像力の欠如」した発言やそのミニチュア版の傷つきが甦ると、ひどく落ち込み、起き上がる気力もなくなるのだった。彼女は、それらのことばが「こころに刺さっている」と言った。その破壊的威力は凄まじく、私は手の施しようもない気がした。せいぜい彼女の純粋な対人関係への希求性をサポートするほかなかった。

　こうしてＡは、子どもとかかわる仕事への希望を持ち、実際にそのために習い出したイラストでは、ある出版社からとても高い評価を受けたりした。私との面接では、それまで無自覚的に過ごしてきた「人との関係での疲れやすさ」が自覚され、疲れそうな場合には一定の距離を取ることも覚えていった。だが、彼女は、急に〝エアポケット〟に陥ったように、「昔の自分が甦り、生きているのが嫌になる自分が出てくる」と語った。私は、彼女が安定していく経過には、ある意味安堵していた。しかし、時折訪れる〝エアポケット〟に理解し難さと一抹の不安は抱いていた。

　その後、Ａに初めての経験が訪れた。私への転移の延長線上だと思われたが、恋人ができたのである。私は少々驚いた。Ａはきれいな女性だったが、ほとんど性的ニュアンスを感じさせるひとではなかったからである。彼女も珍しくそのことをしばらく私に隠していた。誰にも言っていないことのようだった。その彼は、Ａと共通の関心を持ち、それで付き合いが始まったのだと言った。だが、Ａの表情は、晴れやかなものではなく、むしろ曇りがちか戸惑いがちだった。さらには、苦しみや悲しみの表情も滲み出るようになった気がした。私は、それらの情動のニュアンスにより、Ａが以前よりも近い存在に感じられるようになっていた。

　初めての性体験がもたれたであろうことは、彼がときどき家に泊まりに来ていたので、想像に難くなかった。だが、彼女からは語られなかったし、彼の話を多くしようともしなかった。

　さらに、後で知ったことだが、Ａはこの間可愛がっていたピーコを布団で一緒に寝ていたときに、過って押し殺してしまっていた。

　この後の経過は、抗いようのないうつの波が確実に彼女に押し寄せ、彼女は寝込むことが多くなっていった。もはや「想像力の欠如」した親族に非難の矛先を向けることもなくなり、眠れなくなったり、起き上がれなくなったりという状態像を呈していった。私との面接もキャンセルが増え，「行きたいけど起き上がれない」と彼女は苦しそうに言った。私は，何とかかかわりを繋ごうと思い，電話による面接を提案したが，彼女は電話をする気力もなくなっていった。

その後，入院となり，Aは不幸な転帰を辿ってしまった。

・・・・・・・・・・・・・・・・・・・・・・

このケースを振り返ると，改めて悲しみが私のこころを覆う。当時も，そうだが，今でもそうだ。私はしばらくこのケースに触れることができず，ようやく数年立った頃，こころの中でけじめをつけようとする気にまで辿り着いた。私は，その臨床眼において最も信頼を置く分析家の木部則雄にコンサルテーションを求めた。とても暑い夏だった。私は，未消化の素材を急いで早口で説明し，木部にコメントを求めた。木部は終わったとき，「疲れた」と言ったので，よほど私は未消化物を垂れ流したのだろう。

木部の説明は，明快だった。私は彼の口から出たことばに愕然とした。「彼女はアスペルガーだったのか!!」。

木部が言うには，Aは「自閉のカプセル」で身を守り，現実世界とのかかわりを避けていたが，そのカプセルから現実界に参入しようとし始めたときから彼女の困難が始まった。おそらく親族の「想像力の欠如」した発言は，他者性の成立していない彼女にとって，他者との感覚の違いが「奈落に落ちる」ほどの分離感を抱かせられるものだったろう。そこから逃れるために，附着的に同一化するほかないが，原初的な分離感はどうにも防ぎようがなかったのかもしれない，と。

今となっては，木部が正確にそのようなことを言ったのかどうかわかりようもないが，私は深く納得した。私が同一化されていてもどうにも実感が持てなかったのも、附着同一化という自閉的な特性のせいだったのかと合点もいった。セラピーに関しては、Aがセラピーの地平から零れ落ちて、中断してしまわないように〝粘る〟しかなかった、とも言われた気がする。

木部の解説は、自閉症臨床のフランセス・タスティン（一九七二）に近い。彼女は、人間の根源的な苦悩に「原初的対象-自己喪失」を提起した。すなわち、自閉の世界では、口から乳首を離す瞬間に一体化した口もなくなり、分離が「ブラックホール」のような「奈落に落ち込む」恐怖と化す。すなわち、「乳首と共に口が喪われる」という自己喪失に見舞われるのだ。

従来、境界例やパーソナリティ障害のセラピーにおいて、「見捨てられ不安」という「対象喪失の恐怖」に焦点が当てられてきた。だが、自閉の世界では、対象喪失もさることながら、「自己喪失」が恐ろしい奈落への入り口として、足元に口を広げている。対象喪失よりも自己喪失の方がさらに恐ろしい断裂であるのは、自明だろう。

私は木部とのコンサルテーションが終わり、もう一度Aの記録を見直してみた。そこにはアスペルガーの特徴が確かに散見していた。「昔の嫌な出来事が写真のように鮮明に甦ってくる」など、彼女はいわゆるフラッシュバックに苦しめられていたのだ。私は、それを見逃していた。すなわち、その苦しみの性質をよく理解していなかったのだ。

当時大人の高機能のアスペルガーについては、今ほどは注目されてはいなかった。だが、それにしても、私はなぜアスペルガーという考えが浮かばなかったのだろうか？　なぜそれは、「考えるひとのいない考え」のまま捨て置かれてしまったのだろうか？　もし考えていたとしたら、私はもっと彼女の私への同一化傾向に〝危険性〟を読み取っていたことだろう。あるいは、彼女の「自閉のカプセル」も守ろうとしたかもしれない。性の体験は、それがおぞましいほどの嫌悪に満ちたものだったにしろ、めくるめくほどの快感だったにしろ、彼女の〝自閉の繭〟を決定的に突破した可能性に、少しは気づけたかもしれない。

また、うつ状態が波のように押し寄せてきた局面では、Aの攻撃の矛先は、他責から自責に向きを変えていたように思われる。おそらくAは自己についての〝何か〟、すなわち〝異質性〟に勘づいたのかもしれない。そのため附着的な同一化とともにAが使用していた〝他責〟という手段も用いることが困難になったのかもしれない。私との附着的な同一化も密かに〝剥がれ〟だしたり、非難の矛先を向ける対象も他者ではなく自己に向かったりしたのだろう。ピーコの死がそれを象徴している。

さらに、他責から自責という方向性の変化ばかりでなく、Aの中に情動が留まり出した変化も認められる。私は、彼女から滲み出る苦悩の表情に勘づき、彼女をより身近な存在に感じ出していた。Aは、私との関係や初めての恋人との関係を通過する中で、それまでとは違って〝戸惑い〟〝苦しみ〟〝悲しみ〟などの苦痛な情動を、自己帰属化したものとして体験するようになったのかもしれない。Aは〝ひと〟として〝女〟として、それら人間的情動を味わう淵に立たされたのかもしれない。その〝重み〟は、いかばかりだったろうか。

Aは黄泉の国からの使者だったのかもしれない。思い返せば、彼女と初めて会ったときの印象は、〝この世ならざる〟ものだった。彼女は私を見ているようで見ていなかった。彼女にとって、私の姿は〝蜃気楼〟だったに違いない。

私がAとのセラピーで取り組んだことは、黄泉の国である「自閉のカプセル」の繭から外に出すことだったのだろう。私は、Aを現実世界の日常へと架橋しようとしたのだ。Aはその〝苦しみ〟に耐えられなかったのだろう。

今では私は、日常臨床の中にも、あるいは日常臨床だからこそ、足を踏み入れてはいけない〝禁断の地〟（死の世界）があるような気がしている。それは、おそらく誰のこころの中にも多かれ少なかれ存在している場所である。すなわち、私たちのこころはすべてコンテイン可能な情動的地平から成り立っているわけではないのだろう。「死の世界」は、こころの中でひっそりと呼吸し、「この世」との共存を図る類のものなのかもしれない。フロイトの死の本能論には、そもそもコンテイン可能な「死の本能（破壊性）」とコンテイン不可能な「死の本能（無生物への回帰）」の二種類が内包されている。自閉の世界は、後者に近いのだろう。

附着同一化は、両世界を共存させるための、〝接着剤〟として機能しうるのかもしれない。

Aが私に書いてくれた「良い年になりますように……」という年始のカードは、今も私の鞄の中にある。そこには〝自閉の繭〟の中で眠っているような、A自身のうつむいた顔が描かれていた。

〔参考文献〕

祖父江典人（二〇一〇）『ビオンと不在の乳房――情動的にビオンを読み解く』誠信書房

祖父江典人（二〇一二）「悲しみをこころに置いておけるために――攻撃性の解釈から〝見えない連結〟の解釈に」細澤 仁（編）『松木邦裕との対決』岩崎学術出版社、四〇-六七頁

祖父江典人（二〇一五）『対象関係論に学ぶ心理療法入門――こころを使った日常臨床のために』誠信書房

タスティン、F（一九七二）平井正三（監訳）（二〇〇五）『自閉症と小児精神病』創元社

第2章

精神分析は日常臨床に役立つか

成田善弘

(1) はじめに

これはなかなかむずかしい問である。精神分析をどういうものと捉えるかは、おそらく人によってさまざまであろう。また、日常臨床も人によって、あるいはその人の置かれている状況によって異なるであろう。だからこの問に対する答は臨床家一人ひとり違ったものになるであろう。これから述べることは私という一人の精神科医の個人的経験であり、その中で私の感じたこと、考えたことである。その移り変わりをふり返ってみたい。

(2) ただひたすら聞こうと思う

精神科に入局し患者と接するようになってまず感じたことは、精神の病は臓器の病ではなく人間の病なのだ、だから精神の病を治療するには患者という人間を理解する必要があるということだった。患者を理解するには、患者が何を感じ、何を思っているかを、つまり患者の内的体験を知らなければならない。内的体験は、患者を観察したり、機械を用いて脳を検査したりすることではわからない。患者に語ってもらわなければわからない。こう思って、患者に語ることを促し、それをただひたすら聞こうと努めた。医者になったばかりで精神科医として何の技術ももたなかったので、また他の医師から転医してきた患者が「話を聞いてもらえなかった」と言うことが多かったので、自分にできることは患者の話を聞くことだと思った。当時医局では、「自発解明」ということが提唱されていた。治療者が患者に傾聴してゆくと、患者がおのずとみずから問題を解明してゆくという考え方で、これに影響を受けたこともある。また、当時教育界で重視されていたロジャーズ（Rogers, C.）の「非指示的に聞く」ということにも示唆を受けた。

しかし、このただひたすら聞くということが私にとってむずかしいことであった。患者をはやくわかろうとしてあれこれ質問したり、患者の言うことにそれは違うのではないかと口をはさんだりしたくなる。患者の話がまとまりがなかったり本筋からずれていると思われるときには、話を本筋（と私が思うもの）に戻そうとする。あなたの言いたいことはこういうことなのかと先取りして伝え返す。こういったことをしないでただひたすら聞くということがどうにかできるようになったのは、精神分析を学び始めて自由連想ということを知ったからだと思う。こころに浮かぶことを何でも話すことによって、患者自身それまで意識していなかったことが浮かび上がってくる。まとまりがなくても、実は無意識の中ではつながりがあるかもしれない、と教えられて、まとまらない話を聞くことに耐えていることができるようになった。その中で、治療者の受身性、中立性ということを学んだ。

日常臨床がだんだん多忙になって、短い面接をすることの方が多くなったが、短い面接の中でも、ひたすら聞くという姿勢があるのとないのとでは聞き方が大いに違ってくる。短い面接の中では、治療者はかなり積極的に質問したり、まとめたり、ときには意見を言ったりすることになるが、それが患者の語るコンテクストに沿って行えるようになる。そうなると、患者は話を遮られたとは思わない。短い面接しかできなくても、「先生は話を聞いてくれない」とはあまり言われなくなった。ときには、患者の話がしだいに深くなってきて、今まで意識されていなかったことが浮かび上ってくることもある。

ただ、いつもそういう幸運に恵まれるとは限らない。

(3) ただ聞くだけでは患者は変わらない

患者の話がいつも外的な事実の報告に終始して、自身の気持ちや思いにふれることがない。繰り返しが多く、こころの深みがひらかれてこない。聞いている私の方もなんとなく行き詰りを感じ、退屈に思うこともある。そういうとき患者は「先生はただ聞いているだけで何もしてくれない」「私が話すだけで何も変わらない」と言う。ただ聞いているだけでは治療にならないのだということがわかってきた。

そこで患者が外的な事実や行動を語るときには、「そのときどう感じましたか」と聞くようにした。そう問うてもなかなか気持ちを語らない患者もいる。思い出せないという人もいる。自身の気持ちを語るのではなく、周りを責める人もいる。私には患者の話が合理的に考えておかしいと思われるときもある。

(4) 患者はなぜ不合理なことを言うのか

患者は当然思い出してもよさそうなところで思い出せないと言う。自分の気持ちを語らずに周りを責める。私には明らかな現実を患者は見ていない。ひとりよがりで、思い込みが激しく、被害的だ。現実にはありそうもないことを言っている。幻覚や妄想ではないか。こう思うときの私は世の常識や精神医学の知識に照らして判断している。そして患者は病気なのだと診断する。こういう聞き方も精神科医としては必要なことである。

ただ私には、患者が病んでいるとわかるだけでは患者を理解できたとは思えなかった。患者はなにゆえそういういわばおかしなこと、不合理なことを言うのか。一体何が患者をしてそうさせているのかを知りたいと思った。そこを教えてくれそうなのが精神分析であった。患者が気持ちを語らないのはそれを無意識に追いやっている、つまり抑圧しているからだ。明らかな現実を認めないのは否認しているからだ。周りの人が怒っているというのは自分の怒りを周りに投影しているからだ。恐ろしい幻聴を聞くのは、自身が分裂排除しているものが回帰してくるのだ。つまり防衛機制が働いているのだ。そしてそういう防衛機制の多くは、患者が意識してそうしているのではなく、無意識のこころの働きなのだ、と。こういう精神分析の教えは「説明」であって、「了解」とか「共感」ではない。しかし説明を取り入れることで了解や共感が進むということがある。了解と説明は相互排除的ではなく相補的なのだと考えるようになった。

（5）患者はなぜ防衛を必要とするのか

ではなぜ患者は防衛機制を働かせるのか。防衛機制が働かないとどういうことになるのか。

患者は自身が防衛していたことに気づいてゆくと、不安になったり抑うつ的になったりする。それまで自分のものとは思っていなかった受け入れ難い欲望や感情に、あるいは今まで見ないようにしていた苦しい現実に直面せざるをえなくなるからである。患者は不安や抑うつを避けようとして防衛機制を働かせているのだ。こう気づいた患者は、自身の欲望や感情を直視し、それを受け入れ、ときには断念し、ときには別の、より適応的な仕方で充足しようとする。つまり「自己を知り、自己を律する」ことができるようになる。精神分析はそう教えている。

患者に「自己を知り自己を律する自立した個」であることを一貫して期待するということが、精神分析に固有の治療観、人間観だと思う。こういう人間観は必ずしも他の学派と共通するものではない。たとえば行動療法では、人間は他の哺乳動物と同様、条件づけたり脱条件づけたりしうる存在と見なされる。システミックな家族療法では、患者とされる人（IP: identified patient）は家族というシステムの中のサブシステムと見なされる。「自己を知り自己を律する自立した個」と見なされるわけではない。むしろそんなものは幻想だというところから理論ができている。

（6）私自身を知る

たしかに人間は哺乳動物ではあるし、家族の中のサブシステムと捉えることもできる。しかし「自己を知り自己を律する自立した個」になりうるということが、人間を人間たらしめていると私は思う。私は自分の人間観を精神分析を学ぶ以前には十分自覚していなかったが、精神分析を学ぶうちに、これこそが私自身の人間観だと思うようになった。自分の内にあってしかし無自覚だったものが、精神分析を学ぶことによって自覚されてきた。

人間観だけでなく、私は生活の中で自分が無自覚にしてきたいくつかの防衛機制にも気づいてきた。抑圧や合理化や知性化や否認や投影は私自身もしていることがある。そうしたくなるような、あるいはそうせざるをえないような欲望や感情を自分ももっている。そう気づいてくると、患者の中にある欲望や感情が、またそれに対して働いている防衛がよく見えるようになる。そして同時に、そうせざるをえない患者の苦境がわかるような気がして、患者への思いやりのようなものが生じる。私も患者も同じ人間なのだ。生きている限り同じような欲望をもち、同じように不安や悲しみを経験するのだと思う。私がそのように感じていることとは患者に伝わるであろう。共感とはこういうことかと思う。

（7）転移に気づく

ところが実際に治療をしていると、以上の理解では対処できないようなさまざまな事態が生じる。私は、患者が「自己を知り自己を律する自立した個」であることを一貫して期待し、患者がそうなりうるよう援助しようと思っているのだが、そう思っていてもなかなかそうはゆかないことがある。

たとえば、私に対して援助者としての役割を越えたものを期待し、要求し、それが得られないと私を非難したり攻撃したりしてくる患者もある。私が彼の要求に応じざるをえないように操作してくる患者もある。それに対して私の方にもさまざまな感情が動く。患者に対して怒りが湧いてきたり、患者が怖くなったり、患者が可哀相になって何とか助けてやりたいと思ったりする。そうなると患者を冷静に見ることができなくなり、治療者としての役割が果たせなくなる。

私はしだいに、患者はなぜそのような不条理なことをするのかと考えるようになった。患者は成育史の中の重要人物に対して、あるいはその人物について患者が抱く心象に対して、愛情ばかりでなく怒りや恨みももっている。そしてどうもそれと同じような気持ちを私に向けているらしい。精神分析はこれを転移と呼んでいる。私に向けられる私にとって意外な感情、ときには理不尽に思える感情も、そこに転移という説明概念を入れると、そういうこともありうるのだと受け入れられるようになる。患者がそういう気持ちを私に向けるのは、私が治療者として未熟だからではない、患者の歴史に由来するのだ、と思うことができるからである。実際そうでも思わないと身がもたない気がする。

（8）私には責任はないのか

しかし、患者の非難に一片の真実があると思わざるをえないときがある。私があのときあんなことを言ったから、あんなふうに振る舞ったから、患者が怒ったのだろう。患者が怒ったのは無理もないと気づく。ある分析家が「転移は何もない空中に向かってなされるのではない」と言っていたが、そのとおりだと思う。

実際私の方にも患者に対してさまざまな気持ちが動いている。その気持ちの中には私の歴史に由来するものもある。こういうことは人間同士が出会っているのだからあたりまえのことなのだが、医師になったばかりの頃はこういうことを見ないようにしていた。医学教育の中では、診断や治療に医師の感情が入り込んではいけない、そういうものは極力排除せよと教えられる。古典的精神分析でも、治療者は患者のこころを写す鏡のようであれとされ、中立性と匿名性が強調されて、治療者は外科医のようであれとされている。だから私もそうあらねばならないと思っていた。

しかししだいに、私の方の気持ちを抜きにして治療過程を論ずることはできないと思うようになった。早い話、私がなんとなく好感をもつ患者、面接が楽しみになるような患者と、どうにも好感がもてない、会うのが負担になる、できれば会いたくないと思う患者とでは、私と患者の関係は明らかに違ってくる。そしてそれは治療の成否に大いに影響する。私が中立的であろうといかに努力しても、鏡のようであろうといかに努めても、私の気持ちは否応なく表現され、患者に伝わるものだ。人間関係のあるところ、こういうことは常に起こっている。治療者と患者の関係も例外ではない。精神療法的関係のように、こころを使ってこころの深みを探る関係では、むしろ日常的人間関係以上にこちらの気持ちも露呈するものだ。ときには意識に上っていなかったこころの深みまで伝わるものだ。だから治療過程は、患者と治療者という二人の主観がぶつかり合う場なのだと考えるようになった。

（9）境界例とのかかわりから

こう考えるようになったのは、境界例の治療経験が大きく影響している。このことについてはすでに書いた（成田、一九九三）が、ここであらためてふり返ってみる。

患者の話を聞いて、はじめは、彼らの人生が実に不幸であると思い、可哀相に感じた。彼らは恵まれない環境の中で育ち、親からも教師からも友人からも、ときには前治療者からも見捨てられてきた。しかしそれにもかかわらず親密な人間関係を希求している。役割や地位によるかかわりではなく、「人間と人間としてのかかわり」を求めている。社会の中央ではなく辺縁に、権力から遠いところに、生身をさらして生きている。そういう彼らの生き方には、ある純粋さがあるように見える。私はそういう彼らに同情し、「彼らの力になってやりたい、助けてやりたい」と思った。のちにふり返ると、彼らの中にいくばくか私自身を見て、そういう自分を救いたいと思ったのだろう。私は人づき合いが下手で、孤独な青年期を送ってきた。そういう自分を患者に重ね合わせていたところがあった。こういう患者への同一視は私に限ったことではなく、初心の治療者にありがちなことである。

ところが、そういう思いでかかわっていても患者はなかなかよくならない。患者に同一視している治療者には周囲が冷たく見える。「この患者のことをわかってやれるのは自分だけだ」という気持ちになる。そうなると他者排除的な二者関係が成立し、その中で患者は退行し、要求を増大させる。面接時間を延ばしてくれ、頻度を増やしてくれ、求めたらいつでもすぐに来てくれ、自分に代わってあれもこれもしてくれと要求し、治療者が応じきれないと「先生は私を見捨てるのか」としがみつき、さらには怒りを向ける。リストカットや過量服薬といった行動化が頻発する。彼らの病理が花ひらいてくる。治療者は「こんなはずではなかった」と思うようになるが、だからと言って患者を見放すことはできない。そんなことをすれば今までの繰り返しになってしまうと思うからである。患者が重荷に感じられ、ときには怒りも湧いてくる。いわば治療者の生身が露呈するのだが、そういう自分が悪い治療者のように思えて、ついには「どうすることもできない」「どうしてよいかわからない」という無力感に陥る。実はこの無力感は患者が長い間さらされてきた気持ちでもあるのだが、治療者はそれに気づかないいま、二人とも無力感に沈みこむことになる。

そしてついには「悪いのはやはりおまえだ、おまえのような人間は見捨てられて当然だ」という気持ちになる。彼らを助けてやりたいと思っていた「よい治療者」が、彼らを見捨てる「悪い治療者」に変わってしまうのである。境界例は治療者の陰性感情を察知することにかけては無気味なほどの能力をもっているから、治療者が内心患者を見捨てたことはすぐに伝わる。患者は絶望し、裏切られたと感じて治療者を激しく攻撃したり、重篤な自殺企図をしたりする。ときには、双方の無力感を一挙に解消する試みとして（と私には思われるが）両者の間に性的関係が生じることがある。それが患者を一層傷つけ、治療者を窮地に陥れる。

こういう、治療者の中に生じやすい気持ちとその変遷を図2-1に示した。こういう、あるいはこれに近い経験を何度もして、また他の

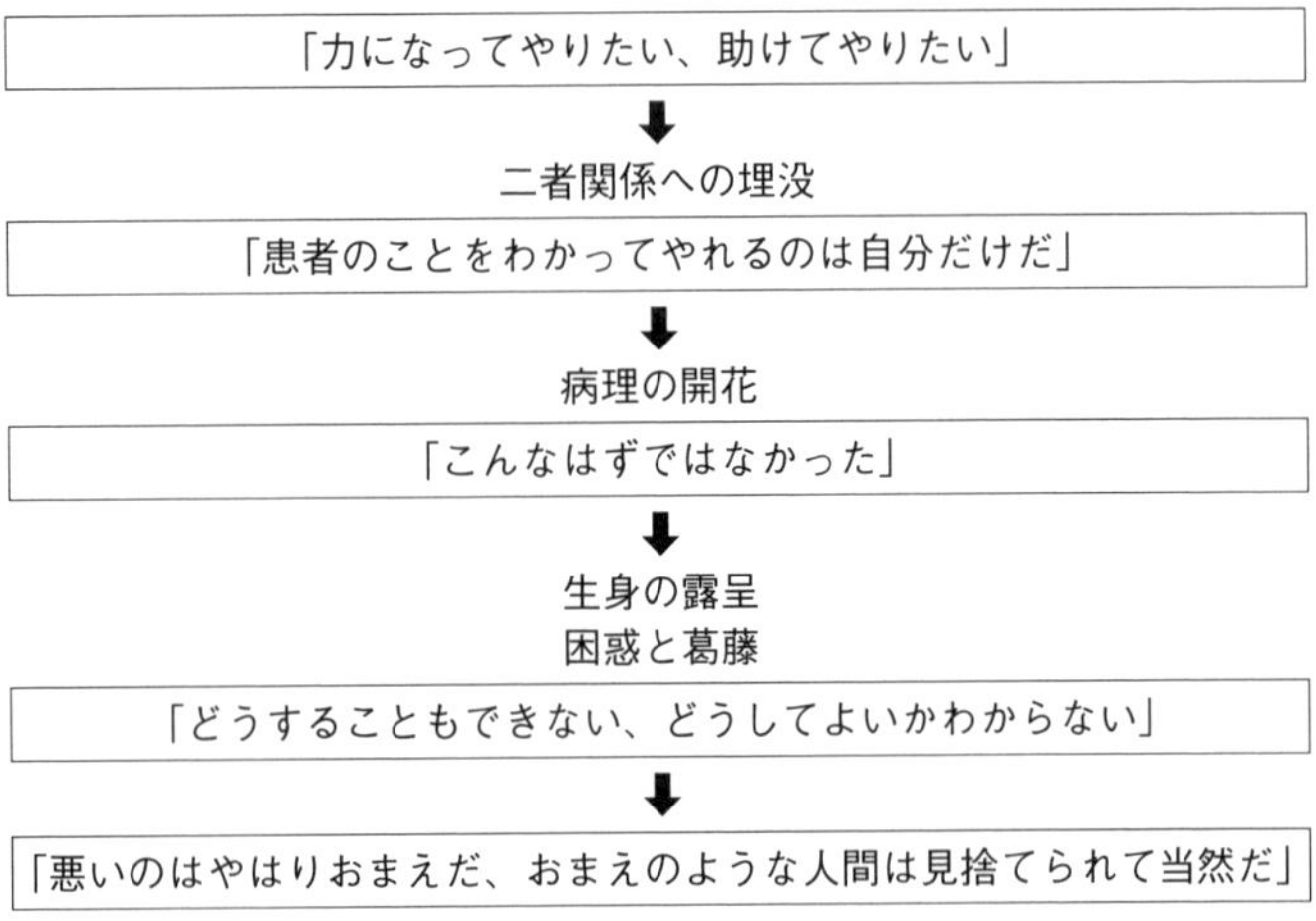

「力になってやりたい、助けてやりたい」
↓
二者関係への埋没
「患者のことをわかってやれるのは自分だけだ」
↓
病理の開花
「こんなはずではなかった」
↓
生身の露呈
困惑と葛藤
「どうすることもできない、どうしてよいかわからない」
↓
「悪いのはやはりおまえだ、おまえのような人間は見捨てられて当然だ」

図2-1　治療者の中に生じやすい気持ちとその変遷
（成田、一九九三）

治療者がそうなるのを何度も見聞きして、結局彼らを助けること、まして救うことなど医師としての自分にはとうていできることではないと思うようになった。彼らを本当に助けるには彼らと結婚しなければなるまいとさえ感じたが、しかしそんなことは私にはできない。また仮にそうできたとしても、彼らのこころの底にある絶望や空虚や孤独を癒すことはできまいと思うようになった。

こういう経験をしつつ精神分析を学んでいると、治療者の患者への同一視、救済者空想、逆転移（愛情供給型対象関係部分単位への共鳴、無力感、愛情撤去型対象関係部分単位への共鳴）といったものに自分が陥っているのだとわかってきた。また、患者の二者関係の病理、他者変容性の病理とそこに作用している投影性同一視も見えるようになった。患者は「自分は所詮見捨てられるのだ」という信念を持ち、対象（治療者）がそれに合致するように、つまり自分を見捨てるように働きかけてくる。それによって、患者を助けてやりたいと思っている「よい治療者」が患者を見捨てる「悪い治療者」に変容させられる。つまり図に示したようなことが起こるのは、もっぱら治療者の未熟によるものでもなく、もっぱら患者の病理によるのでもなく、両者の合作なのだ。こういうことを理解するのに精神分析の理論と諸概念は大いに役立った。

しだいに私は患者の語るところを聞きながら、かかわっている自分のこころにどんな感情が生じるかに注意を向けるようになった。そして自分のこころに生じる感情が、患者が意識して語っていることへの反応であるだけでなく、患者が意識していない彼のこころの底にある感情を理解する手掛かりになることを学んだ。そしてときには、患者に触発されて意識化されるまでは私自身気づいていなかった、私のこころの底にあった感情に気づくこともある。患者を知ることは同時に自分を知ることになると思うようになった。精神分析のおかげである。

(10) 透析患者とのかかわりから

私は三七歳から五三歳までほぼ一六年間、総合病院の精神科で働いた。そこでコンサルテーション・リエゾンの仕事をし、多くの他科患者とりわけ腎透析を受けている患者とかかわってきた。彼らの話を聞くことは私にとってはじめての経験であり、腎疾患とその治療についての知識も不十分であったから、彼らの語ることを聞きつつ、腎疾患と透析について学ぶというところから始めざるをえなかった。そういう私の姿勢が患者の話をまず聞くことに役立ったのだと思う。私がかかわり始めたころは、わが国の透析医療はまだ初期の段階であった。患者は健康を喪失すると同時に、職を失い、結婚や出産を断念しなければならないことが多かった。しかもこれからの人生を常に死に直面しつつ機械に依存して生きねばならない。彼らの衝撃、不安、絶望、悲哀は、私には想像もつかぬほど大きなものであった。私は患者の話を聞いて暗い気持ちになることが多く、彼らがこれからどういう人生を歩いてゆくかを希望を持って想像することがむずかしかった。そうした患者にかかわるとき、喪失体験と喪の仕事について精神分析の教えるところは大きな支えになった。人は大きな喪失を体験すると、衝撃を受け、否認し、不安になり、怒りを感じ、抑うつ的になる。この過程を患者に寄り添って歩んでゆくことは、喪の仕事についての知識なくしては不可能であった。私はそれに支えられつつ、彼らとのかかわりの経験をすこしずつことばにし、本も書いた（成田、一九八五）。患者とのかかわりをふり返り、患者の気持ちだけでなく私の気持ちをことばにすることで、患者理解を深めようと思った。今ふり返ると、書くことで、私は自分の不安や希望のなさをなんとか乗り越えようとしていたのかもしれない。

私の書いたものに春木繁一先生が目をとめてくださって、先生が立ち上げられるサイコネフロロジー研究会で話をするようにと私を招いてくださった。春木先生はお若い頃から透析を受けておられたが、精神科医になり、透析患者の精神医学を研究し、患者を支え、治療をしておられた。そしてのちに、透析患者であり精神科医である御自身の人生をふり返る本（春木、二〇〇五）を書かれた。私はお会いする前から透析患者の心理についての先生の論文は読んでいたが、先生は当初は自身透析を受けていることは公にされていなかったので、お会いしてしばらくするまで、私はそのことを知らなかった。それを知ったとき、大きな衝撃を受けた。自身透析を受けながら、透析患者に寄り添い彼らを支える仕事をしている人がいる。しかも私と同業の精神科医で年齢もほぼ同じということは、私にとって大きな衝撃であると同時に、また希望にもなった。透析患者の人生は必ずしも暗いばかりではない。そこに人生の意味を見出し、仕事に生かすこともできる。そういうことを理想として頭で考えることと、現にそれを実現している人物が目の前に存在しているのを見ることとはまったく別のことである。

春木先生は常々、患者の話を遮らずに聞くこと、安易に「頑張りましょう」と励ましたり慰めたりするのでなく、彼らの体験につき従って聞いてゆくことを強調しておられた。春木先生は分析家ではないが、患者をどう理解するかについて先生の語られることは、私が精神分析から学びつつあったことと重なっていた。

(11) フロイトの生涯から学ぶ

こういう経験をしつつ、私はあらためてフロイトの生涯を思うようになった。フロイトは実に多くの喪失を体験した人である。そしてその体験が精神分析の創成に大きく影響している。たとえば自身代表作と考えていた『夢解釈』(Freud, 1900) 第二版の序文で「この本が私の自己分析の一片であること、父の死という最も意味深い出来事、すなわち一人の男の人生における最も痛切な喪失に対する反応であることが、分かってきた」と述べている。フロイトはその後も大きな喪失に次々と見舞われている。ユングやフェレンツィといった嘱望した弟子に離反され、最愛の娘ゾフィーには先立たれた。六六歳で上顎癌にかかり頻回の手術を受けた。最晩年にはナチスに追われて祖国を離れ、ロンドンに亡命し、翌年八三歳でその地で客死した。その死のすこし前に「あと数週間は生きられるでしょう。そうすれば分析を続けることができる」と言っている。

私は透析患者とかかわり、春木先生を知ってから、喪失体験について今まで以上に考えるようになり、そういう眼でフロイトの伝記をあらためて読んだ。そして、その生き方と学問とが分かち難く結びついていることを実感した。精神分析を知識として学ぶだけでなく、その創始者であるフロイトの生涯からも多くを学んだことになる。

私はここ十年ほどの間に、小此木啓吾、土居健郎、丸田俊彦、狩野力八郎といった敬愛する分析家の病と死を見てきた。彼らは病にもかかわらず、死の直前まで仕事をし、使命を果たそうと努め、病床で著述もした。フロイトの生き方から多くを学び、自らもそうあろうと努めたのであろう。春木先生も、分析家ではないが、やはり死の直前まで仕事をし、日本のサイコネフロロジーを築き上げてこられた。私自身もこれらの人たちのように死を迎えたいと思っている。こういういわば死生観のようなものこそ、私が精神分析から学んだもっとも大きなことかもしれない。

(12) おわりに

私は精神分析家になろうとしたのではなく、ひとりの精神科医として、患者を理解し、患者が自分の人生を主体的に生きてゆけるよう援助したいと思って仕事をしてきた。そういう精神科臨床の経験を重ねながら精神分析を学んできた。構造化された精神分析的精神療法も行ったきたが、それは私の臨床のごく一部である。短い面接をせざるをえない日常臨床においても、コンサルテーション・リエゾンの仕事においても、精神分析から学んだ知識と技術は私を支えてくれた。

精神分析と精神医学とは別のものだという意見もある。たしかに、古典的・原理主義的精神分析を日常臨床の中でそのまま実践するのは困難であろう。精神科を受診する患者の多くは精神分析について何も知らないし、精神分析を受けようと思って来るわけではない。彼らは症状の苦痛が軽減することを、そして現実適応が改善することを求めている。それ以上に自己を知ることを求めているわけではない。

しかし、精神科の病の中には、自己を探究し自己を知ることなしには改善しにくいものがある。治療過程の中で患者がそのことに気づき、自己を知ろうと、さらにはいくばくか自己を変革しようと思うことはある。その過程に同行し、援助する上で、精神分析の与える知識と技術は私にとって不可欠であった。

さらに、精神分析のもつ治療観、人間観を、私はいつのまにか私自身の人間観と思うようになった。私は患者に「自己を知り自己を律する自立した個」であることを期待している。同時に、それがはなはだ困難であること、そこには断念や悲哀が伴うこと、しかしそれなくしては人格の成熟はありえないことも身にしみてわかってきた。我も人も有限の存在であり、同じ困難に立ち向かっている、それゆえに互いに思いやり、いつくしみ合わねばならないと思う。こういう人間観が私の臨床を支え、それに意味を与え、それを多少とも実りあるものにしてくれていると思う。その意味で、精神分析は私の日常臨床に役立っている。

〔文献〕
Freud, S. (1900). *Die Traumdeutung*. 新宮一成（訳）（二〇〇七）『夢解釈I』（フロイト全集4）岩波書店、六-八頁
春木繁一（二〇〇五）『透析とともに生きる——腎不全からの再生　精神科医自らを語る』メディカ出版

成田善弘（一九八五）『心身症と心身医学――精神科医の眼』岩波書店、二二五‐二四一頁
成田善弘（一九九三）『精神療法の経験』金剛出版、一八四‐二一六頁

第3章

日常臨床と精神分析

精神科一般診療に役立つ精神分析と精神分析臨床

松木邦裕

1　はじめに

この小論は、その構成が奇妙と感じられるだろうことを最初にお断りしておかねばならない。

前半では、精神分析に基づく人間理解や技法的視点が精神科日常臨床で有用な、その実際面を述べる。というのは、精神科臨床は脳神経のみならずこころを診るのだから、患者に人として出会い、人として理解することから始まる、と私は考えているからである。それに際しては、人間理解の方法と知識を備えた精神分析的素養は不可欠であると私には思える。私自身が精神科臨床に携わった最初の場は、精神分析的理解や技法に基づいて運営されていた精神医学教室であった。このため、その有用性は私には自明であり、それを実践してきた。むしろ、精神分析的素養のない人たちがどのように患者にかかわり理解し精神科臨床を実践できているのか、そのことのほうが不思議なのである。

そして後半で、臨床実践としての精神医学と精神分析の本質的相違に言及する。一般的な論述では、相違に言及した後にその止揚、あるいは統合に触れるのが適切な順序であろう。ゆえに、順序が逆だろう、といぶかしく思われる方もおられよう。しかし、論述の妥当性は読まれて了解されると思っている。ここに述べる本質的な違いは、精神分析は何をしているのかについての長年の思慮から行き着いたものである。いずれにせよ、この相違に得心されるか、それとも反駁されるかは読者に委ねられる。

2 精神科病院やクリニックでの日常臨床に精神分析がどのように役立つのか

(1) 精神科日常臨床の実際

それは病院でもクリニックでもよいのだが、両者に共通して精神科診療においては、内科診療では自明な科学的客観データ——尿や血液の採取で得た客観的なバイオマーカーによる有効な生化学所見や画像所見——が一切なく、医師による診療のみで診断と治療が進められる。質問紙やチェックリストがあるじゃないかと異論を挿まれるかもしれないが、それらは本来医師による診察で把握されうるものであり、それが客観的なデータではないこともまた自明である。

このことが何を意味しているかと言えば、精神科診療には、脳神経という組織病変やその機能を同定して診る方法はなく、精神、つまりこころを診るのが実情であるとのことである。端的に言えば、精神科は精神科であって脳内科ではないのである。うつ病が脳内カテコールアミン代謝異常だと生物学的な知見を医師が述べても、当の患者で計測できないのだから、仮説をあてはめ一方的に説明しているにすぎない。一方で、こころを診ること、こころにかかわることは精神分析が長年実践してきている。

精神科診療場面で実際に要求される方策は、治療関係での患者の信頼を高め、その一方でその患者の精神病理現象を同定し、患者の訴える苦痛の軽減につなぐことである。それは患者を観察し、患者の思いに触れながら進められることである。この診療における要件を満たそうとするとき、精神分析は豊饒に有用な知識や技術を提供する。これから、それらを幾つか挙げて、精神科日常臨床での精神分析の有用性を例証してみる。

（2）日常臨床での精神分析の有用性

a　診断において、精神分析的視点からパーソナリティを診立てる

精神科臨床においては、患者の訴えるところから精神現在症を押え、診断を下すやり方が一般化している。つまり、愁訴や症状から診断を下すのである。たとえば、気持ちが沈む、食欲がなく、睡眠が短くなって朝早く目が覚めるようになった、ものごとを悲観的に考える、活動性が落ちた等と患者が訴えるなら、医師は「うつ病」、あるいは「抑うつ性障害」と診断するだろう。しかし、その患者の抑うつ症状には背景要因があるかもしれないのである。たとえば、不安や強迫が昂じて抑うつが出現してくることはよく見られる。摂食障害が拒食から過食に転じたときには抑うつが現れる。認知症が抑うつ症状から始まることもある。より的確な診断のためには、さらに奥行きのある臨床所見の獲得が必要である。それは精神症状のより細かな観察に加えて、その患者の人としての在り方、すなわちパーソナリティの診立てによってなされる。

正確な精神科診断に必要なことは、神経病理を念頭に置くとともに、こころの総体であるパーソナリティを診立てることである。抑うつ症状を呈していても、その訴え方や医師との関係の持ち方、非言語的コミュニケーションの性質にはパーソナリティ特異性が現れる。パーソナリティを診立てているなら、診断はより

的確となり、治療が効果的に進められる。

このパーソナリティを診立てるという臨床作業に精神分析の知識が大変有用である。精神分析的にはパーソナリティの基本形は、「ヒステリー」「強迫」「パラノイア」である。

たとえば、ヒステリカルなパーソナリティの患者であれば、暗示的な反応が起こりやすい。ゆえにラポール（陽性転移）を築き、親しみをもって好意的に示唆するなら、薬物の効果はその実効力以上になり、症状の改善は著しい。この関係が維持できるなら予後もよい。しかし関係が不穏になったときは悪化も急峻である。一方、強迫的なパーソナリティは被暗示性が低く、穿鑿（せんさく）傾向からの用心深さが本性なので、性急な働きかけは逆効果となる。その患者からの信頼を得るのに根気よく時間をかけることで、治療が治療として機能する。信頼が得られると、改善は緩徐であっても確実である。難しいのは、パラノイックなパーソナリティである。表面的には穏やかで親しみがあるような振舞いを見せるので、ラポールが成立しているかのように医師は思いやすいが、内心疑念が強い。しばしば薬をもらっていても飲まない。あるいは密かに別の医療機関や治療を受けていたりする。結果として、望ましい予後は安易には期待できない。

パーソナリティの精神分析的診立てとしては、他に恐怖症性、スキゾイド、自己愛、自閉症性等があるが、それらについての精神分析的知識も精神科臨床に有用であることは述べるまでもない。

b　患者との関係強化のための「転移」の利用

精神科治療では、その基盤に患者との信頼ある関係が築かれていないことにはいかなる治療法も功を奏さない。この大前提が認識できていない人は、未だ精神科医になっていない。ところで、精神分析は治療関係の質を「転移」という臨床概念で同定する。患者がこころに抱いている自己と他者の関係モデルが、無意識に治療関係に陰に陽に持ち込まれているという視点である。患者の言動の観察から転移の質を見定め、可能な範囲で治療に利用すると病態の改善につながる。治療関係に転移が生じていないことはない。転移が生じていないように見えるときは、穏やかな陽性転移が生じているか、潜在的な陰性転移が生じている。

その患者が治療場面に持ち込む転移が、治療者を好ましい人として肯定的にかかわってくる「陽性転移」であるなら、その陽性の関係を支持すると、良好な治療関係が維持され薬理作用を越えた薬物効果と諸症状の改善が促進される。

一方、治療者に不信や嫌悪感を抱く「陰性転移」出現の早めの探索は重要である。そのままにしておくと、病状の悪化のみならず、治療中断に至る可能性が高いからである。この場合は、患者は言及しない治療者への不信や嫌悪の感情を見つけ出し、治療者から積極的に取り上げることが必要な場合もあれば、治療者や治療のどこに患者が陰性に反応しているかを見出し修正を企てるなど、治療関係を壊さないよう早めに実際的な手を打つことが必要である。

こうした判断は、転移という概念を活用することで可能になる。治療者がこの転移を把握する手掛かりは、私たちがその患者にとっての重要な他者の誰（父親、母親、兄、妹等）に見られているのか?、との問いを持つところから見出すことができる。

c 「逆転移」という視点から、自己モニタリングを行い、内省する

転移という現象は患者だけに発生するものではない。人である以上、治療者側にも当然生じるものである。それは治療に援助的に作用することもあれば、妨げることもある治療の重要要因の一つである。治療者は己に発生している転移、すなわち「逆転移」——その患者との間で自分の中に生じている感情や考え——をしばしば検討することが大切である。この自己観察は、逆転移概念抜きに治療者自身が気づくことは難しい。

そうした自己モニタリングが精神科臨床を充実させる。私たちの中の感情や考えが何か不快なものであるときには、その質と出所を検索するのである。そこに治療者の個人的な感情が見出されるときには、その嫌悪感に引きずられないように治療者は自制する必要がある。その一方で、その感情がその患者のある特異な在り方から引き起こされていると同定できるなら、パーソナリティ診断や治療関係の質の吟味に一役買う。

一方、私たちの中の思いが心地よいものであるときには、それを不思議だと考えてみることが大切である。そもそも苦痛を抱えてやってきている患者と会っているのであるから、心地よいとは奇妙な感情である。ゆえにそれは検討に値するのである。そこから、いつのまにか治療が本来の目標から逸脱していることに気がつくかもしれない。また、あるときには治療者は、恐怖を感じていることに気づくかもしれない。この恐怖感も重要なサインでありうる。それは、患者はことばにしていない特別な何か――たとえば、自殺願望、心的破綻の切迫、強い憎悪等――を私たちがこころの片隅で感知していることなのかもしれないのである。

このように逆転移は、治療を円滑に進めるためには目を向けることが必要な治療因子であるとともに、患者を理解するための豊かな資源であることも、精神分析の視点と知識を持つことでさらに生きてくる。

d 「行動化」や「退行」という視点から患者の話を聴き、様子をみる

患者には、ことばで表現されていない思い、あるいはことばでは表現できない思いがあること、もしくは患者が考えたくない何か、触れたくない何かがあることは、精神科臨床に携わるものには周知のことである。それらは行動・行為で示される。それらからその思いを推量する、有用な精神分析の概念がある。「行動化」や「退行」である。

患者が診察室の内外において新たな行動、いつもと違う行為を見せたときに、「行動化」という概念を使

うことによって、今目の前にいるその患者が語れない思いを何か抱えているのかもしれないと治療者が考えを巡らすことができる。それによって、そうした病的行為の背後にある考えや感情の質や量を見定め、それらの行為のエスカレーションの予防や抑止に役立てられるだけでなく、その患者が抱えている問題を言語的なやり取りで取り扱う機会を設けるとの視点が獲得される。

「退行」という概念は、子ども返りを意味するように、母子関係を連想させるものであり、ことばよりも態度・振舞いとして示されるものである。退行という概念を通すなら、その患者の子どもの部分とそこでの不安や葛藤が浮かび上がりやすくなり、治療者側も母子関係的な立場からかかわるという視点が得やすくなる。それは患者の非言語的な交流への支持的理解をもたらす。ただ注意を要するのは、退行には患者からの依存感情が率直に表現されている場合と、実際には逸脱した病理現象として対処する必要がある場合もある。それを見分けることも重要であり、病理的行為の場合は、放置せず制御する手を早く打つ必要がある。

e　治療スタッフとの患者についての理解を分かち合うことに役立てる

精神病理の出現による社会的活動や対人関係でのその病の影響の大きさから、精神疾患は重症であるほど、精神科医単独でなく、看護師、臨床心理士、精神科ソーシャルワーカー、作業療法士らとの協働治療が不可欠である。

患者や治療関係の精神分析的な理解には、患者の抱える苦悩や苦痛をその患者の親子関係や生育史に基づいて理解しようとする視点がある。それは、患者を病を抱えた気の毒な人として憐憫から援助するという簡素すぎる視点から治療者たちを解放してくれる。分析的視点に基づく理解として、その人が生きてきたもっと人間的な過程、その患者独自の人生史や環境の中で生じ、継続している〝生きづらさ〟の苦しみ・憎しみ・悲しみというこころのダイナミクスを治療スタッフに伝えることができる。スタッフとの間でのこの性質のコミュニケーションは、共感的理解を治療スタッフと分かち合うのに大変有用であるし、治療スタッフは確かな方向性や目的意識、人間的な思いを持って治療的援助に臨むことができる。結果として、人間理解を伴わない情熱のみでかかわり、遂には疲弊して燃え尽きることを予防する。

精神分析的な患者理解の共有こそが、精神科日常臨床に不可欠なチーム医療に、患者についてのよりパーソナルで深い理解を共有した患者中心アプローチを提供する。

さらにこの治療的援助では、治療スタッフからもそうした生活史や環境にまつわる情報を提供することができ、それに基づく人間理解を積極的に分かつことが、治療チーム成員の相互交流と意欲を高めるという相互作用的向上をもたらす。

(3) 精神科一般臨床での精神分析の使用での注意すべきこと

述べてきたように、精神分析に基づく概念や理論、技法は精神科臨床に有用な理解や手技を授けてくれる。ただ、それらを活用するに際してはこころに留めておく必要のあることもある。それらを述べる。

第一には、患者や治療スタッフとの交流では、できるだけ精神分析用語を使わないようにすることである。すなわち、専門用語を日常語に変え、それが患者であろうとスタッフであろうと、聴き手に伝わる形で伝えることが不可欠である。それによって独善的ではない、理解を共有する治療者の姿勢が鮮明になる。

精神分析的な視点から得た理解も、その患者に関する一仮説である。ゆえに、一方的に決めつけた言い方をせず、聴き手が疑問や反論を表現できる伝え方をすることも重要である。聴き手からの発言をきちんと受け取ることが、聴き手との間でさらに理解を深める機会になる。精神分析的理解を全知化・万能視しない姿勢が求められる。

精神分析的視点は患者のこころ／パーソナリティを理解するのに有用なのだが、問題をこころ／パーソナリティだけに限定してしまわない姿勢も必要である。身近な人たちを含めた生活環境や生物学的要因の関与を考慮する広い視野はいつでも保持されねばならない。

3　精神医学と精神分析に相違はあるのか

(1) 精神医学からの不信

述べてきたところから、精神分析は精神科診療や心理臨床とは相補的に位置づけられてよいと思われる方は多いだろう。実際、前項で述べた有用性を精神科日常臨床に活かしている精神科医も少なくない。しかし、歴史的にも今日においても、精神医学は精神分析に好意的ではないところがある。

精神分析に向けられるものに、胡散臭いとの印象がある。その原因のひとつは、精神分析が人の欲動に着目し、情緒的に濃厚な関係を患者との間に築くため、患者との倫理的境界を逸脱しかねない危うさが感じられることもあるだろう。このような治療的手技が与える印象があると思われる。そこには、転移を活用する作業への誤解があるのだが、精神分析的臨床家の倫理的な堅固さが問われていることでもある。

もうひとつは、精神分析がターゲットとしているものが、患者の人生に深くかかわる「生きづらさ」であることも一因であろう。そこに、宗教的な洗脳の性質を読み取られるのである。しかし、精神分析と宗教は明確に異なる。この点については後に触れる。

精神医学のみならず臨床心理学からもよく表される批判は、精神医学には治療効果のエビデンスや再現性があるが、精神分析は一例の場合にすぎず、それらを欠くとの見解である。よって精神医学は科学だが精神分析は科学ではないとの結論に至る見解もある。確かに科学には厳密なエビデンスや再現性が求められる。しかしながら、臨床精神医学や臨床心理学がそのような科学性を達成しているかと言えば、そうではない。客観的な判断の指標となるバイオマーカーがひとつもないところでチェックリストによる評価はエビデンスの創作にすぎない。もともと本質的なところでは精神科日常臨床が脳神経を対象とするのではなく、その患者の主観的な体験の集合体であるこころを対象とする限り、科学性だけでは治療はできないことが認識される必要がある。現実に、精神科診療も精神分析も治療的達成を治療者個人の経験的技量に多く拠っているのである。精神医学は科学として進歩する必要があるが、そうした理念と現実は分けられねばならない。

類似の発想に、精神医学は多くの人に応用できて経済効率が良いが、精神分析は個々人に長い時間と費用をかけるため経済効率が極めて悪いとの見解がある。この発想は社会経済的見地に基づくものである。しかしながら、身近な大切な人がこころの病にあるとき、経済性は横に置いて、その人個人に効果を顕す治療を誰もが求めるであろう。こうした経済性の強調は、他人事としか病者を見られない発想の産物である。

ここまで、精神医学から向けられる精神分析への不信を取り上げ、それに対する個人的な見解を述べてみた。しかし、精神医学と精神分析の間の溝はもっと本質的なところから来ていると筆者は考える。それを次に検討する。

（2）精神医学的治療のめざす道

a　精神医学的治療の目標

精神医療での治療の目標は何か。医学は「病気」をその対象にしている。病気とは、何らかの原因によって、場合によっては死に至る、身体に苦痛を伴う症状が発生する事態である。ゆえに医療者は、患者から訴えられる苦痛な症状（主訴）の除去・軽減に直接かかわる。そこでは、治癒が目指され、治癒が困難な場合は苦痛の低減が目指される。それは、医学分野のひとつである精神医学でも同様であり、精神科治療も治癒、苦痛の低減を目指す。

このように医学の目標は、治療による苦痛の除去と快の回復であり、それによって快を維持することを目指すのである。これは、S・フロイト（Freud, 1911）が示したこころの機能の二原則から見ると、快-苦痛原則に従う一次過程機能に従う達成である。なぜそうなのかは述べるまでもない。ダイナマイトや原子力の開発にみるように、医学を含めた科学の進歩は、ことごとく快の獲得と苦痛の排除を目的に使用されてきており、誤用によるその達成の失敗はあっても目的そのものでの例外はない。文化・文明の進歩とは利便性の向上による快獲得の増大である。それこそが、人間が本質的に求めるものなのであり、一次過程に人はなびく。

b　精神科日常臨床で実際に起こっていること

精神医学的治療も同じく快-苦痛原則に従う一次過程のメンタリティに奉仕し、苦痛を排除し快を回復することを目標としている。しかし、精神科日常臨床ではことはそう単純ではない。その理由は、繰り返すが、精神科臨床が脳神経という身体器官の障害のみならず、こころの変異を治療対象としているからである。

精神分析臨床では、快-苦痛原則に則った身体医学的な理解と対応では対処できないものが治療対象として現れる。躁病、自己愛パーソナリティ障害、反社会的パーソナリティ障害、嗜癖等、当人は苦痛を訴えない病者がいる。彼らは、それがまさに病的なのだが、快の状態にある。心的苦痛は周囲の他者たちが訴え、治療は彼らの苦痛の軽減を図るのではなく、彼らに快の断念を迫る。

また、統合失調症、双極性障害、自閉性障害［発達障害］、嗜癖、性倒錯、パーソナリティ障害等、加療しても、治癒できない人たちが大部分を占めるのも大きな特徴である。それのみならず、うつ病や不安障害、摂食障害等、再発を繰り返す人たちも多い。これらの患者には精神科治療は治癒や苦痛の軽減という目標を達成できない。ゆえに、何らかの苦痛を抱えて生きることを支援することになる。それでは医療モデルでは、どのような支援があるのか。ＱＯＬの向上という用語が示しているのは、日常生活の質の向上であるが、それは単純な苦痛の除去や快の獲得ではない。そこには苦痛の認識と忍耐も含まれる。

ここまでで私が明らかにしたいことは、精神科治療は、建前では医学の伝統に則り、患者の治癒や苦痛の軽減を目標としているこころの一次過程志向性の対処実践なのであるが、現実での治療実態は科学的な判断や対処ではないことである。何故なのか。その答えは、述べてきたように精神科治療は、実際にはこころをその治療対象にしているからである。

（3）精神分析が達成しようとすること――精神分析の本質

ここで主題を精神分析の目標に移そう。

精神分析は、心理治療の代表的なものと見られるように、こころにかかわる。すなわち、その人が「生きていること」にかかわる。そこにおいて、何らかの〝生きづらさ〟を抱える人が、精神分析を求める、もしくは精神分析の対象となる。

そして、精神分析療法の中で治療者は、その人の主観的な思いとともに生きる。すなわち、精神分析過程に発生する転移を活用する。彼／彼女独自の〝生きづらさ〟を内包する心的世界／主観的世界が、面接空間内に投影され、現実化して展開する。その転移体験の中で、〝生きづらさ〟をもたらしたその人の主観的事実／心的事実を、彼／彼女の主観に添いながらともに見ていく。治療者は、その人の現在の在り様にかかわる無意識的［心的／主観的］事実の意識化を支援する治療場面での転移の中を生きつつ、その人の事実をともに見ていく過程を通して、彼／彼女の生きていくことの苦痛に持ちこたえる力を高める。

それが精神分析の達成である。ここには説明が必要であろう。

フロイトは一八九五年に出版した『ヒステリー研究』の末尾に次のことを記載している。

> 私が患者たちに、カタルシス療法は助けとなるとか、あるいはそれによって苦しみを軽減できると約束するたびに、患者たちからは繰り返しこう言い返されてきた。「先生ご自身が、私の苦しみは私の生活環境とか境遇に関わるものだとおっしゃるじゃありませんか。でも、それは先生には変えられません。どんなふうにして私を助けてくださるおつもりなのですか？」これに対して私はこう答えることができた。――「確かにあなたの苦しみを取り除くには私の力を借りるより、環境を変えるほうが簡単でしょう。それは疑いありません。しかし、あなたはヒステリーのせいで痛ましい状態にありますが、それをありきたりの不幸な状態に変えるだけでも、多くのことが得られます。そのことはあなたも納得されるようになるでしょう。そして精神を回復させれば、そんなありきたりの不幸に対して、もっと力強く立ち向かえるようになるのです。(Breuer, J. & Freud, S., *Studies of Hysteria*, 1985)

注目すべきは、フロイトは患者に治癒をもたらすとか楽にするとはまったく言っていないことである。不幸な患者を幸福にするとも言っていないのである。彼は、痛ましい不幸にある患者をありきたりの不幸にすると言っているのである。そして、ありきたりの不幸なら、精神を回復した患者は立ち向かえるようになると言っているのである。

このフロイトの見解は、後にビオンによって明晰に述べられた。

> 成功した分析は、苦しみを軽減させる。だが……患者も分析家も苦しみ（苦痛）を和らげたいと望んでいるにもかかわらず、分析経験は患者の苦痛に苦しみもちこたえる能力を高める。(Bion, W., *Elements of Psycho-Analysis*, 1963)

ビオンはさらに次のようにも言っている。

> 身体医学の領域で「治癒」や「改善」が大きな意義を持っているという意味では、精神分析にとって何の意義も持っていない。(Bion, W., *Second Thoughts*, 1967)

精神分析が達成するのは、現実原則に従うこころの二次過程の強化、すなわち現実を見つめて考える能力を向上させることなのである。そして、それは人生において不可欠に発生する重要な対象喪失に直面して、その喪失を受け入れ喪を哀悼していくためには不可欠なこころの活動である。〝生きづらさ〟は、喪失が適切に哀悼されないところに発生する。それを快や躁で埋めようとしたり回避したり、あるいは否認するところで、ありきたりの不幸が、結果として糸のからまった痛ましい不幸になるのである。

そして、こうした〝生きづらさ〟のひとつの領域に、精神疾患や精神症状がある。ゆえに精神分析には精神科臨床で為す仕事がある。しかしすでに陳述してきた理由から、精神分析においては、精神疾患や症状そのものが精神分析の標的になるのではなく、〝生きづらさ〟に関与している思考や感情が標的である。精神分析という方法が達成することがある。それは、自分自身を見つめ、知り、自分のネガティヴな感情や考えにもちこたえ、それらをこころに置く力を高めることである。そこから糸のもつれた不幸は解きほぐされる。

ここで据え置いていた問題を取り出してみよう。それは、宗教と精神分析はどこが異なるのか、〝生きづらさ〟にかかわるのなら、それは宗教ではないのか、という疑念である。しかし、精神分析と宗教は本質が異なる。宗教は、真理と称する〝生きづらさ〟を解消する絶対的な答を保持するが、精神分析は答を持たない。それは分析家とともに患者自身が答を見つけるものである。すなわち患者自身がこころの二次過程機能を強化して、自らの中で答を探索し得ることを目指している。さらにフロイトも述べているように、宗教は来世の快を約束する。つまり、最終的な快は保証している。それは二次過程で機能するこころではない。

結論を述べよう。治癒や回復を約束しようとする精神科臨床は快-苦痛原則に従う一次過程のこころに奉仕する。一方、精神分析は現実原則に従うこころの二次過程機能を強化するのである。ゆえに、両者が相補的に位置づけられるとき、患者の恩恵は最も大きくなるだろう。

4　おわりに

本稿では、精神科日常臨床と精神分析について述べてみた。読者は私が精神分析の概念や手技と精神分析臨床を分けて考えていることに気がつかれたかもしれない。前者は精神科日常臨床に応用できるものであるが、後者は精神科日常臨床とはその目標を異にしているため、それ独自の設定を必要とする。ただしそのことが精神科臨床と精神分析が相容れないと見ることにはならないことは述べてきたところである。詰まるところ、一人ひとりのニーズから私たちが患者にかかわることが必要なのである。いずれにしても、本論考が精神科一般臨床で働く方たちに役に立つところがあるならうれしい。

〔文献〕

Bion, W. (1963). *Elements of Psycho-Analysis.* William Heinemann Medical Books. 福本修（訳）（一九九九）『精神分析の方法Ⅰ』法政大学出版局

Bion, W. (1967). *Second Thoughts.* William Heinemann Medical Books. 松木邦裕（監訳）中川慎一郎（訳）（二〇〇七）『再考：精神病の精神分析論』金剛出版

Breuer, J. & Freud, S. (1985). *Studies on Hysteria. SE* 2. 金関猛（訳）『ヒステリー研究』（二〇〇四）ちくま学芸文庫

Freud, S. (1911). Formulations on the two principles of mental functioning. *SE* 12.

松木邦裕（二〇一〇）「もの想い——精神医療の内と外」『分析実践の進展』創元社

松木邦裕（二〇一一）『不在論』創元社

松木邦裕（二〇一五）「精神分析——その目的」『精神療法』増刊第二号、五八-六二頁

Matsuki, K. (2015). Contributions of Psychoanalysis to Psychiatric Treatment: Thoughts Based on the Nature of Psychoanalysis. Read at 4th China Psychoanalytic Congress. Hefei, China. 14th Oct. 2015.

■第4章 日常臨床と精神分析

細澤　仁

1　日常臨床という場

　私は今まで数多くの臨床の場を経験してきた。医療分野としては、大学病院、市中総合病院、精神科病院、精神科クリニック、産業医学が挙げられる。また、教育分野に関しては、大学の学生相談と高校のスクールカウンセリングで臨床活動を行っていた。そして、福祉分野では、児童相談所においてケースとかかわったことがある。平均的精神科医よりは、より多くの臨床の場を経験していると思われる。私のアイデンティティは精神科医であり、精神分析を専門とする多くの精神科医の如く、精神分析家ないし精神分析的臨床家ではない。この事態は、おそらく、私が精神分析よりもむしろ、中井久夫という臨床家により多くの影響を受けたことと関係がある。精神分析を専門とする多くの精神科医は、精神分析と精神科臨床を別物と考えているようだ。私は、中井久夫の如く、精神科医とは精神療法を行う医師であると考えており、私の背骨が精神分析である以上、私の中で精神科医療と精神分析を切り離して考えることはできない。

　精神科医療は他の身体科医療と比べて異なる特質を有している。身体科医療は、患者という固有の歴史と性質を持った人間ではなく、疾患を対象としている。それと比較するならば、精神科医療は、疾患もさることながら、疾患を有する人間を対象にせざるを得ない。身体科の医師は、患者の詳細な成育歴など決して聴取しないであろう。精神科医は、患者の成育歴をルーチンとして聴取する。精神科医療においては、患者は固有の歴史と性質を持った個人であるというところから病態を理解し、治療を提供する必要があるのだ。身体科医療は、患者の苦痛を取り除く、ないし、軽減することを目的としている。ここでは、特殊な場合を除き、身体化医療が提供するものと、患者が求めるものは一致している。一方、精神科医療は、患者のニードを理解し、適切な医療サービスを提供することを目的としている。患者のニードは意識的なものもあれば、無意識的なものもある。無意識的なニードの評価は簡単ではない。また、患者のニードに応えることが、医療として適切ではない場合もある。精神科医療は、さまざまな困難を内包している。

ここで精神分析の目的について考えてみたい。精神分析の目的についてはそれぞれの臨床家がさまざまな見解を述べている。それらすべての見解に共通する要素は特にないので、精神分析の目的については、各臨床家が独自に定めてよいというのが現状である。この論考は総説ではないので、他の見解について触れることは控えることにして、私の個人的見解について述べるに留めたい。私の考える精神分析の目的は、分析作業を通して、人が内的な自由を獲得し、その結果、こころが豊かになり、ゆとりが生じることである。

それでは、どのようなプロセスを介して、このようなことが可能となるのであろうか?

ここでウィニコットの『遊ぶことと現実』（一九七一）に収められた言説を引用したい。ただし、この論文の記述との連続性を持たせるために、訳文を多少改変している。

「精神療法は、患者の遊ぶことの領域と、治療者の遊ぶことの領域という、ふたつの遊ぶことの領域の重なり合いのなかで起こる。精神療法は、一緒に遊んでいるふたりの人にかかわるものである。このことから必然的に、遊ぶことが不可能なところで治療者が行う作業は、患者を遊べない状態から遊べる状態へともっていくことに向けられる」

「遊ぶことはそれ自体が治療である」

「遊ぶことは体験、つねに創造的な体験であり、生活の基本形式である空間-時間の連続体のなかでの体験である」

「私たちの仕事を理解するうえで知っておくと役に立つのは、私たちがすることの基本が、患者の遊ぶことであり、それは空間と時間をとる創造的体験であって患者にとって強烈にリアルだということである。

また、このような見方は、深く入っていく種類の精神療法が、解釈作業なしでもなされることがあるのはどういうわけなのか私たちが理解する上でも助けになる。……重要な瞬間は子どもが自分で自分に驚くときである、という点である。重要なのは私が賢い解釈をする瞬間ではないのだ」

ウィニコットは、遊びという創造的体験が生成することを精神分析プロセスの本質と考えているようだ。創造的体験が肝要というところはウィニコットと意見が一致しているが、私はその体験は、遊びというよりは、美的体験と考えている。美的体験を介して、ある種の衝撃が患者の中に生起し、精神分析プロセスが進展すると私は考えている。美的体験とその衝撃という論点に関しては、私と相当異なる観点からではあるが、メルツァー（Meltzer and Williams, 1988）も詳細に論じている。関心がある読者は参照していただきたい。

私が考える美的体験は創造という事象と関係があり、言語という関節が脱臼する瞬間である。圧倒的にすぐれた芸術作品を眼前にしたときの体験と極めて類似した体験である。芸術作品は、あらかじめ存在しているものではあるが、その完成は観客の眼差しの中で生起する。作品は観客の眼差しと出会うことがなければ単なるものである。芸術作品が作品として成立するためには、作品と観客の双方の関与が必要なのだ。芸術作品を作品たらしめているのは作品の作者のみではない。

さて、臨床における美的体験の創造者は誰なのだろう？　それが治療者ではありえないことは言うまでもない。つまり、治療者の介入が美的体験を生成させるのではない。美的体験の創造者は、一部患者である。しかし、患者だけでは、この美的体験を生起させることはできない。この美的体験が生成されるためには、精神療法という場が必要なのである。その場を提供し、維持することが治療者の役割である。臨床における美的体験の創造には患者と治療者というふたりの人間の関与が必要なのである。

この論考においてふたつの症例を取り上げる。いずれも精神科の一般外来における症例である。これらの症例を通して、日常臨床と精神分析について考察したいと思う。なお、これら二症例は、既に私の著作で取り上げたものである（細澤、二〇〇八、二〇一〇）。この論考では著作と異なる観点から検討を加えたいと思う。

2　大事故を契機とするＰＴＳＤ症例

【症例の概要】

症例は成人女性Ａである。

彼女は就職し入社した直後に、多数の死傷者を出した大事故に巻き込まれた。検査のため数週間入院したが、幸い身体的な異常は認められなかった。まもなく彼女は復職したが、同期入社の同僚と比べて、仕事を覚えることが遅れているという気持ちを抱き、数カ月後に退職となった。退職後、典型的なＰＴＳＤ症状と抑うつ症状を呈するようになった。Ａは薬物療法に抵抗があったため、精神科を受診することをせず、症状を抱えながら他の仕事に就いた。彼女が精神科を訪れたとき、既に事故から数年の月日が経過していた。

Ａは会社員の父親と専業主婦の母親の間に生まれ、同胞として兄がひとりいた。彼女は幼小児期から活発で、友人とも長期の安定した関係を築くことができた。大学に至るまでの各学校への適応もよかった。しかし、彼女が大学生のときに兄が自殺した。彼女は兄を大変好きだったこともあり、兄の死は「こんなつらいことはもうないだろう」と思うほどの出来事だった。

その後、Ａは徐々に落ち着きを取り戻し、人生に希望を抱いて就職した。そのような状況で事故に巻き込まれたのだった。

Ａへの治療的アプローチとしては精神科主治医による薬物療法、マネージメント、心理教育的サポート、そして、臨床心理士による支持的心理療法の組み合わせが選択された。治療の経過の中で、症状は一進一退を繰り返した。精神科での治療開始一年半頃に、主治医が都合により病院を辞めた。そのため、私がＡの主治医となった。

私と彼女が初めて顔を合わせたとき、彼女のＰＴＳＤ症状はかなり悪化していた。また、抑うつ症状や不安も著明だった。そのため、日常生活にも支障をきたしていた。彼女は「この一カ月調子が悪い」と語るとともに、恋人との関係における葛藤も語った。その恋人は同じ事故に巻き込まれた人で、事故を通して知り合ったという。恋人は、特別ＰＴＳＤ症状を呈することもなく、既に人生についても前向きになっていた。それ故、彼は、依然としてＰＴＳＤ症状を呈している彼女との間のギャップを抱えることができないようであった。私は入院についても考慮したが、まず、今後の方針を決めるために十分なアセスメントが必要と考え、Ａに再度のアセスメント面接を提案した。

二週間後、ある程度時間を確保し改めてアセスメント面接を行った。現病歴、家族歴、成育歴について詳細に聴取した。兄の自殺をめぐる家族の葛藤についてもＡはいささか語った。私はＡの連想内容から、彼女のＰＴＳＤ症状や抑うつ症状や不安の背後に、兄の死という対象喪失に対する喪の作業が十分に進展していないという心的事態があると見立てた。

私はアセスメントの材料とするため、試みに介入を行った。私はＡに「あなたはお兄さんのことがとても好きだったのですね」と伝えた。彼女は考え込むように、かなり長い時間沈黙した。そして、彼女は、恋人の名前と兄の名前が同じであるとぽつりと漏らした。私たちは次回治療方針について話し合うことにしてアセスメント面接を終了した。

次の回、彼女の症状は著明な改善を示していた。ＰＴＳＤ症状、抑うつ症状、不安は消失していた。症状に改善が認められたこともあり、しばらくは一般外来の枠組みで様子を見るという方針を採ることで合意した。その後、彼女はＰＴＳＤ症状や抑うつ症状を呈することはなかった。また、恋人との関係も安定し、以前よりゆとりをもって社会生活を営むことが可能となった。症状の改善が認められて一年後に治療は終結した。

この症例には後日談がある。治療終結後、数年してＡは再来した。彼女が仕事で電車に乗っていたときに、大地震が起こり、電車に長時間閉じ込められるという事件が起こったのだった。そのため、彼女は不安を感じ、再来したのだった。治療終結後から、この時点まで症状の再燃は認められなかった。そして、再来した時点でも、今後の症状の再燃の心配をしているだけで、症状が実際に再燃していたわけではなかった。私は、Ａの話を傾聴し、その様子を見ながら、彼女は十分に自分の不安を抱えることができるだろうという印象を持った。そして、私は、彼女に「あなたの不安は一時的なもので、まもなく落ち着いて来ると思います。特に治療等は必要ないでしょう」と伝えた。彼女は、自分もそう思っているのだが、「念のため来ました」と語った。それが彼女との最後の面接であった。

【症例の考察】

精神分析における中心的なドグマは「無意識の意識化」であろう。そして、精神分析が主として扱う素材は転移された無意識的素材である。それゆえ、転移解釈こそが精神分析の特権的技法となる。このモデルは、隠されている無意識的なものが情緒を伴い発見されることで患者のこころに変化が生起するという発見モデルである。このモデルはひとつの物語に過ぎない。

私はこのような精神分析の物語をまったく信じていない。私は、無意識的素材は発見されるべく隠されているものではなく、臨床の場で、治療者と患者の間に創造されるものであると考えている。それは必ずしも転移解釈を通してのみ創造されるものではない。もちろん、転移解釈がその創造のひとつの動因になることもある。

この症例で私が果たした役割は何なのだろう？　Aの症状は消失し、その後の症状の再燃もないことが確認されているので、私が臨床的に意味のあることをしたことは確実だろう。私と出会う前、彼女のPTSD症状は遷延していた。私は、再度のアセスメントを導入した。そして、今後の指針を決めるための素材を得る目的で試みの介入を行った。私が彼女に伝えたことは、彼女が兄を好きだったという事実だけであった。しかし、この介入は、劇的な効果をもたらした。

Aは、アセスメント面接の中で兄を好きであったと語っていた。彼女の兄への好意は無意識的なものではなく、意識的なものであった。さらに、私の介入は転移をターゲットにしたものでもない。私の介入は転移解釈ではなかった。しかし、私の介入は彼女に変化をもたらした。

Aは、自分が兄を好きであったことを知っていた。彼女が衝撃を受けたのは、無意識的な内容が意識に上ったからではない。彼女に衝撃をもたらしたのは、面接のあの局面で、私が彼女にそのことを伝えたという事実であった。私の介入の内容が衝撃を与えたのではない。内容は彼女にとって既知のものであった。繰り返すが、私がそれを彼女に伝えたという事実が彼女に衝撃を与えたのだ。私の行った臨床行為は、アセスメントに役立たせるための試みの介入であり、このような介入をすべき治療的な理由が私の中にあったわけではない。この介入は、面接におけるある状況から自然発生的に生成したものであった。彼女が私の介入を生み出したのではなく、もちろん、私が私の介入を生み出したのでもない。彼女と私の間から、あの介入が創造されたのだ。この自然発生的に生起した美的体験の衝撃が、Aに持続的変化をもたらした。

この症例は、まったくの一般外来で治療が行われた症例である。構造化された精神療法のケースではない。私たち臨床家は、与えられた状況で、患者の利益になることを最大限行うことが仕事である。一般外来であっても、精神分析的交流の瞬間が有用であると判断されればそれが生成されるように臨床を行うべきであろう。しかし、治療者は意識的にそれが生成されるよう企図することはできない。治療者にできることは、それが生成されるかもしれない場を提供し、維持することだけである。それは構造化された精神療法の場であることもあるし、一般臨床の場であることもある。

3　思春期の解離性同一性障害の症例

【症例の概要】

症例は十代の解離性同一性障害（ＤＩＤ）を持つ女性患者Ｂである。Ｂは葛藤的な家族という背景を持ってはいたが、明瞭な外傷体験の既往はなかった。学校での対人関係のトラブルをきっかけにして、解離性遁走が出現した。その後、交代人格現象が明瞭になり、また、不登校に陥ったこともあり、私の外来を受診した。構造化された精神療法の適応であると判断したが、思春期症例であることを考慮し、当面は一般精神科臨床の枠組みで様子を見ることにした。

しばらく外来通院をしていく中で、穏やかな陽性の治療関係が醸成されていった。あるとき、家族における葛藤状況が先鋭化する事態が生じた。Bは症状の悪化を理由に私に入院を希望した。入院により葛藤的家族状況から逃避したかったのだろう。私は彼女の希望を聞き入れ、入院を設定した。葛藤状況に内的に対処できず、彼女はやや退行し、私への依存性を強め、入院に万能的母親を投影しているのだろうと私は理解した。そして、Bの病理を考慮すると、入院により悪性の退行が生じる危険性は低いだろうと判断した。私は彼女のニードに応えることで、部分的退行に対する抱えを提供することにした。ただし、退行が全面的なものになることを防止する目的で、入院期間は一週間と構造化した。

Bは入院すると安心したのか、症状はすぐに改善した。そして、今度は入院におけるストレスを訴え、私に即時の退院を要求した。私はここで、今回の彼女の行動の意味について直面化しつつ、退院を認めた。私は、彼女が周囲の人を振り回しているということにも触れた。この直面化をBはややサディスティックなものとして体験したようだった。

しかし、この入退院をきっかけとして彼女は著明な臨床的改善を示した。解離症状は認められなくなった。また外来でのBが語る内容、および母親の報告から、登校しており、充実した学生生活を送っているようだった。しばらくすると、Bは自分の力でやってみたいと治療終結を希望した。私はその申し出を受け入れた。

終結後、数カ月経ったある日、Bは再度私の外来を受診した。軽微な症状の再燃が認められた。Bはそれほど心配していないが、念のため受診したと語った。症状は特別な対処が必要と考えられるものではなかった。彼女は家族とは葛藤を持ちながらも現実的な関係を保っており、また、学生生活も充実しており、楽しいと語った。将来の夢を生き生きと語る姿が印象的であった。私は症状に関しては様子を見てよいであろうと伝え、さらに、必要ならまた受診するように伝えた。その後、Bは外来を訪れていない。

【症例の考察】

Bは臨床的改善を示した。治療は役に立ったようである。この治療において、入退院をめぐり私がした行為には、いかなる治療的意義があったのだろうか。私は入院の希望を受け入れることにより、Bのニードに積極的に適応した。そこで、Bはミクロな錯覚を体験することができたのだろう。退行したBは入院のストレスに耐えることができず、今度は退院を要求した。私は退院を認めたが、ややサディスティックな直面化を行った。この介入はBのニードへの不完全な適応と考えることができる。このとき、Bはミクロな脱錯覚を体験した。しかし、この過程は外傷的とならず、むしろ、発達促進的に機能した。ウィニコット（Winnicott, 1958）は「ニードへの不完全な適応が、いわば、対象を愛されながら同時に憎まれるものにして、対象を現実的にするのである」と語っている。Bの症例における入退院をめぐって私がした行為は、Bがミクロな錯覚-脱錯覚過程を体験することを援助すること、つまり、ミクロな退行に対する抱えを提供するという意味合いがあったのである。そして、そのプロセスを経て、Bは私をリアルな対象として発見したのであった。

ところで、このプロセスを創造したのは誰なのだろう。彼女が入院を希望し、また、退院を希望したので、このプロセスの発端は彼女の意思であった。一方、彼女の入院を認め、また、退院を認めたのは私なので、私もこのプロセスに関与している。このようなプロセスは精神科臨床においてありふれており、よく耳にする話である。しかし、このようなプロセスが必ずしもよい結果を招くわけではない。悪い結果をもたらす場合も往々にしてある。

このプロセスが治療的意義を持つことができたのは、錯覚-脱錯覚過程を体験することにつながったからだと先ほど述べたが、脱錯覚の契機は、私のサディスティックな直面化（世間では説教と呼ばれている）であった。この介入は、私が行った臨床的行為であったが、その臨床的行為が生成する状況を作ったのは彼女の退院要求であった。すなわち、私と彼女の間の力動的状況から、このサディスティックな直面化が創造されたのだ。彼女は私を万能的な母親として体験していたので、このような直面化を予想していなかったであろう。私は、当初から一週間という短期の入院を設定していたので、彼女の退院要求を予想していなかった。双方ともに予想していない状況から、このサディスティックな直面化が創造された。この体験は彼女にある衝撃を与えた（説教の内容自体はさして重要ではない）。その衝撃が彼女のこころに持続的な変化をもたらした。

臨床心理士は精神科医と比較して具体的マネージメントを行うことが難しい立場である。特にこの症例のような入院という強力なマネージメントを提供することは臨床心理士にはできない相談である。しかし、臨床心理士でもできるマネージメントはいくらでもある。マネージメントが退行や錯覚-脱錯覚という文脈で理解されるものとなるとき、その臨床行為は精神分析の本質と性質を同じくする展開をもたらす可能性を有するようになる。

ただし、退行が全面的に展開すると入院という固い構造が必要となってくるので、重篤な病理を持つ患者に関しては、マネージメントが不必要な退行を引き起こさないように十分に注意する必要がある。

4　考察――精神分析的体験の本質から見た日常臨床

何が精神分析的体験の本質なのかという問いに対する妥当な答えはない。それは芸術とは何か、あるいは、美とは何か、などのような問いに対する妥当な答えがないのと同様である。この問いに対する答えは、パーソナルなものであり、各臨床家のこころの中に存在しているだけであり、共有することは困難である（もっとも、その臨床家がリアリストではなくロマン主義者ならば、共用できると錯覚することはできるが）。しかし、それぞれが個人の信念に依拠し臨床を行っているだけでは、心理臨床というフィールドの中でも、各個人の中においても、発展性がない。それゆえ、共有するためではなく、信念がより臨床的に有用なものとなるべく彫琢されるために、私たち臨床家は議論を戦わせる必要がある。ただし、往々にして議論は不毛であり、平行線をたどるだけであることが多い。多くの心理臨床家、特に名を成した心理臨床家ほど、他者の信念を否定し、攻撃する傾向がある。悲しい現実である。

ここでは私の個人的考えを述べ、俎上に載せたい。そして、精神分析的体験の本質からみた日常臨床について考えてみたい。

私たちは自分の中に存在する固有の物語に支配されている。この物語を精神分析の一部の学派は対象関係と呼んでいる。精神分析の効用はこの物語の支配から脱し、幾分なりとも心的な自由を獲得することであるというところまでは、おそらくそれなりの広範囲で共有される考えであろう。そして、精神分析の正統派の人々は、転移解釈がその契機になると考えている。結局のところ無意識の意識化が人のこころのあり方に変容をもたらすという考えである。この考えにも一理ある。意識せずに支配されていたあり方を意識すれば、より主体的に考え、行動することが可能になるであろう。しかし、このことが精神分析的体験の本質なのであろうか？

フランスの思想家ドゥルーズ（Deleuze et Guattari, 1977）は、フロイトやメラニー・クラインを批判的に取り上げ、精神分析が用いる二重の機械について説明している。ひとつは「解釈の機械」で、「これによって患者の言いうることはすべてあらかじめ別のことばに翻訳されていて、患者の言うことはすべて別のことを意味するというふうにみなされる」のである。つまり、「シニフィアンとして構成された記号はシニフィエを指示し、このシニフィエが今度はそれ自体シニフィアンになる」という「際限のない網状態の中で、また絶えず膨張しつづける循環機能をもった放射体のなかで、一定の記号に還元されてしまう」のである。もうひとつは、「主観化の機械」であり、「これはもうひとつの記号体制を体現するもので、この場合には、シニフィアンはもう何らかのシニフィエとの関係においてではなく、ひとつの主体との関係でとらえられる」のである。「意味性の要をなす点が主観化の要をなす点、すなわち精神分析家自身」になるのである。そして、彼は、精神分析は無意識の生産を妨げていると批判している。彼によると、無意識の生産は、欲望の表現、言表の形成、強度の実質あるいは素材とイコールで結ばれる。このドゥルーズの慧眼は検討する価値がある。

彼のように反‐精神分析という立場に立たなくても、精神分析の内部に留まりつつ、無意識を生産することは可能であると私は考えている。

蓮實（一九七九）は、批評をめぐる論考の中で、私たちを「不自由」にしている「制度」「物語」に対する苛立ちを記述した。彼によると、「不自由」は「いま、この瞬間、誰もがごく身近に感じ取っていながら、その感じとられた生々しい対象を、奥深い影の部分だの、不可視の暗部だのに身をひそめたより確実なものと信じられる何ものかを参照することなしには、それを具体的な対象とは容認しがたいという、徹底して表象的な」ものである。そして、彼は、人が意識するのを回避するものは、「のっぺら棒な表面」であると言う。「知」は、この表面を分節化しようとする。しかし、あらゆる分節化を可能にする「距離と方向」とは、すでに分節化されているのだ。彼は、「あらゆる分節化の試みは、『不自由』への馴致を前提としている」と述べている。そして、彼は、「反‐制度」的な言辞を弄することなく、「制度」の「装置」を積極的に模倣することで、「『物語』の説話的持続の内部に、その分節化の磁力が及びえない陥没点をおのずと形成させる」

としている。

私たちは、精神分析の中にいつつ、物語の関節を外すことができると私は考える。そこで出会うのは、深層ではなく、いまだ十分な相貌の下に体験されていない表層なのだ。体験の性質が抑圧されているのではない。体験の性質がいまだ生産されていないのである。

症例Aを思い出してもらいたい。彼女に変化をもたらした介入の内容は彼女にとって既知の内容であった。それでも彼女に変化をもたらした。私の介入は無意識的な物語を取り上げたものでなかった。彼女に衝撃を与えたのは、その場で生成した事態そのものであると考えることができそうだ。その場で生成した事態をこの論考ではとりあえず事件と呼ぶことにしよう。彼女を支配していた物語が事件によって揺り動かされたのだ。事件とは、蓮實の言う物語の分節化の磁力が及びえない陥没点である。この事件を、深層という観点から解釈してしまうと、事件はあらかじめ分節化されている物語に堕する。そうなると、支配していた物語が別の支配する物語に置換されるだけとなり、そこには自由やゆとりへの方向性は芽生えない。

この体験は、すぐれた芸術作品に触れたときの体験に似ている。その芸術作品がいかにすぐれているかを分節化したところで、他のすぐれた作品と比べてより多大な影響を与えるほどの衝撃を及ぼした理由を示すことはできない。たとえば、小林秀雄（一九七九）は、美術展でゴッホの『烏のいる麦畠』の複製（本物ではない！）を目撃し、「愕然と」して、その前で「しゃがみ込んで了った」のである。この事態を分節化することはできる。しかし、ここでは、彼が自分の体験を分節化したからこのような事態が生じたのではないということを強調しておくだけで十分だろう。このとき、小林は、他のゴッホのすぐれた作品も観ていたはずである。しかし、この作品のみが彼にしゃがみ込んでしまうほどの衝撃を与えたのだ。すぐれた芸術作品すべてがこのような衝撃を人に与えるわけではない。この事態を作品の質を解明することによって説明することはできない。作品と観客のパーソナルな関係の中で事件は生じるのだ。そこで重要なのは作品が持つ強度である。もちろん、特定の観客にとってのパーソナルな強度であるが。

精神療法においても、治療者と患者の関係の中で、ある力動的事態がある一定の強度を持ったとき、そこに事件が生起し、患者に衝撃を与え、患者を支配する物語はその関節が脱臼するのだ。物語の支配が緩んだとき、患者のこころにゆとりが生じ、変化が生起する可能性に開かれていくのであろう。この体験は、先ほどから述べているように、芸術作品に触れたときの体験に似ている。それゆえ、私は精神療法の中に事件が生起したとき、その体験を美的体験と呼びたいと思う。

この美的体験を生起させる主体は何者なのか。患者も治療者も登場人物であり、事件の生起に寄与している。しかし、患者の意思によって事件が生起するわけではない。事件は慣れ親しんだ物語の関節を脱臼させかねないものなので、危機状況が生成されることもある。それゆえ、患者はむしろ事件の生起を恐れている場合が多い。治療者が意図的に事件を生起させることはできない。治療者の転移解釈は往々にして事件の生起を阻害する。もちろん、転移解釈が事件の生起を促進することもある。基本的に、事件がいつどのような形で生起するかを予想することはできない。私たち臨床家の仕事は、事件の生起を阻害しないように注意し、それが生起する準備を整えることである。臨床家が持つべき基本姿勢は、必要なことをしつつ、待つというものである。

これは精神分析的精神療法に限定される話ではない。精神科の日常臨床は、単に症状を軽減するということにとどまらず、患者の人生そのものにかかわる必要が生じる場合がある。そのようなとき、患者の無意識的ニーズに精神分析的体験を享受することが含まれることがある。その患者に、精神療法を受けるモチベーションがあるならば、精神療法を勧めることで事足りる。問題は、そのモチベーションがない場合、あるいは、さまざまな条件から、精神療法を受けることが困難な場合である。その場合でも、日常臨床の場で、美的体験が幸いにして生起することがあれば、患者のこころに変容が生じる可能性があることをこころに留めておくべきである。私たち臨床家の仕事は患者のニード（もちろん、イド・ニードではなくエゴ・ニード）（Winnicott, 1958）に応えることなのだから。

私はこのように精神分析の本質を考えている。そして、精神分析であっても、精神療法であっても、日常臨床であっても、治療者の仕事は、美的体験が生起する可能性にこころを開きつつ、それが生起することを待つことである。精神分析や精神療法の場合は、転移解釈を含む精神分析的技法を用いつつ待つことになり、日常臨床の場合は、薬物療法やマネージメントを含む精神医学的技法を用いつつ待つことになる。それぞれの本質には異なるところがないと私は考える。

5 まとめ

精神分析的体験の本質から見た精神科日常臨床について論考した。精神分析的体験の本質は、ある強度を持った事件が生起することにより、患者のこころを支配する物語の関節が脱臼することを通して、こころにゆとりが生じるプロセスであると私は考えている。それは、すぐれた芸術作品に触れる体験とその性質を同じくすると考えられるため、私はそれを美的体験と命名した。この観点に立てば、精神分析、精神療法、日常臨床について、それぞれの本質に異なるところがないと主張した。

［文献］

Deleuze, J. et Guattari, F. (1977). *Politique de Psychanalyse*. Paris: Des Mots Perdus. 杉村昌昭（訳）（一九九四）『政治と

精神分析』法政大学出版局
蓮實重彦（一九七九）『表層批評宣言』筑摩書房
細澤仁（二〇〇八）『解離性障害の治療技法』みすず書房
細澤仁（二〇一〇）『心的外傷の治療技法』みすず書房
小林秀雄（一九七九）『小林秀雄全集　第十巻　ゴッホ』新潮社
Meltzer, D. & Williams, M. H. (1988). *The Apprehension of Beauty: The Role of Aesthetic Conflict in Development, Art, and Violence*. Scotland: Clunie Press. 細澤仁（監訳）（二〇一〇）『精神分析と美』みすず書房
Winnicott, D. W. (1958). *Collected Papers: Through Paediatrics to Psycho-Analysis*. London: Tavistock Publications. 北山修（監訳）（一九九〇）『児童分析から精神分析へ』岩崎学術出版社
Winnicott, D. W. (1971). *Playing and Reality*. London: Tavistock Publications. 橋本雅雄・大矢泰士（訳）（二〇一五）『改訳 遊ぶことと現実』岩崎学術出版社

◆特別寄稿

「日常臨床に生かす精神分析」について

精神分析の日常と非日常

馬場禮子

〝日常臨床〟ということばがすんなり受け入れられるくらい、心理臨床は日常と結びついている。むしろ日常の一コマとして行われている。

実は、精神分析の考え方や人間理解もまた、日常と結びついているのだが、それは一般に知られていず、むしろ精神分析は特殊な、非日常的なものと思われがちである。それは第一に、いわゆる正しい精神分析療法が、非日常だからであろう。第二に、対面式の精神分析的心理療法も、プレイセラピイも、一見日常的な行為でありながら、その中に非日常を含んでいるので、そういう印象を与えるのも無理ではない。

この非日常の要素が、実は日常臨床の役に立つのだとする考え方やかかわり方が、心理臨床の中で次第に発展して来ている。この現状を中心に、心理臨床の中での精神分析について考えたい。

わが国の精神分析の領域は今、言わば対極的な二つの方向へ向かって発展しているように思われる。ひとつは、精神分析の古典、あるいは基本に戻ってみよう、という方向で、主として精神科医である精神分析家の中で発展している方向である。わが国の精神分析の歴史を振り返ってみると、古典的な方法、つまり週五回以上の寝椅子による自由連想という方法は初めから行われず、寝椅子による自由連想でも、回数は週一回が主であった。これでは精神分析の基本形を無視し、その真髄を理解していないことになるので、今からでも基本に戻って、本来の治療構造をしっかり守ったやり方を経験してみようという方向性である。週四回以上、いつも決まった一定の室内で、一定の時間と料金で、一定の寝椅子で、見えない位置に座った治療者に向けて自由連想を行うという治療構造を守った方法である。この方法をとれば、週一回の対面法とはまったく異なる連想過程が生じるはずであり、それを知ることは意義ある試みであるに違いない。

もうひとつが先に述べたような、精神分析の考え方やかかわり方を基本に置きながら、対象を拡げ、構造を緩め、より日常的な場での臨床に活かそうという、古典からは思い切り離れる方向であり、主として臨床心理士である精神分析家の中で発展している。一対一の関係を守る場合も、集団や複数の場合もあり、回数も面接の場も必ずしも一定にできない、心理療法にもならないような場でも、たとえ立ち話であっても、人のかかわり合いがあり、何らか援助の目的を持ってかかわる場ではどこでも、精神分析の人間理解やかかわりを取り入れることが役に立ち有意義だとする立場であり、ここから多くの工夫がなされている。

たとえば、精神科の病棟で、病室や廊下で出会った患者さんと話すときに、ちょっとした分析的配慮で彼／彼女の対人的思い込みを和らげられるとか、スクールカウンセラーをしている学校で、ある生徒について教員から相談された立ち話にも、精神分析的観点が入っていれば、葛藤的な対人関係が起こっている根拠をそれとなく指摘することができるとか、多職種協働によるデイケアやグループワークでは、参加者がどんな期待や願望を持って参加しているのか、どんなことに怖れや怯えを抱いているのかに気がついて、それとなく声をかけたり、じっくり観察しながら耳を傾けたり、という役割を担うのに、精神分析的な観点や働きかけの技法などが役に立つということである。

どのような観点や技法が役立つのだろうか。これまでに私が考えてきたのは、治療構造、転移・逆転移、防衛、という観点から人の言動を見ることである。しかし最近の動向としては、もっと多くの精神分析的観点が、日常臨床の実践に取り入れられているようである。

治療構造という観点：これは構造をしっかり守ることを目指して生まれた観点であるが、日常臨床では逆に、治療構造がどのように守られていないのか、どこが構造として望ましくないのか、そこからどのような問題や弊害が生じる可能性があるのか、あるいは利点があるのかに注意を向けるための観点となる。このことに気がついていると、たとえば相談相手との関係がこじれた場合に、関係性に不信感を起こさせる要因はどこにあるかを見出したり、関係が弛緩して曖昧になる要因は何なのかを発見したりして、不十分な構造の中での関係性を維持することができる。

転移・逆転移の観点：人が人とかかわる場では、特に何らかの意味で頼り頼られる関係になる場合には必ず、転移とそれに呼応する逆転移が起こる。それを知っていないと、思わぬ歪んだかかわりを相手から向けられたと感じて、かかわりを拒否したり、気づかずに巻き込まれ、のめり込んで、適度な距離のある関係を保てなくなったりする。つまり、逆転移を自覚せずに行動化しているという、最も望ましくない状況に陥ることになる。治療構造の曖昧さや不安定さのゆえに、転移が深まらないことがかかわりを軽くするという場合もあるが、かかわるスタッフが自覚せずに逆転移を行動化して、深く巻き込まれる場合もある。ことに最近多い境界性パーソナリティ障害のクライエントとのかかわりでは、巻き込まれ事件が多発する。これは心理職に限らず、看護師、保健師など多くの援助職が蒙る難題である。そこから、多職種協働の場でのコンサルテーションにはこの難題が欠かせない話題となっているので、適切な解説をすることや、対応のヒントなどを伝えることが、臨床心理士の役割として役に立つ。一方、精神分析的なかかわり技法が身についている人たちは、逆転移をうまく使って、クライエント理解に役立てている。最近読んだ論文で感銘を受けたのは、長谷綾子氏の「治療構造から考察する市町村子ども相談機関の相談環境」（『心理臨床学研究』第三三巻第一号、二〇一五年）である。小都市の相談機関を、相談構造と相談環境という二重円の相互力動の中での相談業務と見ることで相談員に環境が及ぼす作用を理解すること、またその理解が筆者自身の内的体験（逆転移）から得られる様相を記載すること、というように、観察法、了解手段ともに精神分析を活用したものである。

防衛という観点：これは、人の行動はどんなに不合理とか不自然とかに見えても、本人に取ってはそうせずにはいられない理由がある、という見方を意味する。そのように見ることで、クライエントの、あるいはその場を構成する人々の、苦しい複雑な内面を理解したり、何をどのように解決すれば楽になれるかを探索したりすることが可能になる。これも、どのような場面でも、どのようなかかわりの中でも、相手が一人でも複数でも、心理的援助のために役立つ観点である。

以上に挙げたのは、精神分析の〝非日常〟と言える側面を、日常臨床に生かすための第一歩のようなものであるが、さらに踏み込んだ生かし方やその実例が、最近の著書や論文に多く見られるようになっている。平井正三氏、上田順一氏の編集による『学校臨床に役立つ精神分析』（誠信書房）をその筆頭として挙げたい。本書は編者二人の他に、すでに幾つかのジャーナルに日常臨床への精神分析的関与について報告している植木田潤氏、人見健太郎氏らが行っていた研究会から発想されたもので、六人の筆者によって、学校臨床の中での精神分析の活用について、余すところなく記載されている。特にここで紹介されているタヴィストックでの乳幼児観察の視点や方法を授業参観に導入すること（上田順一氏による第二章）は、ここまで精神分析の真髄（非日常）が学校（日常臨床）に生かせるものかと感動した。また、本書で紹介されているワークディスカッションの方法（鈴木誠氏による第一〇章）も、今後臨床心理士が、学校のみならず立場の異なる人々の集団を援助するために、学び実践したい手法である。この方法については、鈴木誠氏が多くの著書や訳書や論文によって紹介している。

ワークディスカッションとは何かということを説明するのは難しいが、私流に理解しているところを言えば、グループとともにいながら、考えるとか観察するとかではなく感じることを重んじる、乳幼児観察やビオンのリーダーレスグループをより組織化したかかわり手法と言ったらよいだろうか。それだけに精神分析的感性に依るところが大きく、研修が難しい。こうした手法が、グループへの援助に使われるところがまさに精神分析的なのであって、どのくらい普及するものか疑わしいところもあると同時に、これが普及するようなら、日本の心理臨床も捨てたものではないと思えるであろう。他に、祖父江典人氏の『対象関係論に学ぶ心理療法入門』（誠信書房）も、精神分析の初心者がすぐに日常臨床の場へ出ていく今日の状況を想定して書かれた入門書であることが、極めて今日的である。日常的な発想では到達できない段階まで学んだことを日常に生かせる人たちが、確実に増えていることを実感して、私は深い安堵を感じている。

かつて、学校カウンセラー制度が始まったばかりの頃には、「私の専門は学校です」と言う臨床心理士はいわば専門がない人であった。それが今では多くの学校専門家が、まさに専門と言える知識や技法を持つようになっている。医療機関でも、他職種とともに働く場に置かれた初心者が「私は何をしているのか、私の専門は何なのかわからない」とこぼすことが多かった。それが今では、そうした場に置かれたときに心理臨床家がやるべきことをわかっている人の方がずっと多くなっている。

つまり、日常臨床が心理臨床家の中に浸透している。そうした専門家にとって、精神分析に根ざす日常臨床が、よりよい臨床の質を保証するものとして、さらに広まることを期待したい。◆

第Ⅱ部 病院における実践

■ 第5章

病院の臨床

木村宏之

1 はじめに

精神分析が応用される設定に病院がある。個人的に、これまで一貫して病院で精神力動的な臨床をしてきたし、病院の中で精神分析的精神療法を提供してきた。そのため病院という臨床設定があまりにも自明であり、これまで病院という臨床設定について考えることはなかった。

さて、日本における週四回以上の精神分析は、個人開業の設定を中心に発展してきた一方で、病院の設定では、精神分析の応用技法が中心に発展した。具体的には、週一回の精神分析的精神（心理）療法や精神力動的精神（心理）療法にとどまらず、乳幼児精神医学から、青年期精神医学、リエゾン精神医学、死の臨床まで、人間の幅広いライフステージの理解に貢献した。

しかしながら、最近、病院という設定で構造化した精神（心理）療法を提供することが困難になってきているように感じる。一九九〇年代初頭に登場したエビデンスに基づく医療（Evidence Based Medicine：EBM）が病院の臨床に根付き、インフォームドコンセントが普及されるようになった。さらに、治療効果が立証される治療が患者から求められ、治療内容は公開されるようになった。精神分析とその応用技法は、「ひとりの患者に重きをおく」「治療効果を立証しにくい」「治療内容の守秘性が高い」という特徴がある。近年の病院をとりまく状況を鑑みれば、病院の中で精神分析やその応用技法を提供することが難しいという筆者の実感も、それほどずれていないように思う。

こうした状況の変化に対応しながら、筆者は精神分析的精神療法を中心に精神分析の応用技法を学び、病院の臨床に生かしてきた。本章では、病院の特徴である「平等」「科学性」「公開」と精神分析の特徴である「不平等」「主観」「守秘」について考えた上で、先進医療における精神療法例を具体的に提示したり、ベッドサイドの精神療法について述べたりする。

2　病院という設定

世界的に見ると、古くは六世紀にフランスに「オテルデュー」が、一二世紀にイギリスに「セント・トーマス病院」が設立され、現在でも存続している。日本の病院の歴史もこれに遅れてはいない。六世紀に聖徳太子が四天王寺に併設した四か院のひとつである「療病院」が日本の病院の始まりとされる。その後、鎌倉時代には忍性上人による「桑谷病舎」が、室町時代には宣教師アルメイダによる「府内病院」が設立された。

アルメイダは、癩病患者や貧困者に橋の下や神社仏閣の堂に身を潜めるような生活をさせて平然としている当時の日本人をみて、愛情を持っていない人々だと驚いたようである。江戸時代には鎖国制度をとった影響で、漢方と蘭学が主流となった。一部に小石川療養所などの入院施設もあったが、一九世紀までの江戸末期までの病院の役割は、病者を隔離する意義が大きく、医療はほぼ往診によって行われた。医師は、往診用薬箱を持って患者宅を訪れ、患者の状態を診て薬を調合した（図5-1）。

この時代のヨーロッパの医療事情もおおむね同様であった。たとえば、フロイトの精神分析発見に大きく寄与したアンナ・Oの治療は一八九〇年から一年半行われた。当時の医療としては訪問回数が多かったが、主治医のブロイアーは、アンナ宅を毎夕往診している（Gay, 1988）。また、イギリスの画家サー・サミュエル・ルーク・フィルデス（Sir Samuel Luke Fildes）が描いた*The Doctor*という有名な作品（一八九一年）にも往診の場面が描かれる（図5-2）。死が近づいている女の子を往診した初老の医師には何の手だてもないが、家族が途方に暮れる中、ベッドサイドで静かに患者を見守っている（佐藤、二〇一二）。

この時代、治療を目的とした医療はプライベートな空間で提供されることが多く、病院の役割が収容中心だったことは否めない。病院は、人々が受け入れられず、排除して見なかったものの「受け皿」という役割を果たしていたと言える。一方で、この頃のヨーロッパやアメリカでは、「ヒポクラテスの誓い（紀元前四世紀）」が医学の中で重要視されるようになり、「（無私、平等の精神）いかなる患家を訪れるときもそれはただ患者を益するためであり、あらゆる勝手な戯れや堕落の行いを避ける。女と男、自由人と奴隷、貧しき者と富める者を差別しない」と患者を平等に扱う精神が普及していっ

図5-1　人倫訓蒙図彙（「御典医の調剤」より引用）

た。医療全体から見れば、排除と平等が併存するというパラドキシカルな状態だが、現在に至っても多かれ少なかれ同じ状況と言ってよいだろう。

日本における病院の役割に変化が生じたのは、幕末から明治維新にわたる時期である。一八七一年に岩倉使節団がアメリカからヨーロッパを視察し、一〇カ所の著名な病院を訪れた。当時は、病院という概念そのものが日本人にはなかったため、実際の病院を目の当たりにした使節団は多くの刺激を受けた。ちょうど、その後の日本では、戊辰戦争（函館）から西南の役（鹿児島）までの約十年間、長期の戦場で多くの負傷者の治療が必要になった。西洋医学は救急・災害医療に優れており、西洋型の治療を中心とする病院は日本全国に急速に広まった。大正から昭和にかけて病院の多くは個人経営の民間病院や診療所が中心となったが、患者が支払う診療代金は自由価格で設定され、庶民には質の高い医療は縁遠かった。ところが、第二次世界大戦後の一九四七年に制定された医療法によって、病院は「傷病者が科学的かつ適正な診療を受けることができる便宜を与えることを主たる目的として組織され、運営されるものでなければならない」と定義され、信頼性と妥当性のある医療を求められた。

その翌年、世界医師会によってジュネーブ宣言が採択された。医師は「医師としての職責と患者との間に、年齢、疾病もしくは障害、信条、民族的起源、ジェンダー、国籍、所属政治団体、人種、性的志向、あるいは社会的地位といった事柄の配慮が介在することを容認してはならない」として個人の

図5-2　サー・サミュエル・ルーク・フィルデス『*The Doctor*』（http://www.wikigallery.org/wiki/painting_95681/Sir-Samuel-Luke-Fildes/The-Doctor より引用）

尊重と平等な扱いを求められた。日本において、この精神は、一九五八年に国民皆保険という形で制度化され、人々は平等に医療を受けられるようになる。

ここで注目したいのは、医療法制定のときから、精神病床、伝染病床、結核病床は、一般病床と区別された点である。精神病床は、近代の病院の定義が行われた始まりから違う区分になった。その後、現在まで病院は、機能分化をすすめている。一九八三年（昭和五八年）には老人病棟が区別され、二〇〇〇年（平成一二年）になると、急性期病床を含む一般病床と療養型病床に区別された。精神分析とその応用技法が行われた設定について考えると、受け皿という特徴を持つ精神科病床で実戦された設定と、急性期医療という特徴を持つ一般病床で実践された設定の違いを意識する必要があるだろう。前者は、入院設定における統合失調症やパーソナリティ障害に対する精神分析の応用技法であり、後者は、リエゾン精神医学として分化していったようにみえる。

このような状況に加え、二〇〇〇年前後に発生した医療事故の反省から医療の安全に関する意識が高まり、多職種で患者の情報を共有して治療方針を検討する多職種カンファレンスが重視された。電子カルテが普及し、患者の治療内容を病院スタッフが容易に共有できることも、この流れを後押ししている。さらに、医療法の改正に伴って二〇一五年（平成二七年）から始まった医療事故調査制度は、今後、情報公開という流れをさらにすすめるだろう。

ここで、実際に精神（心理）療法を提供している場合について考えてみる。患者が語った内容を安易に多職種メンバーと共有する態度は、患者からすれば治療者との秘密が他のメンバーに筒抜けになり良くない。一方で、患者の語った内容を治療者が共有しないという態度は、孤立してしまい多職種チームの一員として認めてもらえない。多職種チーム内でバランスよく共有することが望ましいが、そのさじ加減がとても難しい。治療者は、日頃、一生懸命働いて、多職種チームの中で信頼を得ておけば、そのバランスを取りやすくなると思う。

ここで、もう一度、病院の役割について考える。元来、病院は、人々に受け入れられず、見なかったものを隔離して収容する「受け皿」の役割を果たしてきた。その役割は、明治維新以降、西洋医学の流入により科学的に適正な治療を提供する場になった。その後、ジュネーブ宣言や国民皆保険制度に象徴されるように、治療は平等に与えられるようになり、近年では患者情報の公開がすすんでいる。振り返ってみると、病院は、精神疾患、結核患者、老人という領域を切り離しながら、「平等」「科学性」「公開」という治療設定として純化しつつある。

精神分析は、主に力動精神医学として病院の中で形を変えていったが、医療の中に根付こうとしてもどうしても拭えない抵抗感がある。それは、病院の設定とは対極の「不平等」「主観」「守秘」という特徴をおびているからではないだろうか。たとえば、構造化した精神分析的精神療法を提供しているとき、「ひとりの患者を特別視しすぎる」「治療効果がわかりにくい」「何をしているかわからない」などという他の医療スタッフの意見を耳にすることがあった。それは、その人の個性が発した声かもしれないが、背景にある病院の設定が発している声でもあるだろう。

それでは、病院における精神分析の応用技法は、既に存在意義を失ってしまったのだろうか？　現在、筆者が勤務する大学病院では、多くの先進医療が提供されるが、そのような医療現場において、精神分析の応用技法が必要とされる状況は少なくない。なぜなら、どれだけ医療技術が進歩して透明性や科学性が求められても、その医療を受けるのはこころを持った患者であり、患者とのこころの交流を繊細に理解する必要があるからである。そして、多くの患者は、自らの身体に生じた対象喪失を否認しており、受け入れがたい真実を直視するというこころのプロセスを経る[*]。

このような医療の中の精神分析について奥寺は、「英国独立学派のM. Parsonsは、精神分析について、成長の道具であると定義している。この場合の成長を端的に言い表すなら、クライン派の概念におけるP/S→Dという態勢の変化・変容を指しているということができるだろう。これは、ある事態に直面した場合に、人のこころが受身的・被害的な立場にとどまるか、そこから抜け出して現実世界の中で生の営みを育もうとするのか、ということである。このような動きを『成長』とみなし……分析的な治療者とのあいだに起こる転移の解明によって探求されるのが『精神分析的な医療』である」と説明する（奥寺、二〇一三）。このように、人が病気になったとき、こころの回復に精神分析的理解が貢献できる領域は、小さくないように思う。

3　病院の臨床——症例提示

ここで、否認していた死を直視していった患者との精神療法過程を具体的に提示する（木村、二〇一三）。症例は、被害的な立場にとどまらず、現実世界の中で生の営みを育めるようになった。なお、提示にあたっては本人の同意を取得しているが、プライバシーが十二分に配慮されるように改変も行った。

外科医から筆者に「生命維持に必要な装置が必要な患者がいます。将来は臓器移植も検討し、長期の入院が予想されます。継続的な多職種カンファも行っていきますが、治療メンバーとしての参加と患者のメンタルサポートをお願いできませんか」という依頼があった。患者は、三十代前半の女性A。幼少期から友人も多く、明るく前向きな性格だった。大学卒業後は、会社員として勤務した。半年前から、息切れと倦怠感が

＊　日本の病院の歴史ついて『日本病院史』（福永、二〇一四）が大変参考になり、病院における精神分析を新しい視点から考えることができた。

出現。精査の結果、重症臓器不全と診断された。入退院を繰り返していたが、症状は増悪した。半年前に臓器移植を前提とした生命維持装置の装着が検討された。

(1) 死との直面と手術に対する不安

病棟に赴くと、ベッドに辛そうに横たわっていたAは、身体を起こし、にこっと笑った。会話はできるものの、全身がむくみ、倦怠感が強そうだった。簡単な自己紹介をして、心理社会的な情報を収集した後、「これからメンタルサポートをさせてもらいます」と伝えた。その後、徐々に身体状態が悪化するAは「どうせだめなんでしょ」と自暴自棄的になり、飲水制限など守らないこともあった。初診から四週間後、生命維持装置装着術の直前の面接で、Aは「もう疲れた」と言って泣き出した。そして「この施設では初めての試みなんでしょう……だから先生たちは気合いが入っているんでしょ。失敗したら大問題だから」と語気を強めた。その面接の最後に、Aは入院中に知り合った重症身体疾患の友達と三年後のランチを約束した話をし、治療者は「ランチができるようにいきましょう」と伝えた。

［多職種カンファ］

初めての多職種カンファレンスが開催された。隔週六〇分の構造で、参加メンバーには外科、内科、ICU、精神科、ICU専門看護スタッフなど三十名程度で、他のメンバーは皆顔見知りのように見え、精神科医は一人だったこともあり、筆者はアウェーな雰囲気を感じた。筆者はメンタルサポートや薬物療法のエビデンスについて質問され、それに答えた。

(2) 否認

手術が終わると、Aの浮腫は改善し、落ち着きを取り戻した。治療者は、週一回三〇分の精神療法を提案した（ICU内の身体治療・看護ケア・リハビリテーション・面会などとの兼ね合いから設定した）。生命維持装置の装着後、Aの身体からは、直径一・五センチほどの太い管が出ており、治療者の目の前を通り、足下で生命維持装置の本体につながっていた。Aは、体調が良いようで機嫌も良く「リハビリで頑張って八十歳まで生きたい」と語った。Aの筋力は、健常人と同程度まで回復し、治療者も死と隣り合わせのICUのベッドサイドで面接していることをしばしば忘れてしまうほどだった。

二カ月後のある面接で、Aは、昨夜に隣の人が亡くなり、家族が号泣した話をした後、死ぬことを目のあたりにして怖くなったと目を落とした。Aに「この赤い管があなたの身体についているという事実も、まるでないもののようですね」と伝えると、「これを……見て見ぬ振りをしてきました」と言い、死がすぐそばにあることについて語った。少し後、友達に勧められ、脱獄犯が主人公の六十巻ほどある海外DVDシリーズを見始める。治療者は、脱獄を図ろうと苦闘する主人公について「生命維持装置を使っている今の状況から脱獄したいというあなたの思いと通じるところがあるのでしょう」と伝えると、「そうですね……絶体絶命のところからすり抜けるところがそう」と言った。精神療法を開始して五カ月後の面接でAは、「DVDシリーズは最後まで終わりました。脱獄したけど、主人公は病死してしまった。ブラックでしょ」と苦笑した。その面接の後半で、Aは自分で調べた臓器移植の待機期間が数年に及ぶ現実について話した後、「移植を受けたい。……実は、最初は人の死を待つことが良くないと思っていたんです」と静かに言った。精神療法を開始して八カ月後、海外の先進医療を紹介する講演会が院内で開催された。参加したAは、海外の専門施設では、生命維持装置を装着中の患者は、Aと同じ状態なら一般病棟で生活したり、外泊したりしている事情を知り、退院後の生活に希望を持った。

［多職種カンファ］

ＩＣＵに入室して（精神療法が開始されて）七カ月後、Ａの病室の環境が話題になった。というのもＩＣＵは急変に対応するため常にＡを観察可能な状況になっていた。面接時、医療スタッフは、遠慮して席を外してくれているものの、時折、ガラス越しに視線を感じるなど閉鎖空間でない状態に、治療者はずっと気になっていた。そのため「精神面を考えると、カーテンや間仕切りなどを使って、丸見えにならない方が良いと思います」と提案したところ、病棟の理解もあってＩＣＵの一部屋はカーテンや間仕切りが使用されてプライベート空間が維持された個室になった。

（3）移植か離脱か

精神療法を開始して八カ月後、移植申請を行った。ちょうど同じ頃、子どもの臓器移植がニュースとなり、提供する死亡した子どもの親が悲しみのコメントを発表したことに思いを巡らせていた。治療者が、（ニュースになった）先週の面接でＡが話題にしなかったことを伝えると、Ａは「先生も気を遣って言わなかったのだろうと思っていました。……移植の現実を見た気がします」と言い、少し黙っていた。治療者は「その現実というのは、誰かが死んで、その臓器をもらい、それとともに生きていくということですね」と伝え、Ａは「そういうことは、こういう機会でしか考えられない。いつも考えていたらおかしくなってしまいます」と答えた。

Ａの移植を受け入れるこころの準備がすすみつつあったが、Ａの身体状態が予想以上に安定したため、移植申請をするか、生命維持装置から離脱するか、判断に迷う状態になった。Aは「離脱してもうまくいく保証はないし、私の臓器ではすぐに危ない状態に陥るかもしれない。どうせなら移植をしてしまいたい……でも一方で、このままうまくいったらどんなにいいだろうとも思う」と葛藤的だった。一方で、リハビリが順調に進み、Aは外泊を強く主張するようになった。

［多職種カンファ］

医療スタッフの中では、さまざまな医療的問題もあり、移植申請を継続するべきか離脱するべきかの治療方針が揺れた。Aの希望も二転三転するので、A自身がどう考えているかわからないようだった。カンファレンスが静かになったとき、ある看護スタッフより「木村先生は最も長い時間、Aの話を聴いていると思うから、意見を聞きたいです」と提案があった。突然の指名に驚いたが、筆者は「本当のところ、僕もよくわかりません。ひとつ言えるのは、Aさんは、最初、自暴自棄になり『自分は死ぬんだ』と思い込んでいました。ただ、今は、もう少し生きたいという希望を持っているようです」とコメントした。

（4）離　脱

精神療法が開始されて一一カ月後、Aと家族に「正式に移植申請が受理されなかったこと」「離脱する方針であること」「この先の予測はまったくできないこと」が伝えられた。その直後の面接で、Aは「これまで移植することしか考えていなかったから、移植せずに外に出るときの自分が想像できません」「思いの外、私は、（生命維持装置に）依存しているのだと思う。離れるのが怖い。不安でもあります」と述べた。その後、無事に離脱手術を終えたAは一般病床に移った。Aは生命維持装置の一部をもらいたいと希望し、許可された。精神療法開始後一三カ月後、外泊から戻ってきたAは、久しぶりの外の世界に戸惑っていた。訪室すると、箱の中に綺麗にラッピングされた装置の一部が入っていた。治療者には棺に入っているようにみえた。Aは「これはね、墓に一緒に入るつもりです……看護師さんからは『重症の臓器不全患者から普通の臓器不全患者になっただけなんだよ』と言われました」と言うので、治療者はAに「すごく辛い苦しみから、普通の苦しみになったということですね」と伝えると頷いていた。

［多職種カンファ］

無事に離脱ができたことを確認して、カンファレンスは終了した。最後のカンファレンスが終わりかけた頃、外科医が発言を求め「難しい状況だったがとてもうまくいった。精神的に安定して体動が少なかったことが良かったと思う。木村先生にこの場を借りてお礼を言いたい」と言った。

退院後ほどなく、Aは身体治療の外来を優先し精神療法は終了した。その後、約三年が経過するが、Aは再入院することなく就労している。

（5）症例のまとめ

Aとの精神療法は、死との直面という場面から始まった。病院として生命維持装置を用いるイニシャルケースでもあり、「初めての試みなんでしょう！」とAは被害的になった。精神療法が始まると、Aは、死に直面している現実を否認し、八十歳まで生き延びる自分を空想した。筆者は「眠れないときに薬を処方してくれる医師」という位置づけだった。確かに、次々と決断していく内科医や外科医のように、患者が抱く疑問や強い不安に対して決断できなかった。また、慣れない多職種カンファレンスの中でも、発言は少なく受け身的な参加になった。当初、Aは「医療に任せるしかないでしょ」というやや自暴自棄的で受け身的態度だったが、精神療法を経て、死と隣り合わせの現実を直視して考えるようになった。そして、自らの希望をきちんと主張し、提示された条件の中で医療を選択した。振り返ってみると、筆者も多職種カンファレンスに参加し続け、専門家として意見を求められ積極的に述べるようになった。Aのこころは成長し、受身的・被害的な立場にとどまらず、そこから抜け出して現実世界の中で生の営みを育んでいる。

4 ベッドサイド面接の実践

病院という設定で臨床をする以上、身体疾患患者の面接は避けて通れない。ベッドサイドに座ったり、時間が短かったり、面接室の設定とは異なる点が多い。以下にベッドサイド面接の実践について述べる（木村、二〇一五）。

(1) 患者に会う前に

治療者は、患者に会う前に、患者の身体疾患について、①身体疾患の基本的知識、②依頼時の身体状況、③告知の内容について知る必要がある。まず、①基本的知識については、詳細な専門的知識までは必要ないが、少なくとも患者が知っている程度の基本的知識は知っておく。面接を始めてしばらくすると、患者は、治療者にどの程度の知識があるかだいたいわかっているように思う。患者はあえてつまびらかにせず、言わずもがなの関係になることが多いが、身体疾患について知ってもらっているという安心感が治療関係に良い影響をもたらすことは言うまでもない。

次に、②面接を始める時点における患者の状況について知っておきたい。カルテの記載から患者のＡＤＬ(Activities of Daily Living)、軽度の意識障害、薬剤因性の精神症状の可能性などについて予測しておく。というのも、それによって面接の設定が決まってくるからである。標準的な設定は、週に一～二回、一回一五～二〇分程度と考えるが、重要なことは、ある程度の構造化は必要であるが、病状にあわせて柔軟に対応することであろう。たとえば、急速に身体疾患の病状が進行したり、深刻な告知が告げられて不安が高まったりしている場合、頻度を上げたり臨時訪室したり時間を十分に取ったりする。次に、治療については、手術など大きなイベントの予定、治療薬の精神症状への影響について知っておく。さらに、身体疾患の影響により軽度の意識障害がある場合には、まずその評価を優先する必要がある。

最後に、③医師からの告知についてどのようにされているかを把握する。患者への告知は正直に行われていることが多いので、以前のように家族への告知と患者への告知が異なることは少ないとされる。しかしながら、現実の臨床場面では、あまりにも予後が短い場合や患者にとって告知の衝撃が大きすぎて受け入れがたいと推測される場合、多少、患者に受け入れやすく修正される。最近は、患者への告知は文書で行われることが多いので、カルテで告知内容を読んでおくのが最も効率的だと思う。

(2) 急性期

初めて患者にあったら、困っている症状や苦痛に感じる症状を中心に身体疾患の病歴を聴取する。この際、精神症状が発症して依頼に至った状況について、身体疾患の病歴との関連を意識しながら聴取する。次に、生活歴や家族歴などの心理社会的背景についても聴取する。身体疾患患者の初期の面接では、治療者は、患者の体調に配慮しながら、ある程度の期間をかけ、ゆっくりと聴取する姿勢が必要になる。患者が辛そうだという理由で、身体疾患の病歴や心理社会的背景について省略してしまっては、精神症状の対症療法に終始せざるを得なくなってしまう。

身体科主治医から身体疾患の告知がされていても、患者は「身体疾患である現実」に向かい合えていないことが多い。直接、生命に危険が及ばない身体疾患の場合は「(実際の疾患よりも) たいしたことない病気」と考えたり、重篤な身体疾患の場合は病気になってしまった感情を否認したりする。しかしながら、次第に身体疾患が自分の身体に起きたと実感し、「身体疾患である現実」に少しずつ直面する。急性期の治療者の役割は、直面に伴って生じる不安を傾聴して軽減し、患者の置かれている状況を少しずつ把握することである。ただし、治療者の不安や強迫性に基づき、あれこれ聞きすぎて患者を不安にさせすぎてはいけない。なぜなら、身体疾患の主治医は、患者の精神的安定を求めて治療者に依頼しているのだし、「面接によって患者が不安定になる」と思わせては、治療者と身体科主治医との信頼関係そのものを揺るがすことになるからである。

患者にとって衝撃が大きく受け入れが難しい場合、治療者は患者が否認していることを支持し、患者とともに「身体疾患である現実」をしばらく見ないままでいることにより、患者の不安は軽減する。精神症状の増悪によって不眠や焦燥感や不安感などが認められる場合、向精神薬を用いられることがある。治療者は、患者の身体状況や治療薬の変化について留意し、意識障害や薬剤因性の精神症状の変化を、安易に心理的な変化のみと捉えないようにする。

（3）慢性期

身体疾患患者は、元来、精神的に健康度が高いものの、身体疾患の影響で精神的に負荷がかかった状況にある。したがって、身体疾患の回復に伴い精神的にも安定して精神症状も消失する。多くの患者は、面接を必要としなくなり、退院とともに終診する。しかし、一部の患者は、精神症状が遷延し、面接を継続することになるし、終診した患者の一部は再入院をきっかけに面接を希望することもある。

患者は、検査や外来通院を継続して数カ月経つと、少しずつ「身体疾患である現実」を認めるようになる。そして、現実生活では身体疾患を持った患者の新たな生活が再構築される。しかし、この過程で、患者が営んできた病気以前の社会的役割、経済的収益、そして家族内の役割は変化を生じざるを得ない。慢性期の面接において、患者は、急性期に「身体疾患である現実」と直面したように、「心理社会的変化」と直面する。急性期の直面と比較すると慢性期の直面は緩やかな直面であるものの、このような「心理社会的変化」に患者は失望し、抑うつ、不安、怒り、軽躁などさまざまな反応を示すことがある。さらに、患者のこころの支えとなってきた患者仲間の死は、患者に厳しい現実を突きつける。患者が近い未来における自分自身の死と同一視することも少なくない。

慢性期の患者の臨床経過は、患者の年齢、身体疾患の重症度、罹病期間、患者のパーソナリティ傾向、家族や医療者の支える機能などによって決まってくるように思う。治療者は、患者の背景から臨床経過をある程度予測し、患者が「心理社会的役割の喪失」を受け入れ、新しい生活を再構築できるように支持する必要がある。

（4） 終末期

身体疾患によっては、治療が奏功せずに、患者は終末期を迎える。患者の身体機能は低下し、意欲もなくなってくる。身体疾患に対しても積極的な治療は行われず、疼痛のコントロールが中心になる。患者の多くは、身体疾患が治癒することはなく、近い将来に死が待っていることを自覚しているが、死そのものを話題にすることは少ないように思う。しかし、死が前提となった葬儀の話や残して行く家族への心配などが語られるときには、少し時間を取ってでも十分に傾聴する必要があると考えている。終末期の患者は、死について受容し、家族に看取られ、穏やかな臨終を迎えることが望ましいが、必ずしも理想的にいくとは限らない。家族との関係が悪かったり、医療者に易怒的になったり、他の患者に迷惑をかけたりする患者もいる。

しかし、医療者は理想的な臨終にとらわれすぎることのないようにしたい。もちろん病院のルールを守られた上だが、いろんな生き方があるように、いろんな死に方があることを受容する必要があるだろう。前述のキューブラー=ロス（Kubler-Ross, 1969）は、終末期患者の精神療法について「最も重要なのは、こちらにはいつでも患者の不安を聴く用意があると伝えることだろう」と述べている。実際に伝えるかどうかは別としても、治療者はキューブラー=ロスが推奨するようなこころの状態で患者と接し続けることが大切だと思う。

さて、比較的死の直前まで意識がしっかりしている患者もいるが、どちらかと言えば、患者は意識障害が目立ってくる。治療者は患者とのコミュニケーションが難しくなり、付き添いの家族と話す機会がこれまでよりも多くなる。まさに大切な人をなくそうとしている家族は、とても辛い状況にある。また、病院は身体疾患の治療が目的であり、積極的な治療を行われなくなった患者や家族は、どことなく居場所のなさを感じている。この時期の治療者は、家族のサポートにも目を向ける必要があるだろう。医療者側からみれば、多忙な業務の中、死に向かう患者や家族に対する十分なケアは難しいのかもしれない。もしかすると、医療者は、患者や家族の重苦しい雰囲気を回避しているのかもしれない。確かに、死に向かう患者のカルテは、患者の身体的数値や点滴の指示が並び、医療者の記録そのものが少なく、味気なくなっていく。このような状況になると治療者は無力感を感じ、「患者のところに言っても話すことがない」「訪室したところで何もできない」などと考えて、足が遠のくこともある。しかしながら治療者は、目の前で生じている現実を回避することなく、同じように面接を続けることが望ましい。

以前は、患者が死亡しても、筆者は知らされないことが多かった。電子カルテになってからは、診察前にわかることもあるが、紙カルテの時代は、病棟に赴いて死亡した事実を初めて知り、自分が医療チームの外に居るような気がしてがっかりすることもあった。当時は、縁の下の力持ち的な役割なのでやむを得ないと思っていた。しかしながら、この十年ほど、いくつかの領域で精神科リエゾン活動を続ける中で、身体科の医療スタッフが死に向かう患者やその家族のこころのケアをとても重視していることを実感するようになった。

患者が死亡すると、治療者にも悲嘆反応が生じる。患者自身に死の否認が強かった場合、患者とうまくいかず怒りを向けられたり向けたりした場合、喪失について治療者の生活史に個人的問題がある場合などは、悲嘆反応が遷延する可能性がある。そのような場合、治療者は同僚に相談したり、症例提示をする機会を持ったりすることによって回復に向かうことが多い。特に終末期ケアをする医療者は、精神的な苦悩が大きいように思う。医療者の置かれている環境はさまざまであると思うが、燃え尽きを防ぐためにも、同じ指向性を持つ仲間とグループを作り、研究会などを持つことが望ましいと思う。

5　おわりに

振り返ってみれば、ちょうど二十年前、精神分析的精神療法を学ぼうと思った。当時は、さまざまな大学医学部で若手精神科医や若手心理士に対して教育が行われていたし、病院で精神分析的療法を行うことにあまり抵抗を感じなかった。残念ながら、最近では、大学医学部の教育体制はなくなりつつあるし、数例の構造化した精神（心理）療法を提供することがやっとになっている。こうした中で、あらためて病院で精神（心理）療法を提供することについて考えてみた。個人的にいくつかの有意義な発見があったが、病院で働く臨床家に少しでも役に立てばと切に思う。

〔文献〕

福永肇（二〇一四）『日本病院史』ＰＩＬＡＲ ＰＲＥＳＳ（東京）

Gay, Peter (1988). *Freud: A Life for Our Time*. New York/London: Norton. 鈴木晶（訳）（一九九七）『フロイト1』みすず書房

木村宏之（二〇一三）教育研修セミナー「医療に精神分析的理解をどう活かすか ＰａｒｔⅡ」精神分析的精神医学会第一一回大会（東京）

Kimura, H. (2015). Psychoanalytic psychotherapy for patients with chronic physical diseases: About the difficulty of mourning work. *Japanese Journal of Psychoanalytical Psychiatry*, 7, 29-38.

木村宏之（二〇一五）『面接技術の習得法——患者にとって良質な面接とは？』金剛出版

Kubler-Ross, E. (1969). *On Death and Dying*. New York: Scribner.　鈴木 晶（訳）（二〇〇一）『死ぬ瞬間――死とその過程について』中公文庫
奥寺 崇（二〇一三） 教育研修セミナー「医療に精神分析的理解をどう活かすか PartⅡ」 精神分析的精神医学会第一一回大会（東京）
佐藤裕史（二〇一二）「医師の絵」『Medicina』四九巻九号、一六五一頁

■第6章

薬と精神分析的観点

江崎幸生

1　はじめに

病院での精神科医の仕事は、精神科の外来や入院での患者の診察に加え、総合病院では身体疾患で精神科以外の科に入院した患者が不眠やせん妄になったときに副科として接し、さまざまな場面で薬を処方する。また、精神科では精神療法のみで治療することは少なく、薬物療法を兼ね合わせることが極めて多い。よって、薬物療法は精神科医療において重要な治療法と位置づけられている。しかし、薬物療法の背景にはさまざまな力動が働いており、精神分析的な考えを意識することで患者の理解を深めることが出来るのではないかと考える。本章では、薬について精神分析的な視点から述べる。

2 投薬と治療者-患者関係

筆者が研修医時代に救急外来で当直をしていたときの話である。早朝に胸痛を訴える六十代の男性が救急車で搬送された。男性はもがき苦しんでいた。狭心症の既往があると救命士から聞き、筆者は再発を考え血液や心電図などの検査を行ったが、再発を疑う所見は認められなかった。筆者が他の原因を考えていると過去のカルテが届いた（当時はまだ電子カルテが導入されておらず、紙カルテの時代だったため毎回事務から取り寄せていた）。循環器内科のカルテによると、狭心症の治療後もしきりに胸痛を訴えて受診するが、検査で問題がなかったため、心因性の心臓痛として考えられていた。患者は検査では問題ないと言われながらも、再発を心配して頻繁に循環器内科外来を受診し、夜間救急外来に年に何度か受診していた。救急外来でも、内科と同様に検査に問題がないことをいくら説明しても痛みが改善しないため、ある日救急外来で担当した医師が生理食塩水の点滴を行ったところ、速やかに胸痛が改善したとのことであった。それがきっかけとなり、その患者の胸痛には検査後問題がなければ生理食塩水の点滴を行うことが定例化していた。もちろん生理食塩水には胸痛を改善させるような明らかな薬理作用はないので、いわゆるプラセボである。筆者もカルテを読み過去の対応に倣って点滴を施行すると、痛みは速やかに改善した。患者はスタッフに礼を言い、穏やかな表情で帰宅された。プラセボの劇的な効果に衝撃を受けた出来事である。

その後筆者は精神科医になり、勤務先の単科精神病院で統合失調症の高齢女性患者を担当することになった。その患者は長期入院していたが、穏やかでとても落ち着いているため、その理由がよくわからなかった。診察では丁寧に挨拶し、食事や睡眠の話をしてくれた。しかし、家族の話を始めると次第に表情が険しくなり、「息子は医者で眼科医も外科医もやっていて、眠っている間に手術をしてくれたので、とても体の調子がよくなった」「娘は二〇歳で看護婦をしていて、この病院も含めて数カ所の病院で婦長をしている」などと話し始めた。まだ精神科医になって一週間ほどだったので、妄想への対応についてはまったく勉強しておらず、それらの話にどう対処すればよいかわからなかったため、治療者は「医者は専攻が決まっているので、そのようなことはないと思う」「婦長さんの年齢からして、あなたの娘というのはおかしいのでは?」などと馬鹿正直に答えてしまった。すると、患者さんの表情がますます険しくなり、話を信じない治療者に対して不快感を露わにした。筆者は「そういうこともあるのですね」などと誤魔化し、診察を切り上げようと最後に服薬内容を確認すると、大量の定型抗精神病薬が処方されていることに気づいた。妄想を改善させるためにも、より効果があり副作用が少ないとされている非定型抗精神病薬に置換し、減量していくべきだと伝え処方した。

しかし、数日後の勤務に行くと、看護師から患者が拒薬していると報告を受けた。面接を行ったところ、服用後のさまざまな体の不調を訴えられ元の薬への変更を希望された。治療者としては、せっかく副作用の少ない薬に変更し、さらに減量するにもかかわらず何故拒否するか疑問であったが、患者としては元の薬で調子は悪くなく、決して副作用にも困っていないとの意見であった。筆者は患者の訴えを受け入れ、元の処方薬に戻した。そのとき、非定型薬への変更の背後に治療者の傲慢や押し付けがあったと気づき、薬と同様に妄想も患者の思いとして受容しつつも、頭ごなしに否定しない方がよいと考えた。

その後、妄想の対応について勉強をすると〝否定も肯定もしない〟対応がよいと知り、実践してみると、少しずつ信頼を回復出来たようで、妄想中心ではあったが、いろいろな話を語ってくれるようになり、治療関係が構築出来てきた。関係が良くなった頃、その患者さんが慢性的な便秘で困っていると知り、定型薬よりもやはり非定型薬への変更が好ましいと感じて変更を提案すると、応じてくれた。飲み心地もよく多少便秘も改善したと喜んでもらえ、治療関係の改善に伴い薬の効果が変化することを経験した。

医師‐患者関係と薬の効果について中井（一九九一）は「薬への信頼は医師への信頼」と述べており、薬効には治療者‐患者関係が影響するが、その関係性により薬効がプラスにもマイナスにもなって反応することを示唆している。さらに神田橋（二〇〇四）は「プラセボ反応は治療者との絆によって発動する。……これがあらゆる精神療法の基盤であり、医療の効果を高める技術である」と精神療法の薬効への影響も述べている。

臨床現場で薬を処方する際、医師は効果や副作用について説明し、その後患者からの飲み心地や症状の変化を聞いた上で、医師は処方内容や量、回数などを変更していくというやりとりを繰り返していく。このやりとりの中で、医師が患者を観察するのと同様に、患者は自分の訴えの受容や共感などについて治療者がどのように反応するかを観察・評価しており、その治療者の反応により信頼感は変化するであろう。薬を処方する際、治療者‐患者間で薬が介在した話し合いを行うことは、治療者は常に精神療法的介入を行っていると言えるであろう。現在でいうShared Decision Making（渡邊ら、二〇一〇）である。成田（一九八九）は投薬をする際に注意すべきこととして、「薬はある意味で治療者の分身であり、薬の不信は治療者に対する不信の間接的表明である」と述べている。上記の症例がまさにこれが当てはまる。薬と治療関係を切り離さずに考えることを臨床家は意識しておくべきであろう。

プラセボについての研究は多い。その中で抗うつ薬とプラセボ効果についての研究（Fournier et al., 2010）がある。うつ病患者に対する抗うつ薬の有効性を示した無作為試験は多く行われているが、うつ病がプラセボに反応するかを調べた研究では、実薬とプラセボの間に臨床的に意義があったのは重症度の高い患者のみで、軽症から中等症の患者ではプラセボと実薬で有効性にほとんど差がないことがわかった。これを言い換えると、軽症から中等症のうつ病ではプラセボ効果が期待出来ることでもあり、神田橋の言う通り、治療関係が良ければ薬は良く効く裏づけと言える。

治療関係が薬の効果に影響を及ぼすことは理解出来たが、研修医の頃に遭遇した患者とは救急の場面で会っただけで、治療関係が出来ていた訳ではない。それにもかかわらず何故プラセボが効いたかという疑問が湧いた。西園（一九九三）は「プラセボ反応の型と受療行動」に関する論文で、プラセボでゆっくり改善する患者は、信頼感や自立性がある安定進行型であり、精神療法に向いていると記している。一方で、プラセボ反応が容易に出現する人は容易に再燃し、演技的や、自己愛的人格であると記されており、救急の患者はこの型だったと推測される。

3　拒薬について

精神科医でなくても医師の多くは、薬を処方する際に患者から何らかの理由で拒否された経験があるのではないだろうか？　もともと元気で医療や薬に縁がなく過ごせていたが、病気になり服薬が必要となっても薬に依存するように思えて拒否する、一度服用を始めると一生止められないと思っている、薬が体内に蓄積し長期間服用することにより何らかの副作用や後遺症が起こる、などさまざまな理由で拒薬されることがある。どの理由も共感は出来るが、医師としては患者のことを考えて処方するので拒否されると困ってしまう。このような場合、患者の思いをじっくり聞いた上で誤解があれば訂正し、様子を見ながら服薬を勧めるなどして薬の理解を深めた上で服用してもらうのが実情であろう。

しかし、精神科では統合失調症の幻覚妄想や双極性障害の躁状態で興奮が著しいため投薬が必要であっても、病識が欠如し服薬の必要性を感じないため服薬を拒否されることがしばしばある。その際は大体受診した時点で切迫しており急を要することが多い。以下に例を挙げる。

【症例】

二十代男性。元来柔和な性格であった。高校卒業後、工場に勤め真面目に取り組んでいたが、勤務数年経ったとき急に、「周囲から嫌がらせをされている」と言い出した。仕事を欠勤し家に引きこもりがちになると生活リズムも崩れ、次第に母親が作った食事に毒が入っていると言って拒否するようになったため、心配した母親に連れられ筆者が勤める病院を受診した。上級医が診察すると、本人は「職場で電磁波などを使って嫌がらせをされ、家にいつも黒い車が止まっており、何らかの組織から付け狙われている」と語った。上級医が、統合失調症を疑い、服薬によりそれらの考えが楽になる可能性があることを繰り返し説明するが、患者は不眠に困っているだけで病気ではないと、頑なに服薬を拒否した。筆者は母親とともに入院を勧めるが患者は拒否し、入院させようとする母親に対して暴力を振るいそうな雰囲気であったため、やむを得ず非自発的な入院を行った。患者は抵抗したものの、何とか閉鎖病棟の大部屋で治療することになった。まだ精神科医になって間もなかった筆者は、外来で担当した上級医とともに入院時に担当することになった。

しかし、入院してからも患者は服薬を拒み、治療者は何とか服薬に同意してもらいたいと思い服薬の必要性を繰り返し伝えるものの、「毒が入っているに違いない」と疑い、「一回だけなら飲む」と条件提示し、話し合いは進展しなかった。そして、いつも話し合いの最後には「そんなにいい薬なら先生が飲めばいい。なぜ飲まないのだ」と言われて治療者は困惑した。いろいろと考えた結果、看護師に頼んで患者に内緒で食事に薬を混ぜることにした。当たり前ではあるが、この作戦が功を奏し患者の精神病症状は速やかに改善した。ところが、患者は「先生の言われたように薬を飲まなくても自然に眠れるようになった」と逆に自然治癒したとの意識を強めてしまい、結局病識が獲得出来ないまま退院することになった。

退院してしばらくすると、服薬しないため症状が再燃して再入院となった。患者は入院後も服薬を拒否するため幻覚妄想が活発で、夜間もほとんど眠らなかった。筆者は改善のため強引に服薬させることによる患者との関係悪化を恐れる一方、前回入院のように隠して飲ませては病識が獲得できないためどうすべきか考えたが、良い方法が思いつかなかった。そこで上級医に相談したところ、「騙し討ちは良くないので、困ったときは正直に対応するべき」との助言をもらった。その助言を受け、前回の反省を踏まえて、治療者は改めて患者に服薬の必要性を伝えつつ、服薬してもらえないのであれば、不本意ではあるが注射すると説明した。結局、患者は「毒を盛って殺そうとしている」と言い、最後まで拒薬したため、看護師数名で押さえつけて注射を施行した。すると患者はその晩よく眠ったそうで、幾分か落ち着いていた。筆者は翌日に治療の一環とはいえ乱暴にしたことを謝り、明らかな副作用がなければ服薬するよう促した。患者は押さえつけられての注射が嫌だったこともあり、しぶしぶではあるが服用してくれるようになった。しかし、しばらくすると患者は考え事が減ってきたと自ら語り始め、精神病的な内容は語らなくなった。筆者が初診時の被毒妄想の存在を尋ねると、「人違いだと思いますよ」と笑い、まったく覚えていない様子であった。すっかり改善したのち退院し、引き続き外来で診療を続けたが、怠薬せず落ち着いており、最終的に就労まで繋げることが出来た。強引な治療導入ではあったが、患者との関係が構築出来た。

筆者が初学者だったころに経験した症例であるが、多くの精神科医が拒薬した患者に対して同じような対応をしているだろう。しかし、大勢で押さえつけて下着を剥いで臀部に注射するのは、患者のためではあるものの、無理矢理服従をさせているようで決して気分がいいものではない。

精神病により現実検討能力を著しく欠いた状態での服薬の促しや、飲まねば注射するという告知や実施は、精神分析的精神療法とは明らかに質が違うものの、技法としては〝広義の直面化〟ではないかと考える。たとえば精神病患者への薬剤投与や、るいそう状態にもかかわらず食事を拒否する摂食障害患者への経管栄養など、病識のない患者を治療する際、強行にでも行わねば改善しないとの説明や、実際に強制治療を行うなどの〝直面化〟がなければ、その後の改善はない。その際抵抗はあろうが、その経験を治療者–患者が共有出来ると後の病識の獲得や医師への信頼に繋がり、良い治療に向かうのではないかと考える。先ほどの症例との退院間際の面接で注射したときの話になった際、患者は「しつこい人だと思った。あのときは大勢に押さえつけられて『自分はもう注射をされて死ぬんだな』と思ったけど、医者は殺したりしないのかなとも思った」と、筆者に対しての印象を振り返り、直面化を通して患者の健康的な部分にも働きかけていたようであった。

騙しての服薬は、改善したとしても病識が欠如したままになるため、服薬の必要性を自覚出来ず患者の万能感や自己愛が肥大する恐れがあるのに対し、注射の告知や実施は、直面化を通し順調に行けば患者が改善を実感出来ることや、改善を治療者と共有することで薬の必要性が理解出来るようになり、病識が獲得できる。そして自己服薬によるさらなる改善を自覚すると、服薬に対する患者の能動性を引き出せるであろう。この万能感と能動性の違いはその後の服薬する意思を大きく変化させる。

本項では、拒薬に対する対応として強制的な投薬の必要性について述べた。医師は法の下で強制力を発揮することが許されるが、当然のこととして患者を脅すようなことをしてはならず、治療者は真摯な姿勢で話し合い、理解が得られるよう努めねばならない。

4　過量服薬について

患者は、さまざまな理由で主治医から処方されている向精神薬や市販薬などを大量に服用する。その行為は過量服薬や大量服薬などと言われてきたが、最近ではOverdose（略してOD）と言われることが多い。そのような呼称からも近年では手首自傷をリスカと称するのと同様、過量服薬を軽く捉え、事の重大さを否認しているような風潮を感じる。ここでは患者の過量服薬の意味について改めて検討してみる。

患者は二十代の境界性パーソナリティ障害の女性である。対人関係が不安定で些細なことでも見捨てられたと感じて抑うつ的になることや、気に入らないと交際相手に激昂し暴力を振るう、リストカットをして発散するなど、気分が安定せず衝動コントロールが不良であった。筆者が対人関係や衝動性の改善を目的に精神分析的精神療法を開始した。面接を開始すると、それらの症状は表面的には落ち着いたため筆者は安心していたが、治療者の休みで面接間隔が空いたとき過量服薬をした。病院に搬送され幸い大事に至らずに済んだことを、翌日に知り、救急外来で対応してくれた医師や精神科当直医に謝り礼を述べた。治療者の気持ちとしては、治療が上手くいっていたにもかかわらず、患者が過量服薬したことに残念さ、至らなかった申し訳なさなどを感じた。その後の面接で患者は、治療者が休んで面接間隔が空いたため、寂しさや怒りが湧いてきて、「薬を飲んだら先生が助けてくれると思った」と、過量服薬に至った理由を語った。

患者が過量服薬したときに、治療者はいろいろな感情を抱くであろう。この症例では、筆者は患者の気持ちを十分汲めていなかったと思い罪悪感を抱いた。患者は治療者への希求が強まっていたが、治療者がそれを意識しておらず、過量服薬という手段での患者の怒りが治療者に投げ込まれ罪悪感に繋がったと考えた。筆者がかかわった医師に謝るなどは、まるで筆者が患者の保護者のようでもあり、これも患者の怒りからくる治療者の反応であったのだろうと考えた。

次の症例は筆者が夜間に当直していたときに遭遇した十代の境界性パーソナリティ障害の女性である。

友人宅に外泊していたが、友人が深夜に帰宅すると薬のシートが散乱していたため、過量服薬したと思い救急に連絡した。病院に搬送され、救急医による身体的な処置のあと筆者が呼ばれ対応したところ、患者は朦朧状態であったため、付き添った知人から話を聞いた。母親との折り合いが悪くしばしば喧嘩をしており、絶対に会いたくないと言うのでやむを得ず泊めていたとのことであった。入院を検討していると、少しずつ覚醒し母親が来院したころには会話も可能になった。しかし、しばらくすると母親に大声で怒鳴りだし、筆者にも何故母親を呼んだのかと激昂した。その状態がしばらく続き埒があかないため、母親と友人には一旦席を外してもらい、患者と二人で話すことにした。いろいろあったのだろうが、このような状態では家族を呼ばざるを得ないことは理解出来るはずであろうことを患者に伝えつつ、過量服薬した理由などを少しずつ聞いていくと落ち着きを取り戻し、「お母さんと喧嘩してムカついていたけど、来てくれてうれしかった」と母親と穏やかに自宅に帰った。

自傷行為で病院に搬送されれば家族が迎えに来ることは本人も理解していたと思われたが、実際母親に会うと怒ってしまった。会いたいが会いたくないという境界性パーソナリティ障害の両極端な思考のうち、会って仲直りしたいという気持ちを切り離していたのであろう。過量服薬は、眠ってその両極端な思いで葛藤しないようにする意味と、操作的に母親を病院まで呼び寄せ仲直りするきっかけを作るという意味があったのだと考えた。

過量服薬には自殺を目的とする場合と、死なないことを理解して使う場合に大別される。前者は薬を毒として使用するが、後者は上述のように治療者や周囲を脱価値化やコントロールする道具として利用する。それ以外に、ただ眠って現実から離れる逃避行動や、精神の病では助けてもらえないので体の病気になって助けてもらいたいという救済願望、また薬を飲んで調子を悪くする、あるいは服薬や苦しい処置をされることで快感を得る倒錯的行為として過量服薬を行う者など、さまざまな意味が潜んでいる。

最近の向精神薬は安全性の高いものが増えているものの、重要なこととして過量服薬は自傷行為であり、致死性の高い薬であれば呼吸抑制や不整脈で死に至ることもあり、そうでなくとも肺炎、肝機能障害、横紋筋融解症など身体的問題が出現しうる。また、過量服薬を繰り返す患者に対して死なないであろうと高を括っていると、その後さらに危険な手段や行動で自殺に至る可能性もあるため十分な注意が必要である。

過量服薬の対策をいくらか挙げる。まずは可能であれば家族に管理してもらえるとよいが、関係が悪くなったり管理が難しければ家族に負担をかけない方が良い。治療者が出来ることとしては、一度に大量の処方をすると危険なので面接間隔を短くして処方日数を減らすことや、不整脈を誘発する可能性のある三環系抗うつ薬など危険な薬剤は処方しないよう心掛ける。要は過量服薬しても大きな問題にならないよう配慮するのである。しかし、それでも過量服薬をする患者に対しては、予防策を患者と話し合いながら、より適応的な乗り切り方を考えていく。たとえば、次に服薬してしまった場合には、患者の不利益にはなるが、飲みにくくするため散剤にして大量のショ糖などで嵩を増してしまう、あるいは処方出来なくなることを予め伝えるなど、限界設定を行うのもひとつの方法であろう。

精神療法的介入として、まずは過量服薬をしても大事に至らなくて良かったと伝えるべきであろう。治療者としても患者に対していろいろな感情になることはあるが、これを伝えなければ患者のことを心配していたとしてもまったく心配していないと患者に伝わりかねない。もちろん、何故過量服薬に至ったかを聞くとともに、治療関係から患者の行動を理解し、言語化を促して行動に移す前に思っていることを話してもらうような促しは重要であろう。

過量服薬は日常的に遭遇することが多い行動である。致死率が高いわけではないが、危険な行動であることには間違いない。患者の過量服薬に至った理由を、治療者-患者関係との影響として考え、再発防止に努めることが重要である。

5 薬と逆転移感情

精神分析の技法で、治療者の逆転移感情の利用により患者の理解を深めることが出来るとされている。薬を処方する際、治療者の無意識が反映されていることがある。治療者がその気持ちにまったく気づいていないこともあるが、その処方内容から治療者自身の感情に気づき、患者を理解することも出来るであろう。ここでは薬と治療者の逆転移感情について触れる。


【症例】

三十代女性。「疲れやすい、胸が苦しくなる」という主訴で受診した。不妊治療を行っているものの、母親から子どもが出来ないことを責められていると話し、そのストレスで身体化しているようであった。患者は、母親は自分にも他人にも厳しい人で、今まで褒めてくれることはなかったのだと泣き顔で語ったが、筆者には、顔が見えないほどうな垂れるが、時折顔を上げて筆者の反応を窺っているように思えた。治療者は気の毒と思う一方、患者のその様子をわざとらしく感じたが、身体化や抑うつが改善せず、その背景として褒めてくれない母親への葛藤が原因と考えられたため、毎週五〇分の精神分析的精神療法を開始した。

患者は自己評価が低く、誰からも褒めてもらえないことが不満で、妊娠出産すれば母親に評価され褒められると空想していたが、患者の本心としては育児の不安から実際には挙児希望していなかった。職場では苦しくても毎日出勤出来ていることに評価を求めたが、簡単な仕事を依頼されるだけで過呼吸になって倒れるため、患者の思いに反し同僚から呆れられていた。筆者は「倒れるほど頑張っていることや、これ以上仕事が出来ないことをわかってもらいたいのでしょう」と解釈したが、意識的に倒れるという意味合いが含まれているためか、患者は解釈を否定し、「私は頑張っていないんですか?」と筆者に何度も確認した。

次第に患者は何もしていなくても治療者に褒めてもらうことだけを求め、筆者は褒めず解釈しかしないことに患者は強い不満を抱いた。筆者は〝評価しない母親〟という役割を担わされているようであった。筆者が安易に評価すると患者はそれ以上努力しなくなり退行させてしまうと思い、返答に窮した。面接でのその様子とは異なり、面接前には待合で他患と談笑している姿を見て、治療者はうんざりするようになった。夫や母親との関係のように、産みたいと言いながらも本心では産みたくないように、治療者との関係でも、治りたいと言いながらも、本心では治りたくないと思っているかのようで、治療者と患者の間に新しい理解は生まれなかった。

その状態が続きつつも、次第に患者は、常に自分勝手で患者を評価しない母親への強い怒りを語るようになった。筆者は、その話は患者の本心であると感じ、患者の演技的でうんざりさせられるようなわざとらしさは〝母親を殺したいほどの怒り〟を隠すためではないかと解釈した。また、自宅では淡白な夫にかまってもらうため性的に誘惑するが、夫が乗ってきて性交を求めると拒絶する、という話を語りはじめた。

ある面接で患者は「先生なら病気を治してくれる。でも先生は優しいことばをかけてくれない。でも私が治るのに先生の言うことが役立つんだろうか?」と、問いかけとも独り言ともつかないような口調で話し、治療者が沈黙していると次第に呼吸が早くなった。治療者は患者の攻撃性と理解しつつも、どう対処すべきか悩みながら、「私が優しいことばをかけないから腹が立つのでしょう」と伝えた。患者は頭を掻きむしり「殺してほしい」と繰り返し言いながら、過呼吸を起こし椅子から床に崩れ落ちた。治療を拒否するかのような患者の態度に治療者は強い怒りを感じる一方で、面接の帰りに患者が自殺してしまうのではないかと空想し心配になった。患者は筆者が抱きかかえるなど身体接触を求めているのではないかと空想したが、患者の体には触れず床に倒れている患者に持ってきた鎮静作用のある液剤を服用させた。そのまま様子を見ていると終了時間になったので、声をかけると患者は何事もなかったかのように帰った。

この面接後、筆者は何とも言えない不快感を抱き、治療者自身の中で何が起こったかを整理した。

(1) 演技的で治療を拒否するかのような態度に、怒りを感じ押さえつけたくなり鎮静系の薬を使った。
(2) 自殺してしまう不安、患者に対して何も出来ない無力感など、さまざまな感情を抱き、それを埋めるため母乳のような愛情の代替物を提供せねばならないと感じて液剤で対処した。
(3) 一方で、液剤が母乳であると同時に夫との関係のように誘惑されて液剤を投与したが、それは精液であり搾取されたと感じ不快に思った。

これらの治療者の逆転移感情が生じて液剤を投薬したことに気づいた。この気づきから、患者は治療者に対して原始的な愛情も性的な愛情も区別がない未分化な愛情を希求しており、二人の間で何かを産みだすのではなく倒れることで治療者から何かを引き出したいという気持ちに治療者が揺り動かされた。そして、治療者は精神療法的なかかわりから引きずりおろされ、液剤を投与するという行動に至ったのだと考えた。

治療者は、患者がある程度意識的に治療者を操作していたのであろうが、母親とは異なり治療者が助けてくれるか、甘えを受け入れ何か良いものを与えて欲しかったのであろうことや、解釈ではなく情緒的な交流を求めていると考え、翌週の面接で伝えた。患者は「先週はちょうどしんどかったし、タイミング的にはいいかなと思った」「倒れたときに先生が抱き起こしてくれるかを見るために倒れた。薬を飲ませてくれて嬉しかった」と笑い、演技していたことを認めた。治療者は腹が立つよりも滑稽に思え、「そんなことまでしなくていいのにね」と伝えると、患者は笑いながらも、大げさに表現しないと受け入れてもらえないと思っていると語った。この薬のやりとりをきっかけに、患者の演技はするものの認めるようになり、理解してもらいたいときにはことばで伝えられるようになった。

この症例のように、処方の背景には治療者の無意識や逆転移感情が潜んでおり、それらは処方に影響を及ぼしうるだろう。タスマン（Tasman et al., 2004）は患者の症状により逆転移感情が出現することを記したが、筆者は加えて患者の症状や逆転移感情がどのように処方に影響するかを考えた（表6-1）。タスマンは患者の拒絶は治療者の支配、また患者の操作が治療者の怒りに繋がると述べたが、本症例のように、治療者はそれらの気持ちから患者を黙らせたいと鎮静系の薬を用いたり、治療者の無力さから贈り物として薬を

表6-1　逆転移感情における処方への影響（Tasman et al., 2004. 一部改訂）

患者の症状	逆転移感情	処方への影響
拒絶	支配	鎮静系、大量
妄想、攻撃	恐れ	
操作	怒り	
対人断絶	退屈	同じ処方を継続
理想化	自己愛	迎合
誘惑	性的覚醒	

処方するうちに大量処方になることがある。また、患者が治療者を理想化すると治療者は自己愛的になるとタスマンは指摘しているが、理想化を向けられると治療者はよい医者像を保つよう意識し、患者の希望通りに処方するのではないかと考える。これはあくまで仮説であるが、他にも治療者の感情により処方に影響が及ぶであろう。治療者が投薬する場合にはどのような逆転移感情が影響しているかを意識することで、治療者の理解を深められるであろう。

6　おわりに

ここでは日常的な病院臨床でよく使用される薬がどのように精神分析的に理解出来るかを筆者の経験を振り返りつつ述べた。筆者自身、一般再来や救急場面で診察に十分な時間が取れないことや、精神分析的精神療法を行っているときでも、心理的背景に十分配慮せず処方をしてしまうことがあるが、常に治療者-患者の間でさまざまな力動が働いている。薬を処方する際に薬の効果や副作用を話し合うことに加えて、治療者-患者関係を考え、治療者の逆転移感情を意識することや、薬を通して互いの隠れた思いを意識し考えることで、より良い治療に繋がると考える。

〔文献〕

Fournier, J. C. et al. (2010). Antidepressant drug effects and depression severity: A patient-level meta-analysis. *JAMA*, Jan 6; **303** (1), 47-53.

神田橋條治（二〇〇四）「一般医に必要な精神療法面接」『神田橋條治著作集　発想の航跡2』岩崎学術出版社、三三八-三四一頁
中井久夫（一九九一）「心に働くくすりは信頼関係があってこそ効く」『中井久夫著作集5　病者と社会』岩崎学術出版社、一六三-一六八頁
成田善弘（一九八九）「薬物療法との関係について」『精神療法の実際』新興医学出版社、一三-一六頁
西園昌久（一九九三）「治療医学における Placebo 反応」『臨床薬理』二四巻一号、三三三-三六〇頁
Tasman, A. et al.（江畑敬介・佐藤洋子訳）（二〇〇四）「転移と逆転移」『薬物療法における医師-患者関係』星和書店、一四一-一八七頁
渡邊衡一郎・竹内啓善・菊地俊暁（二〇一〇）「精神科医が薬を処方する前に考えるべきこと――飲み心地を重視した統合失調症治療のすすめ」『精神科治療学』二五巻三号、三三五-三四五頁

▼臨床コラム1

精神科病院における双極性障害——成人してからの母親との葛藤

奥田桃子

双極性障害Ⅰ型という診断を受け、長年通院していた中年女性との心理療法の過程を振り返り、学んだことを記していきたい。

彼女は家の長子として生まれ、跡取りとして厳しく育てられた。それに対して妹は、自由奔放に生きていた。幼少期から両親に従順で、争い事をあまり好まず穏やかな性格であった。進路において、本人の意向は通らず、不満ながらも結果的に母親の意向に沿うということを何度か繰り返していた。結婚後、実の両親と同居するが、夫婦ともに精神的に不調となり、夫婦二人で住むこととなった。好きだった手芸を始め、講師の資格を取るなど精力的に活動していた。子どもを出産後より、母親と会うたび同居の話をされ、ストレスを感じていた。その後、二度躁状態を呈し、入院歴もある。それ以後は、長らく抑うつ状態が続いている状態であった。母親からは、再三同居を迫られていたが、病気を理由に断っていた。しかし、今回は互いの経済的理由もあり、同居を再開することとなった。同居後、過干渉で世話好きな実母との関係に悩むようになった。自然と涙が出てくるなど感情のコントロールができなくなり、本人が希望し、心理療法に至った。

実際、彼女に会ってみると、病名から想像する臨床像とはほど遠く、口調や雰囲気からは穏やかな印象を与える人であった。アセスメントを進めていく中で、自分の感情や思いを抑えながら両親に従順にしてきた人であり、思いを抑圧することで対処してきたことがわかった。その限界がくると、感情のコントロールができなくなり、最たるものが躁状態だったのだろうと見立て、週一回の構造で面接を行っていった。

心理療法開始当初、彼女は、母親への不満を中心に語った。彼女は、困ったような苦笑したような表情で語ることが多く、その表情でセラピストに同意を求めることが多かった。彼女から語られる母親は、思ったことは口にするタイプで、自分の考えが正しいと押し付ける人であり、考えながら話し、ゆったりとした雰囲気を持つ彼女とは対照的な人、という印象を受けた。子どもの育て方についても、母親とは対照的で、子どもの自主性を重んじていることが話された。感情を出すことについては「母親にぽんぽんと思ったことを言われて傷ついてきたから、心地良い体験はない。逆に出したくないと思ってきた」と嫌悪感を抱いているようであり、母親と同じようになりたくない、という思いが伝わってきた。

セラピストは、彼女の思いを横並びになってともに感じるという姿勢で聴き、支持を伝え返した。その中で、次第に彼女が自由に話せるようになっていると感じた。「揺れない自分になりたい」という彼女に対して、彼女が自らの考えとして既におぼろげながらでも持っている考えを支持し、それを自覚させることで自己肯定感を高められるような関わりを意識した。彼女も「話しながら気づいて頭の中で整理されていった」と言い、当初より冷静になり、母親と距離を置けるようになった、と少しだけ手ごたえを感じているようであった。

しかし一方で、体の痛みと漠然とした落ち込みが続くようになった。また、「本来の自分がわからない。再発の怖さから、いつも低空飛行で楽しむことが普通なのか、調子が上がっているのかわからない」など、躁転が漠然としていて得体の知れない恐怖として語られた。数セッション後、何も解決していないこと、母親からの干渉が自分たち家族に対していつまで続くのかと先の見えないことを嘆いた。セラピストは、漠然とした落ち込みが具体的な内容として語られ出してきたように感じ、それを伝え返すと肯定した。その話題から、同居後の母親への不満の話へと続き、断っているのに世話を焼こうとする母親に対して「うざいですね。決して口にはできないですけど」と、いつも話される口調よりも強いことばで話された。母親以外にも、父親や妹についても葛藤的なことが語られるようになった。彼女は、次第に自分の気持ちの風通しを良くしていったようだった。

その後彼女は、少しずつ自分のことばで母親の過干渉を断ったり自己主張ができるようになったりしていった。「先生と話し始めた頃は、ヘトヘトでやる気なく、躁転の恐怖というか、ストレスで自分がバラバラになっちゃう恐怖。話す中で整理されて。今まで溜め込んできたことの爆発が躁転だと思う」と自らの気づきを語った。今まで、躁転に関しては漠然とした恐怖であったが、本人の中で躁転の「メカニズム」に気づき、さらに理解は進んでいった。今回の同居が始まった当初を「話そうとしても涙が出てきた。躁転までいかなかったのは、気分の起伏があることに自覚があるから。でも箍が外れたら……考えて口にするのではなくて、先にことばを口に出してしまう、訳わからないことを言い出すのが、自分の中で躁転と普通の境目だと思う」と振り返る。躁転して「訳わからないことを言う」ことが、〝思ったことを口にする母親〟と同じになってしまう感覚のようだった。

さらに、次のセッションでは、二回目の躁転のきっかけが語られるに至った。彼女は、親との同居前に子ども関連のことで役回りを務め、その中で板挟み状態となり、非常に苦労したエピソードを語った。時期を尋ねると、ちょうど二回目の躁転時と重なる時期であり、それをセラピストから伝えようかと思ったところ、「二回目調子崩したのはこの後かなって。この間ここで話してから考えたんですけど……気を張ってなんとかやり通したけれども、やり終えて出たのかなって」と、これまで曖昧であった二回目の躁転について彼女の中でストーリーとして繋がっていった。

こうして、彼女の中で得体のしれない躁転の恐怖は、その「メカニズム」や「病気の背景」が理解され、「言い知れぬ恐怖」から理解可能なエピソードに変化していった。その後、彼女は、より現実的な不安や自分のパーソナリティにも目が向けられ、現実生活も適応が向上していった。

双極性障害は医学的に解明されていない部分も多く、また生物学的メカニズムも大いに関与しており、心理療法の適応も難しいとされることが多い。今回の事例は、双極性障害の背後に母親との葛藤などの心因的要素が存在している人であったために、心理療法的な取り組みも可能であったのだろう。彼女は、主として母親に対する抑えた感情や思いを悪いものとしてスプリットさせていた。それは躁転という形で症状化され、そのことは、他者に無配慮な母親に似た自己の出現を意味していた。

心理療法の中で、過去や現在を一緒に振り返っていくことで、躁転までのストーリーを再構築することができ、得体の知れないものは理解可能なものへと変化した。それには、セラピストとの関係が保護的に作用し、母親とは異なった受容の体験にもなり得たからかもしれない。その意味で、この心理療法は、支持的心理療法の枠内で機能した。セラピストの経験の浅さから、転移関係を十分に扱うことはできなかったが、陽性感情だけでなく陰性感情も扱うことができたなら、アンビバレンツにもより耐えられるようになったかもしれない。だが、双極性障害I型という、通常は心理療法の適応にはならない症例に対しても、得体のしれない体験を物語れるようになることが、こころの回復にも寄与できる可能性を示すことができたなら、嬉しく思う。◇

▼臨床コラム2

精神科病院におけるパーソナリティ障害——幼児的自己を抱えるということ

西岡慶樹

私は精神科病院で常勤の臨床心理士として働いている。そこでの心理療法の対象は神経症水準から精神病水準までさまざまな病態水準の方がいるが、今回は境界性パーソナリティ構造を持つAさんとの心理療法過程について報告し、若干の所感を述べたい。

Aさんは初診時三十代前半の既婚女性で、希死念慮や家で包丁を振り回すなどの衝動行為のため、母親に連れられて筆者の勤める病院を受診した。

Aさんの語る生活史は、挫折とその防衛としての過度な頑張りの繰り返しであった。その頑張りの中でAさんは仕事で大きな成功をし、管理職まで上り詰めていた。ところが、長年交際していた男性との理由のわからない突然の別れのため、傷つき挫折して抑うつ状態になった。その後に出会った外国人の男性との交際に強い幸せを感じてAさんはすぐに結婚を決めた。初診後しばらくして、主治医の提案で前治療者との心理療法が導入されたが、「昔のことを思い出すと悪夢を見るようになり怖くなった」と一〇回ほどで自己中断した。その後Aさんは期待を何度も裏切る夫との関係で希死念慮が高まり、大量服薬や自殺未遂、多量飲酒等の行動化を伴い二回の入院を経験した。その後、デイケア通所を自ら始め、さらには自ら心理療法を求め、私との週一回五〇分の面接を開始した。

初回から私は、Aさんの強気で沈黙のない話しぶりにひどく圧倒されていた。さらには、Aさんの面接室での態度は、面接構造を揺さぶろうとするかのごとくで、私は不自由さを感じていた。夫との関係についても、面接の場でその気持ちを取り扱おうとせずに、他の男性と性的関係を持って解消しようとした。こうして面接の場は硬直化していった。

　私は、これらのAさんの行動化に対してどのように対処しようかと考えあぐねていたが、結局「行動に移すことがないように」としか伝えることができなかった。Aさんは直後の面接をキャンセルした。私はキャンセルの意味も充分に取り扱えなかった。

　その後、Aさんは、私のことばを挟む間もないほどますます喋り続け、酒やタバコが増えて喉も痛いなど苦況にいることを訴えた。私がその中で何とかことばを伝えようとし、苦しい状況の中でも面接に来たことをねぎらうと、Aさんは「週に一回じゃ足りないくらい」と強く肯定した。苦しい状況に圧倒されつつも、関係を求めようとしているAさんがいることも、私には感じられた。しかし、面接は繰り返しAさんの話で埋め尽くされ、私はそれに圧倒された。

　そうした中、Aさんはてんかん発作で倒れる患者を目の当たりにして、ひどく動揺した。Aさんは、「本当はそんなに強くないけど、強く見せないと周りが動揺する」と、私に初めて自己の弱さを吐露してきた。私が「私の前でも強く見せないとAさん自身も不安なのだろうか」と彼女の弱さの部分に触れてみると、Aさんは肯定しつつも、その後も風邪を理由にキャンセルが続いた。

　風邪が治ると「調子が良くなったから一旦面接を止めにしたい」と、Aさんは一転して面接への抵抗感を示した。私は一度話し合いをすることを伝えて、面接を再度設定した。その場でAさんは「中断」ではなく「先生の都合のいい時に面接してくれたらいい」と言い出すため、私は「そんないい加減なことはできない」「今調子が良くても、どうしてそうなのかについて話し合うことが自分を見つめなおすことに繋がるのでは？」と指摘すると、Aさんは再び毎週の面接を続けることにした。そして、すぐに調子が崩れると「先生が毎週がいいと言ってくれてよかった」と私に従順な態度を示した。

　その後、Aさんは、次第に私との関係で依存的になりながらも、心細さを行動で表現するようになった。私は、それらに対して、抑うつ的な感覚には寄り添おうとしながら、行動化に対しては枠を崩さない態度を取った。

たとえば、私が二カ月後に面接を休むこととなり、そのことを伝えると、Aさんは再びキャンセルを続けるようになった。それらのキャンセルを扱おうとすると、「病気だから、曜日感覚や時間感覚がなくなっている」と訴えて、私にデイケアまで迎えに来てほしいと頼んだ。「私に本当に大切にされているのかどうか不安なのだろうか?」と尋ねると、Aさんは認めつつも、「病気だから」と繰り返した。私は自らの意志で面接に来ることが大切と伝えて、時間内であれば面接室で待っていることも伝えると、キャンセルせずに面接に来続けるようになった。

私が休んだ翌週、Aさんは、別れた彼氏や友人と再び仲良くなったという夢を報告し、「一人でいることが寂しいというより、私は人と別れられないのではないか?」と話した。私はAさんの辛さが実感され、「こころの中では離れられるけど、現実で別れるところからすべてを奪われるほどの不安や寂しさになるのだろう。私の休みでも」と伝えると、「そうかも」と言い、これまで止め処なく話し続けたAさんが抑うつ的な心情も見せるようになった。

さて、一年が経過すると、Aさんは悪夢を伴わずに小学生の頃のいじめの記憶が蘇ってきたと語った。さらに、小学生以降ずっと精神的に弱かったことを思い出した。私にはこれまでの強気なAさんというイメージから一変して弱々しい少女としてのAさんのイメージが浮かび上がり、「外面はしっかりしているようなAさんだが、内面は少女のように怖がっている姿があるようだ」と伝えると、Aさんはしっかりと頷いた。

二年が経過する頃になると、Aさんは、キャンセルの連絡を自分から入れられなかったことを自ら話題にして、今後は「自分で連絡する」と語った。私はAさんの成長の兆しを期待したが、その翌週はまたしても無断キャンセルとなり、私は裏切られた気持ちになってひどく落胆した。そのキャンセルについて扱おうとしても、相変わらず調子の悪さを訴えるばかりで、「できないものはできない」とAさんは居直った。そして、再び私の休みが二カ月後にあることを伝えるとキャンセルが増え、仲直りした夫とも喧嘩して、「期待して裏切られ不安になる」気持ちを行動によって繰り返した。Aさんは、無断キャンセルによって、私とのかかわりがもたらす期待をあらかじめなくそうとしているかのようだった。

その私の休みの翌週、Aさんは面接時間を過ぎてから受付に現れ、面接自体を「忘れていた」と言い、さらにその翌週にはそのことを覚えていないほど調子が悪くなっていた。「私の休みによって繋がりが切れたように感じたのだろう」と伝えると、Aさんは不登校の例を挙げ、「休みは無い方がいい」「面接に来られなかったのは先生のせいだ」と続けた。「私を恨みたい気持ちもあるのだろう」と伝えると、これまでのまくしたてるような口調も減り、その後はキャンセルなく来続けるようになった。

そして面接開始から三年、「もし今大量服薬しても、誰も昔ほど騒いでくれないだろう」と話し、「私が『死にたい』というのは助けてほしい、構ってほしい」ことだと語った。

面接経過を振り返ると、当初の私はAさんと対峙しているかのような関係を続けていたのだが、面接の中で次第に弱々しい少女のようなAさんの姿を見出すようになっていった。強気で居続ける彼女の在り方の背後には、無力で怯えた彼女が存在し、そうした幼児的自己が面接の中で姿を現すようにもなっていった。だが、Aさんの中の幼児的自己は、寂しさゆえに持ちこたえることが困難で、キャンセルや行動化など、さまざまに暴れ続けた。

私がこの面接でなにがしかAさんに寄与できたとするならば、Aさんの中の暴れ続ける幼児的自己の抑うつ的痛みを感じながらも、セラピストとして枠を崩さず、抱えようとした姿だったのかもしれない。◆

▼臨床コラム３

病院における発達支援

中川麻由子

まず冒頭からお断りしておかないといけないことは、臨床心理士として私の病院における発達支援の主な仕事はアセスメントと危機介入である。精神分析的な心理療法を導入しているケースは基本的にはなく、長期継続してかかわるケースであったとしても、日々の生活の不安や情緒面の支持的心理療法やマネージメント、ソーシャルスキルに関する具体的・療育的な介入がほとんどである。それでも、精神分析的な考え方が役に立つと考えている。発達障害だから精神分析的な理解の枠にのらないわけではなく、発達障害の人たちも彼らのペースで発達し、こころの空間のありようや情動の変化は起きてくるからである。転移解釈をすることはほとんどなくても、どの発達段階にあるのか、どのような対象関係の中で生きているのか、どのようなファンタジー・空想を持っているのかという理解は役に立つ。治療者側がそれらを意識しながらかかわることで、彼らのこころの空間の広がりを促すことになる。発達障害だから、転移は起きない、情緒的な理解はできないとするのは早計である。だからといって、彼らの情緒を混乱させるような早計な介入は適切ではない。以上をふまえ、介入の方法とタイミングについて考察したい。

高校時代に不適応となり統合失調症の診断を受け、青年期に広汎性発達障害の診断を受けた三十代後半の男性である。初めの数年は、日常生活の具体的な不安やわからないことについて、メモをもとに質問と確認を繰り返した。経過の中では入院も併用しながら、介護サービス包括型グループホームから支援アパートへと、一人暮らしをステップアップしていった。変化に対する不安が強く、具体的なソーシャルスキル獲得の支援も含めた支持的心理療法を続けていた。彼は、病院スタッフに対して誰にでも同じ質問を繰り返し、不安を解消しようとした。私は、できる援助、できないこと、スタッフそれぞれの役割を明確にし、気持ちについては「それはここで話していきましょう」と、伝えるなど枠作りを試みた。また、「どう思いますか？」と答えを求める彼に対して、彼自身はどう思うかを聞きながら、彼独自のことばの意味付けや質問の意図を捉えつつ、気持ちに焦点を当てるように努めた。

そうしていくうちに彼は、主治医、看護師、薬剤師、精神保健福祉士、訪問看護・デイケアスタッフなどの対象の違いを意識するようになり、対象は分化していった。当初は、現実的な対処が話題の中心であったが、生活が落ち着くと、確認強迫は減り、情緒にも触れられるようになった。そして「このことは、中川先生にしか言っていません。他では言えません」と内的体験も語るようになった。コミュニケーションの苦手さのため、聞きたいことや現実的な対処についてはメモを用意して話したが、時にはメモは用意せず、思ったことをその場で話そうとするようになった。だが、それは彼にとっては難しく、冗長になり、焦点がずれがちで、「もっと上手く話せるようになりたい」と彼自身もどかしさを感じていた。また、私にとっても彼のことばをそのまま聞いていても、文脈の理解が難しかった。そのようなときは、私の意識はことばを追うのではなく、彼のことばとそれに耳を傾けている中で生じてくる私自身の気持ちとの間を行き来しながら、彼から投げかけられたかすかな情緒を捉えて、言語化して返すように心がけた。それは、投影や逆転移と言えるほど明確なものではなかったが、かすかな彼の情緒を捉えるには役に立った。

私が、彼の思いを捉え、寂しさや腹立たしさ、悲しみ、喜びなどを言語化して返すと、彼は「ああ、そうですね」と淡泊に受けとめた。実生活の問題への具体的な援助も続けながら、時には情緒にも触れることを繰り返していくと、彼は父との関係を見直すようになった。「過去のことを言うと状態が悪くなったと言われるけど違うんです」と自分のことばで気づいたこと、思うことを語る姿に、私は彼の成長可能性を見出した。それは治療の展望や希望的観測をもたらした。発症初期の父の対応に不満と恨む気持ちがあり、一方で今の父の援助に感謝している気持ちもあり、両価的な気持ちの処理が上手くいかないことが語られた。私と繰り返し話し合っていく中で、彼は過去と現在の父との関係を心の中で行き来しながら、関係を見つめ直していった。

また、彼は趣味として病院を舞台とした「面白い話」を書いていた。それは日常の治療関係や病院行事から面白く脚色されたものであった。そこにはスタッフと彼を中心とした連想を元に彼の心的世界が広がっていた。彼は「こういう形でなら僕も嘘をつけることがわかりました」と笑い、私には彼の成長の一端が見え嬉しく感じた。その中には私に対する陽性転移を向けながら、それまで直接には語られなかった空想や結婚生活への羨望も含まれていた。時には私に好印象を向けていることを明確化しながら面接を続けていると、経過の中で私が結婚したことから、産休、退職に対する不安を話すようになった。私の産休前には「親のことどう考えればいいですか？　良いこともあったし、悪いこともあったし、後悔しないためにはどうしたらいいですか？」と早口に聞いた。私は彼が後悔しないためにどうしたいかを話し合った。彼は「話したからといって楽にはなりません。話せたのは先生だけです。自分はカウンセリングで答えを求めます」。最後には「親のこと後悔したくなかったので、先生が産休に入るので焦ったんです」と、今ここでの気持ちを話した。

心理療法開始当初は、病院スタッフは対象分化せず、誰彼かまわず不安を吐き出す対象でしかなかった。情緒的な交流は持てず、確認を繰り返すばかりであった。そこで私はマネージメント、不安への保証、ソーシャルスキルの具体的なフォローを主に行った。次第に彼の中で食事や買い物などの生活支援、薬に関する相談、主治医にするべき相談、気持ちの整理をする場と、対象は分化していった。現実的な生活が落ち着き、確認強迫が減ると、信頼感が育まれた。そうした過程で、ことばと体験が結びつき、彼自身のことばで不安な気持ちや腹立ち、寂しさなどの情緒がしみじみと語られるようになった。そこには、私との関係に対する、親しみをこめた感情や、どこまで頼っていいのかの枠組みへの戸惑い、治療者がいなくなる不安も含まれていた。そして、今ここでの気持ちだけでなく過去をも振り返るようになった。彼は過去のわだかまりと現在をこころの中で行き来しながら、父への感謝の気持ちと過去を恨む気持ちとの間で何度も揺れ動き、今の関係をどう築くかを模索した。こころの空間の広がりや情緒の深まり、関係性の変化やそのような成長の兆しを見出すことは、ひいては治療者の動機づけにもつながっていた。

情緒を用いた交流は発達障害だからできないわけではない。個々に応じたタイミングと介入の方法できちんとしたアセスメントのもとになされるべきである。信頼関係が形成され、自身のことばで語れるようになってから、触れる方が安全で効果的である。そうでないとことばと体験が結びつかず、混乱をまねきかねない。また実生活の問題への具体的な援助が主であったとしても、クライエントが向ける理想化や羨望に気づき、関係性をみつめる視点は重要である。◇

▼臨床コラム４

臓器移植と心理療法——ある女性レシピエントとの出会いを通して

北島智子

総合病院では精神科のみならずさまざまな診療科にかかる患者と出会う。がん患者やリウマチ患者、血液疾患患者など、身体疾患に伴い心理的問題を抱えている人も多い。重篤な身体疾患患者は身体の健康さを失い、社会生活でも多くの喪失を体験する。

移植患者の心理について、春木（二〇〇九a、二〇〇九b）は生死についての強い不安や恐怖心があり、怒りや攻撃の背後に〝なぜ自分だけが〟と自身の運命の不条理への嘆きがあると述べている。また、治療が難航する移植レシピエントについて、親との関係に問題を抱え移植前の問題が移植後に顕在化すること、レシピエントも家族も移植に対して「こんなはずではなかった」と強く感じ、移植医療への過剰な期待、幻想があるとも述べている。

白髪（二〇〇二）は、思春期慢性疾患の医療は学校生活でも子どもたちに多くの〝制限〟を強いていること、たとえば体育参加の制限、通院による学習参加の制限、修学旅行への参加制限があり、低身長や薬剤性の肥満によるボディイメージの崩壊といったさまざまな試練を抱えていると述べ、患者のこころを理解し、自然体で安心できる場を提供できる親の存在と家族の関係性を重視している。

ここで提示する事例は生まれつき身体機能に問題を抱え、臓器移植を受けた女性である。移植患者を目の前にして、セラピストは自然と相手をいたわり、気をつかっていた。それが逆にクライエントの感情表出を阻害していたことに気づき、お互いに困らせまいとしていたことを取り上げたところ、クライエントはそれまで出せなかった陰性感情を表すようになった。
臓器移植患者への心理的援助には、①健常者としてのセラピストは患者をさらに傷つけないように〝いたわり〟を押しつけてしまう可能性があること、②移植レシピエントのドナーと移植臓器への気づかいの背後に、罪責感、恨み、恐れといった複雑な感情があること、同時に③移植患者は自分のこころは同じ体験をした患者にしかわからないと思っていること、を理解することが大切である。

事例は二十代の女性Aである。精神科初診の二年前、父親をドナーとした臓器移植手術を受けた。小柄な外見と遠慮深さが特徴的で、生まれつき成長障害があり通院を余儀なくされたが、弱音を吐かなかった。中学生の頃に両親は離婚し、母親についたが本人は理由がわからないまま親権が父親へ移り、Aは母親に対する罪責感を強めた。高校時代に突然病気が悪化し、学校を休まざるを得なくなった。その後、父親をドナーとした臓器移植を受けたが、体調を崩して短期入院を繰り返し、その都度父親への罪責感を強めた。術後一年経過し単位制高校へ転校した。X年、不眠、食欲低下、リストカットを機に内科から精神科へ紹介され、うつ病と診断されて薬物療法とともに心理療法が導入された。初回面接でAは、「自分のせいで迷惑をかける」と訴えた。両親の離婚、病気の悪化と移植手術による学生生活や日常生活の変化は喪失の連続であった。Aは怒りを抑圧し、弱音を吐かず良い子を演じることが適応手段であった。神経症水準と見立て、対面法による週一回の精神分析的心理療法を開始した。

Aは父親や友人らに明るく振る舞い、面接でも礼儀正しくセラピストへ友好的な態度を見せた。セラピストはAを気の毒に思い、Aの父親に対する罪責感と恐れを受容的に傾聴した。しかし、父親に自分の気持ちをわかって欲しいと切望するAに対して何かぴんとこない感覚を次第に覚えるようになった。健常者としてのセラピストにとって、〝痛みを心底わかってほしい〟という移植患者Aの気持ちを、わかりたいけれども実感としてわからない感覚だった。
ある時、Aは病気をもって生まれたことを恨み、健常者への羨ましさ、移植への後悔を初めて訴えた。しかしAはセラピストを困らせると感じて語ったことを後悔したのか、毎回面接前日に話題を考えてくるようになった。

また、復学に伴い面接曜日を変更することにAは躊躇し、セラピストはAの遠慮を取り上げた。すると、Aはそれまで言えなかった移植にまつわる苦痛を吐露し、Aが母親の秘密を見つけたことが両親の離婚の原因となり、自分が邪魔だから親権が父親へ移ったと思ったと語った。この時、セラピストはようやくAの痛みに近づける気がした。

進路選択の時期を迎え、Aは父親の賛同を得られず身体を優先して進学を諦めた。セラピストは、「移植されたものをだめにしたくない」気持ちを伝えるとAは安堵し、移植後「お父さんがドナーさんに、いただいた人になった」と語った。セラピストは、障害があるAを気の毒でかわいそうな人だと思い、Aを傷つけないように遠慮して率直なやりとりができなかったと気づいた。それとともにAに対する理解は、傷ついた人から、〝相手を傷つけないように困ったと言えない人〟へ変化した。

一年半経過し、Aはセラピストを困らせた、疲れさせてしまったと訴えるようになった。数週間ぶりのある面接で、セラピストが面接予約を入れてくれているか不安だったが、入れてくれなくても仕方がないと語った。セラピストは空しくなり、「水くさい」という気持ちを伝えた。翌回、Aは母親の悪口を言う父親に対する怒りを表し、父親に内緒で母親に会いにいくと父親が気になり、その反対もあって苦しいと率直に語った。その直後、Aは家庭内のことを打ち明けて申し訳ないと強く謝罪した。この時、セラピストは何故Aがこれほど強く謝罪するのかまったくわからなかった。これまで体験したことがないほど困惑し、戸惑い、身動きがとれなくなった。それはまさにAが最も恐れていた、Aがセラピストを困らせる瞬間であり、Aが父親、母親を困らせる関係がセラピスト-クライエント関係で再演された瞬間だった。セラピストは、「お互いが困らないような関係を望んでいる」と伝えた。するとAは気をつかって上手く話せないとストレートに話し始め、「困らないようにしていたことが逆に困ったになっている」という気づきを得たようだった。その後Aは健常者と同じように運転免許を取得し、ある会社へ就職した。父親に対する負い目も減り、「移植がお父さんが勧めたからではなくて、自分と会社のための移植になった」と語った。Aにとって、臓器は父親からいただいたものであり移植には強いられた受身的意味があったが、移植は自分と仕事のための主体的意味となった。

臓器移植患者のように重篤な身体疾患をもつ患者に対して、セラピストは自分が健康であることを意識し、病んでいる患者を傷つけないように振る舞ってしまうことがある。患者も長い療養生活で他者を困らせまいとして、気づかいを身につけるように思われる。精神分析的心理療法過程で、クライエントとセラピストは実際に〝困らせる-困らせられる〟関係を体験し、お互いに困っていることを話し合った。それを転機として、お互いに困らせない関係を求めるあまり、困り合っていることを話せない関係があったという気づきがもたらされ、率直に言い合える関係が生まれた。Aと移植臓器との関係も過度な気づかいを要する〝水くさい〟関係から、多少の気づかいで良しとする〝水くさくない〟関係へ変化し、Aは次第に社会的活動を拡げていった。◆

［文献］

春木繁一（二〇〇九a）「患者さんの話を聞くことの大切さと意味——透析、腎移植医療での精神科医の経験から」『日本サイコセラピー学会雑誌』一〇巻一号、一一-一六頁

春木繁一（二〇〇九b）「腎移植レシピエントの精神療法（カウンセリング）——ことに移植成功後のいわゆる「うつ」問題について」『移植』四四巻特別号、二〇二-二〇六頁

白髪宏司（二〇〇二）「小児期、思春期、青年期のレシピエントにみる精神心理的問題」『腎と透析』五三巻六号、七五五-七五九頁

第Ⅲ部 ■ 教育における実践

■第7章

学生相談の力動的実践

岡田暁宜

1　はじめに

本書の表題は『日常臨床に活かす精神分析』であるが、現在、筆者は主に三つの日常臨床に携わっている。第一は、精神分析と精神分析的精神療法の臨床実践であり、それらは、精神分析家や精神分析的精神療法家としての日常臨床である。第二は、精神科外来における精神医療の実践であり、それは精神科医としての日常臨床である。第三は、大学精神保健／キャンパスメンタルヘルスにおける学生相談（精神保健相談を含む）の学校臨床の実践であり、それらは主に精神科学校医や精神科産業医としての日常臨床である。これらの日常臨床の中で筆者が最も多くの時間を割いている学生相談は、筆者にとって最も日常的な臨床実践と言える。本稿において、筆者は自らの経験に基づいて、キャンパスメンタルヘルスあるいは学生相談における臨床実践に精神分析がどのように活かされているかについて示したい。

2　二つの「精神分析」

筆者にとっての精神分析は、すべての臨床実践を支える基盤であり、また日々の精神生活の中核にある。精神分析と一口に言っても、その意味はひとつではない。精神分析には、大きく分けて、二つの意味があるだろう。ひとつは、理念や思想としての精神分析である。これは書物や講義などから習得するひとつの知識であり、このような知識としての精神分析は、さまざまな人々に常に開かれている。これは「精神分析学」などと呼ぶことができる。もうひとつの精神分析は、方法や治療としての精神分析である。これは実践と訓練と体験に基づくひとつの専門性であり、精神分析を実践する精神分析家のアイデンティティを形成するものである。これは「精神分析療法」などと呼ぶことができる。国際的には、精神分析療法とは、週四回以上の頻度でカウチと自由連想法を用いて行われる臨床実践を指している。

ただし、理念や思想としての精神分析は、本来、方法や治療としての精神分析に基づいているので、この二つの精神分析は完全に切り離すことはできない。方法や治療としての精神分析は、精神分析の本質を保持することによって、さまざまな実践への応用可能性を有する。そこに人間の健康な心理から病理に至るまでひとつの連続体として、人間を理解する理念や思想としての精神分析があるだろう。本書の表題のように、精神分析を他の実践に活かすということは、その実践の中に精神分析の要素が含まれていることを意味するだろう。S・フロイトの「金」と「合金」の比喩には、「合金」としての臨床実践の中には、「金」に象徴される精神分析の本質が含まれていることを示している。これに対して「鍍金」は、うわべを飾り、よく見せかけることの比喩であり、「金鍍金」の比喩は「金」が含まれていない偽物を示している。精神分析の「金」

を現実という粗金に混ぜ合わせて合金化することによって、精神分析の基本や中心と対をなす応用や周辺の概念が生まれる。その中でも表出や探索による洞察や発見を指向する、方法や治療としての精神分析の応用的実践は、しばしばpsychoanalytic/analyticなどと表現される。このような応用は、個人精神療法、集団精神療法、入院精神療法、家族療法、夫婦療法などで行われる。その中で精神分析的精神療法は最も広く実践されてきただろう。その中でも日本では伝統的に週一回の精神分析的精神療法が行われてきた。それよりもさらに裾野を拡げた精神分析の辺縁にある精神分析に裏づけられた力動的な応用的実践は、しばしばpsychoanalytically-informedあるいはpsychodynamic/dynamicなどと表現される。本稿で述べる精神分析の応用としての学生相談は、精神分析に裏づけられた学生相談であり、力動的学生相談と呼ぶことができるだろう。

3　学生相談の多義性と創造性

力動的学生相談について論じるために、まず学生相談について述べる。筆者の理解では「学生相談student counseling」ということばは、現在、さまざまな意味で用いられている。第一の学生相談は、主に臨床心理士が相談員/カウンセラーの立場で学生からさまざまな相談にのる狭義の学生相談である。大学によっては、狭義の学生相談を心理相談などと同義に位置づけていることもある。第二の学生相談は、大学保健/キャンパスヘルスの中で行う医学的立場からの健康相談である。そこには、精神科学校医による精神保健相談（メンタルヘルス相談）や内科学校医による健康相談などが含まれる。第三の学生相談は、キャンパスにおいて行う医学的立場以外の専門的な相談であり、そこには、キャリアカウンセラーによる就職相談

（キャリアカウンセリング）やハラスメント相談員によるハラスメント相談などが含まれる。第四の学生相談は、キャンパスにおいてすべての職員が学生との日常的な交流の中で行う学生に対する一般的な相談行為である。そこには、授業担当教員や指導教員や学生課職員などによる、学生支援や学生指導などの教育的関係のみならず、日常的な関係も含まれる。近年このような日常的な関係を利用した「オフィスアワー」は制度化され、さらに「よろず相談」や「何でも相談」や「ワンストップ窓口」などの名称で専門的相談と日常的相談をつなげる試みが行われている。上述の第二から第四の学生相談は、広義の学生相談と言える。

次に狭義と広義の学生相談の異同について述べる。狭義の学生相談は、教育モデル（指導と成長）に基づいて、学生相談室において臨床心理士が守秘義務の上で学生の主体性を尊重して行うものであり、基本的に治療行為ではない。広義の学生相談のうち、精神保健相談は、医学モデル（予防や治療）に基づいて、大学保健センター（大学によっては医療機関である）において医師が守秘義務や健康配慮義務の上でより能動的に行う保健行為である。精神保健／メンタルヘルスは、疾病性よりも事例性が重視され、予防医学的であるのに対して、精神医療は、事例性よりも疾病性が重視され、治療医学的である。

またハラスメント相談は、人権モデル（権利と尊厳）に基づいて、ハラスメント相談窓口を通じて、情報保護された閉鎖的な構造の中で複数のハラスメント相談員が守秘義務の上で相談者の主体性を尊重して行われる人権相談である。就職相談は、職業能力開発促進法などに代表されるひとつの社会支援モデル（選択や適性）に基づいて、窓口やコーナーなどの比較的開放的な構造の中でキャリアカウンセラー／キャリアコンサルタントや担当スタッフなどによって行われる。

以上のように「学生相談」ということばは、多義的であり、曖昧さを含んだ裾野の広い概念と言える（岡田ら、二〇〇八）。学生相談の多義性は、学生との日常的で裾野の広い接点をもたらすことで、学生相談におけるさまざまな可能性や創造性が期待される。現在、各大学において、大学の独自性や特性やスタッフの専門性や学生の特性などを活かして、学生相談においてさまざまな実践的工夫や研究が行われている。そこに学生相談の創造性がある。本稿で述べる力動的学生相談はそのひとつと言えるだろう。学生相談の多義性や創造性を活かすのを可能にするのが精神分析であると筆者は考えている。

4　学生相談で扱う問題の連続性と重複性

狭義と広義の学生相談は、すべて学生を対象にしているが、本来は目的も実践モデルも異なる相談実践である。学生は各相談の意味をそれなりに理解し、各自の意識的動機によって各相談窓口を訪れる。しかし学生が相談窓口にもち込む内容は、必ずしも学生が訪れた学生相談の中でのみで対応できるとは限らない。なぜなら学生がひとつの相談窓口にもち込む問題が他の領域と連続あるいは重複する場合があるからである。さらに相談者である学生がそれを自覚していない場合もある。

狭義の学生相談と精神保健相談を併設している大学では、学生やその関係者が双方の相談の特性を考慮して、双方を利用しているだろう。筆者の経験では、狭義の学生相談では、精神医学的診断がつかない学生、精神医学的治療が必要でない学生、既に精神医学的治療を受けている学生などの心理相談にのることが多く、精神保健相談に比して相談者としての主体性のある学生が多いように思われる。これに対して精神保健相談では、学生の精神症状や身体症状に関連する相談、学生の関係者からのさまざまな相談、相談者として主体性に乏しい学生、重度の病態の学生、複雑な困難に直面している学生などの支援や対応に当たることが多いように思われる。学生がもち込む問題は、臨床心理学から精神医学にまで連続性があるし、心理的水準と生物学的水準と社会的水準の問題の重複性があるので、必要に応じて狭義の学生相談の臨床心理士と精神保健相談の精神科医が連携する必要がある。

　ハラスメント相談にもち込まれる問題の背後にさまざまなメンタルヘルスの問題が潜んでいることもあり、メンタルヘルスの問題を背景にしてハラスメント行為やハラスメント体験が起きることもある。またハラスメント体験を契機にストレス関連障害としてメンタルヘルスの問題を発症することもある。加害者と被害者の力動的関係についても、意識的世界と無意識的世界では逆転することもある。しばしば学生相談や精神保健相談と並行して、ハラスメント相談に訪れる学生もいるし、ハラスメントの被害者と加害者の双方に対する学生相談や精神保健相談を行うこともある。ハラスメントに関連したメンタルヘルスの問題は、今日のキャンパスメンタルヘルスの重要な課題であり、必要に応じてハラスメント相談と精神保健相談が連携する必要がある。一方でハラスメント相談における守秘義務や個人情報保護の観点やそこでの被害的-加害的な力動の中で他の相談との連携には、慎重になる必要があり、連携が困難なことも少なくない。

　また就職相談には、就職活動を始めた学生から大学卒業や職業選択を契機にさまざまな心理的問題がもち込まれることもある。そのような学生の心理的問題に最初に触れるのが、就職相談であることは稀ではない。しばしば今までの学生生活では問題にならなかった他者とのコミュニケーションの問題が就職活動によって顕在化することもあり、背後に自閉スペクトラムの問題が潜んでいることもある。また、これまで学生相談や精神保健相談で継続して対応してきた学生が就職活動に入り、就職相談を訪ねることもある。いずれにしても今日、就職相談と学生相談や精神保健相談の連携は増えているだろう。

　以上のように、学生相談にもち込まれる問題は、心理学的問題や生物学的問題のみならず、社会的問題にまで重層的に跨がり、学生へのかかわりにおいては、それぞれの相談窓口や相談員が縦割的にならず、互いに連携しながら、連続性をもってかかわることが必要になる。学生相談で扱う問題の連続性と重複性を複眼視的に捉えて、適切に対応することを可能にするものが精神分析であると筆者は考えている。

5　学生相談における精神分析——過去と現在

筆者の印象では、精神分析が隆盛を極めていた時代には学生相談で活動する精神科医や臨床心理士の中には、精神分析や精神分析的精神療法の訓練を受けている者は少なくなく、学生相談において精神分析的精神療法は積極的に行われていたように思う。筆者は学生相談においてパーソナリティの成長を目的とした精神分析的精神療法を積極的に提供することに学生相談の意義を見出そうとしてきた（岡田、二〇〇四、二〇〇九、二〇一〇）。学生相談の現場の視点からみると、以前の大学では、学生と職員の双方において、キャンパスライフ全体にゆとりや遊びの空間があり、学生相談という場はまさに可能性空間であった。そのような中で以前には、学生に週に複数回のセッションを提供し、精神分析的精神療法を実践することも可能であった。

しかし、二〇〇二年に国立大学の法人化が閣議決定されて、二〇〇四年に国立大学が法人化へ移行した頃から、キャンパスメンタルヘルスや学生相談の実状は変化していったように思われる。ゆとりと無駄が同一視される時流の中で、精神保健相談を含む学生相談にも費用対効果の視点が向けられるようになった。それにより無駄の削減はゆとりの消失をもたらし、学生相談においても限られたスタッフによって限られた期間の中で適応指向性に具体的な効果が求められるようになった。それに並行して、学生相談の役割が学生の危機管理や障害学生支援などと連続性をもつようになった（岡田、二〇一三）。その結果、重度の病態のケースについては、学外の医療機関に外注化し、さまざまな精神障害や精神症状に対する認知行動療法や自閉スペクトラムのマネジメントが学生相談に期待されるようになった。他方でキャンパスメンタルヘルスや学生相談のスタッフの世代交代が徐々に進む中で、根拠に基づいた精神医学 evidence based psychiatry の中で訓練を受けて、保健統計を主な方法論として学生を捉える精神科医、そして学校心理臨床において社会的トピックである自閉スペクトラムに携わる臨床心理士が増えていった。

上述のように、学生相談の多義性と創造性や学生相談で扱う問題の連続性と重複性を考えれば、学生相談という場にこそ精神分析が求められるように思われるが、全体をみても現状をみても、「精神分析のない学生相談」というのが今日の学生相談の特徴と言えるのではないだろうか。

6 学生相談の力動的実践

（1）学生相談の力動的特徴

筆者は、既に述べた学生相談の多義性と創造性、そして学生相談で扱う問題の重複性と連続性という特徴を踏まえて、精神分析に裏づけられた力動的学生相談を日常的に実践している。以下に力動的学生相談の実践を論じるに当たり、学生相談の力動的特徴について述べる。

第一の特徴は、学生相談の対象は、青年期、特に青年期後期であるということである。そのため学生相談の実践においては、青年期心性と青年期の課題を十分に理解する必要がある。学生相談の目的は、学生のパーソナリティの成長に貢献することであると筆者は考えている。そのためには、学生相談が学生のパーソナリティの成長に貢献する対象や環境として機能することが重要である。その際、相談員自身の青年期心性や青年期体験は深い水準で学生相談の実践にさまざまな影響を与えるだろう。

第二の特徴は、学生相談という場は、本来、医療施設や治療施設のように治療そのものを目的にしていないということである。学生相談は、大学という教育機関の中にある保健施設や相談施設であり、基本的に教育的視点を排除することはできない。また精神保健相談を含む学生相談は、教育と医療の移行的な場所と言える。また相談員が大学の教職員である場合には、学生相談における相談員-相談者という関係の中に教育者-学生という関係が混入することになる。

第三の特徴は、学生相談の役割や機能は、構造的にも機能的にも大学の一部であり、学生相談における実践は、基本的に大学とは無関係ではないということである。学生の問題によっては、大学の責任において大学内外の関連領域や関連部署との間で連携や情報共有が求められる。たとえば、犯罪や安全などの危機管理にかかわるケースは学生相談の中の問題には留まらない。今日の学生相談には大学内外から期待される役割や果たすべき責任があると言えるだろう。そこには、大学という集団や組織、そして大学を取り巻く社会や文化の力動も存在する。

第四の特徴は、学生相談を訪れる学生の中には、治療的かかわりが必要と思われる者は少なくないが、その中には治療的かかわりを求めていない、あるいは拒否する学生も多く、それらは、精神医学的視点からみれば、「患者でない患者」とのかかわりと言えるかもしれない。また治療的かかわりを求めていても、必ずしも精神分析的精神療法を求めているわけではなく、精神分析的精神療法の適応のないケースも多い。よって精神療法を導入するにしても導入以前のかかわりが重要になる。

第五の特徴は、学生相談におけるかかわりは、学生が在学している期間限定のかかわりであるということである。学生相談における作業は、学生と出会ったときから卒業に伴う別れに向けた作業を常に含んでいると言えるだろう。学生相談を訪れる学生が長期に渡って精神療法を含む治療的かかわりが必要であったとしても、学生の卒業によってそのかかわりは終わる運命にある。よって学生相談における作業は、常に未完成であり、その完成は卒業後の生活に開かれていると言えるだろう。

第六の特徴は、学生相談におけるかかわりは、常に学生相談の設定や構造の影響を受けるということである。学生相談の利用は学生に与えられた特典のひとつであり、学生相談の利用は無料である。また学生はさまざまな正課活動や正課外活動などの学生生活を送っているが、学生には、部活、実習、試験、休暇などの学生特有のスケジュールがあり、それらは学生相談におけるかかわりに影響を与える。学生にとって大学は、学びの場であり、生活の場でもある。それは学生相談と大学外の医療機関や相談機関の違いのひとつである。学生生活から見ると、学生生活が順調であれば、学生相談は順調に終わりを迎えるし、反対に学生生活が順調でなければ、学生相談は終わらないことになる。

以上のような学生相談の力動的特徴を理解した上で実践することが、力動的学生相談では求められるだろう。

（2）学生相談における出会い

学生相談における臨床実践は、精神分析や精神分析的精神療法のための予約制の私設オフィスにおける臨床設定で患者と出会って所定のアセスメントを経て、精神分析的治療の適応のある患者と終結に向けて何年にも渡って行う精神分析や精神分析的精神療法などの臨床実践とは異なる。現在、筆者は、大学の学生相談室において、常勤の精神科学校医の立場で精神保健相談をしていて、すべての実践は精神分析的視点に基づいているが、精神分析そのものを実践しているわけではない。既に述べた学生相談の多義性は、学生相談における相談関係や臨床実践をより複雑そして曖昧にする可能性がある。よって力動的学生相談において、学生を迎える相談員は、その学生がなぜ学生相談にやってきたのか、なぜこの時期にやってきたのか、どのような経緯でやってきたのか、何を期待してやってきたのかなどの意識的-無意識的な理由について関心を抱きながら、どういう役割や立場で、どういう対象に、どういう理由で、何をするのか、という認識が常に必要である。しばしば精神分析で論じられる、who 誰が、when いつ、where どこで、whom 誰に、what 何を、why なぜ、how どのように、という6W1Hで表される力動的な視点は学生相談でも重要である。

　学生相談における初回面接は、精神医療や心理相談などの他の設定における力動的な初回面接と同じく重要である。学生相談では、疾病性に基づく治療方針の提示のみならず、事例性に基づく学生の意識的-無意識的ニーズをできるだけ汲み取り、その時に最も必要と考えられるものを学生に提供することが大切である。なかには、学生に対する健康配慮の観点や学生の無意識的ニードを汲み取って医療機関への受診や指導教員への連絡や家族との面接などを勧めることもあるし、精神療法への導入を視野に入れて次回の面接を提案することもある。筆者の経験では、学生相談では初回面接が最終面接になること、すなわち一回のみで面接が終了することも少なくない。そこには、さまざまな理由があるが、その後の関係者からの情報を踏まえて考えれば、初回面接で学生のニーズを適切に汲み取り、学生にとって必要なことを提供できた場合もあるし、反対に学生のニーズを適切に汲み取ることができず、学生にとって必要なことを提供できなかった場合もある。後者の場合において、たとえば、学生相談で相談員が現実的に提供できないものを学生が求めていたり、学生が相談する場所と相談の内容の不一致などがあるときには、そこに学生の転移が潜んでいる可能性がある。また学生との無意識的交流の結果、相談員が学生に対して陰性逆転移を抱いていることもある。学生との間で展開する転移-逆転移の力動は、学生相談における初回面接においても例外ではない。

　学生相談における初回面接では、学生とかかわりながら学生についてできるだけ理解することが求められる。伝統的な精神科外来では事例性よりも疾病性が、標準的な学生相談では疾病性よりも事例性がそれぞれ重視されるが、力動的学生相談では事例性と疾病性の両方を力動的に複眼視する必要がある。ここで一例を挙げる。自閉スペクトラムの学生をめぐる諸問題はキャンパスメンタルヘルスのトピックスのひとつであるが、記述精神医学に基づく伝統的な精神科外来では、ある精神障害の背後にある自閉スペクトラムの診断が下されると進路選択を含む環境調整や合理的配慮を含む社会的支援などが治療の中心になる傾向がある（岡田、二〇一六）。近年の標準的な学生相談では、伝統的な精神科外来と同じく自閉スペクトラムの見立てに対しては積極的であり、そのような学生に対しては、療育的アプローチにおいて修学上の合理的配慮を実施する傾向にある。その意味で今日の学生相談は記述精神医学的と言えるかもしれない。確かに学生相談であっても精神保健相談であっても記述精神医学的に自閉スペクトラムという印象を抱かせる学生は少なくない。しかし力動的学生相談における自閉スペクトラムの意味は、記述精神医学的な意味よりも、ひとりの学生の中の自閉的部分と非自閉的部分のスペクトラムを複眼的に捉える力動的な意味を指すと言えるだろう。

筆者の経験で言えば、かつての学生相談は、相談員が守秘義務を絶対的に遵守して、大学内外との連携に消極的であり、ある種の「閉じられた学生相談」であったかもしれないが、近年の学生相談は、相談員の守秘義務の上で、大学内外との連携に対して比較的柔軟で「開かれた学生相談」になったと言えるかもしれない。ただし、学生相談と大学内外との連携は、基本的に学生に対する健康配慮義務を履行するためであり、学生の家族や外部の医療機関など、学生の関係者との連携が必要であれば、それについて学生の同意を得る作業を丁寧に行うなど、基本的に学生との力動的な連携の中で行われる。その後、学生相談で学生の関係者とかかわる中で、学生の問題やそれに向けた方針が徐々に見えてくることもある。

(3) 力動的学生相談の実践

精神分析の学生相談への貢献という視点でみると、医療機関と同様に学生相談においても、治療者側と患者側の双方の要因によって、以前に比べて、精神分析的精神療法が導入されることは少ないように思われる。筆者の経験では、精神分析的精神療法の視点からみて、学生相談で精神分析的精神療法が導入されない学生は、主に以下の四つの群に分けることができる。

第一群は、相談理由に関する心理的困難の背後に無意識的力動が存在するが、概ね健康な力動で、特に治療的かかわりを必要としない学生である。この群の学生は、基本的に青年期の健康な発達ラインにある学生が含まれる。青年期の学生にとって、親でも友人でもない対象として専門家に相談するということが自立に向けた行為であることも少なくない。筆者の経験では、この群の学生に対しては、力動的視点に基づいて、学生に必要と思われる情報の提供や助言などの教育的なかかわりをすることが多く、単発あるいは短期間の力動的なかかわりによって、学生の心的成長に貢献できることもある。

第二群は、相談理由に関する心理的困難の背後に病理的な無意識的力動が存在し、精神分析的精神療法の必要性があり、その適応もあると思われるが、一方で学生生活や現実生活などにある程度適応しており、現時点では、精神分析的精神療法を受けることを選択しない学生たちである。この群の学生は、適応的な部分が優勢であり、現在の学生生活および現実生活に大きな支障はないが、いずれは専門家の援助が必要になる可能性がある学生であり、その中には精神分析的精神療法導入の準備状態にある学生が含まれる。筆者の経験では、この群の学生に対しては、学生の適応的な部分に対して支持的かかわりながら、学生が現在直面している問題や今後取り組む必要があるだろう課題などを共有するなど、予防的視点で力動的かかわりをもつことが多い。

第三群は、相談理由に関する心理的困難の背後に病理的な無意識的力動が存在し、精神分析的精神療法の必要性はあるが、実際には精神分析的精神療法の適応のない学生たちである。この群の学生には、心理的素養に乏しい、心理的問題に気づくことへの抵抗が強い、精神症状や身体化や行動化の傾向が強い、社会的問題や生物的問題が大きいなどの重度の病態の学生などが含まれる。筆者の経験では、この群の学生に対しては、学生課や指導教員や医療機関や家族などの学内外との連携を中心としたシステムの中で学生を抱えることが多い。

第四群は、相談理由の背後にある無意識的力動を読み取りにくい学生たちである。この群の学生には、心的構造として、非自閉症的部分よりも自閉症的部分が優勢で内的世界や内的葛藤に乏しい学生や相談員との現実的なかかわりをもつことが困難な学生が含まれている。また学生相談で学生に提供できる内容と学生が学生相談に求める内容が一致していない場合もある。筆者の経験では、この群の学生に対しては、システムの中で抱えることも困難な場合も多く、力動的な見立ての上で現実的で具体的な水準でのかかわりをもつことが多い。

筆者は、この四つの群に対しては、精神分析的精神療法よりも学生相談の力動的特徴を理解した上で行われる力動的学生相談を実践する方が多い。筆者は、学生相談を力動的に実践するために、二つの臨床モデルで臨んでいる。ひとつは「力動的精神科外来モデル」である。そこでは、学生を支えるために何が必要なのか、そしてそのために学生相談の枠組みの中で何ができるかを学生と話し合うことから始まる。そのような学生との対話の中には力動的視点と力動的接近が含まれる。これは力動的マネジメントと言えるだろう。もうひとつは「力動的入院治療モデル」である。そこでは、学生相談を大学のシステムの一部と捉えて、そのような大学のシステムの中で学生を抱えるという考えである。また学生とかかわる大学内外の関係者は学生に対してさまざまな感情を抱くであろう。そのような関係者が抱く逆転移感情は、学生の内的世界を反映する鏡でもあり、それらを通じて大学のシステム全体として統合的にかかわることができれば、学生を真に抱えることにつながるだろう。入院治療の特徴は、病院を患者にとって生活の場として捉えることでもあるが、学生相談についても、大学を学生にとっての生活の場として捉えることが可能である。

（4）学生相談における精神分析的精神療法

学生相談における精神分析的精神療法というテーマは、先述のように、精神分析からも学生相談からも辺境にあると言える。しかし筆者の経験では、学生相談を訪れる学生の中には、心理的困難の背後にある無意識的力動への関心などから精神分析的精神療法の適応がある者は一定の割合で存在する。筆者は、学生相談という特殊な設定であっても、その力動的特徴を考慮し、治療関係の理解に役立てることで、学生相談において精神分析的精神療法は可能だと考えている（岡田、二〇〇四、二〇〇九、二〇一〇）。さらに学生相談の力動的特徴や設定に関連したさまざまな転移や力動を扱うことで精神分析的精神療法をより創造的なものにできるように思う（岡田、二〇〇九、二〇一〇）。学生相談では、伝統的に一回五〇分という設定で行われている。今日の医療機関の実状を考えれば、一回五〇分という設定は貴重であり、場合によって週複数回の設定も可能である。このように学生相談には、精神分析的精神療法を構成するひとつの要素があるので、学生相談に訪れる学生にとって、必要性と適応と機会があれば、精神分析的精神療法を導入することは可能である。筆者は、学生相談で精神分析的精神療法を行う場合に、薬物療法などの必要性から精神科治療が必要なケースには、大学外の医療機関における精神科医に管理医を依頼し、いわゆるA-Tスプリットの治療設定を整えて、精神分析的精神療法を実践しているが、そこに学生相談のさまざまな特徴が現れる。

次に、学生相談における精神分析的精神療法のケースAを提示する。Aは大学四年の女子学生である。Aは大学四年の秋に、卒業論文が書けないという主訴で学生相談を訪れた。Aの臨床像は中年期を彷彿させる雰囲気で、Aからは女性性があまり感じられなかった。Aは大学一年の秋頃から、うつ病と社交不安障害で精神科に通院していた。私はAの希望を受けて早々に指導教員や主治医との連携を試みた。Aはそれに安心した様子であった。その後、Aは両親の宗教について初めて私に語った。Aの両親はAの命名に始まり、Aのすべての行動を自分が信じる宗教の指示に従っていた。Aは両親の宗教への態度や両親の自分への接し方に違和感を持ち始めていた。Aの学業不適応や抑うつの背後には、宗教をめぐる両親の病理が存在し、それがAのこころを不自由にさせて病理を形成していると思われた。精神療法開始後、私は現実の母親に会う必要性を感じて、Aに母親面接を提案するとAもそれを望んでいるようであった。

Aの母親はAの学業不適応をこころから心配していた。少なくとも私には悪意に満ちた母親には思えなかった。私は両親にとっての宗教の自由を尊重した上で、両親の信じる宗教がAのこころを不自由にさせていることを説明し、宗教を伝える母親ではなく、母親自身の気持ちでAに接することがよいなどと助言した。母親は私の話に耳を傾けて一定の理解を示した。しかし、その後も母親はAのこころを「治す」ために、宗教の関係者にAの相談をしているようであった。

Aには、少し前から交際している同年代の男性がいたが、Aの話からは、男性との関係は名ばかりで、精神的にも身体的にも深い交流があるようには思えなかった。やがてAは自らの性別や名前に対する違和感から性別や名前を変えたいと述べた。その理由について、自分の名前は母親からではなく、宗教から与えられたものだからであるとAは語った。それをAから聞かされた母親はやはり宗教にすべてを相談していた。また父親は収入のかなりの部分を宗教に納めていたので、卒業論文が書けずAの卒業が遅れることは、親として受け入れがたいことであった。自らの性別や名前に違和感をもち、それらを変えたいと思うことや四年間で大学を卒業できないことは、Aにとって両親や宗教への反抗や拒否であると私は感じた。それらの理解を解釈としてAに伝えると、Aは両親や宗教への反発心を実感し始めた。Aは反発心をもつ自由を僅かに体験したようであった。しかし母親はAの卒業が遅れることについても自分の判断ではなく、宗教にその許可を求めた。両親はAの言動を親への反発として受け止めることはなく、ただAのためを思って必死に宗教に足を運んで手を合わせていた。母親はAが宗教を信仰することが最もAのためになると、こころから信じていた。

ある時、Aはそれまでとは一転して、両親の宗教を自分も信じると言い出した。そこには、信仰によって自分への態度を変えようとしない両親への諦めや私との精神療法によってもこころの自由を得られない私への諦めが含まれているようであり、両親の宗教を信じることによってAは私の反応を窺っているようであった。私は宗教の自由を前提として「私の精神療法によって両親の宗教から自由になれないので、両親や宗教に反発して不自由を感じるよりも、自分から両親の宗教を信仰する方が自由になれる気がするのでしょうか」と解釈した。しかしAは私の解釈に賛成しなかった。私にはAの態度がこれまでの私との精神療法への反抗であるように感じられた。

結局、Aは大学を四年間で卒業できず、卒業論文の提出のみを残して五年目の学生生活を迎えることになった。それまでAは毎週私の相談室に通っていたが、大学四年の二月の大学入試期間になり、面接の間隔が空いたのをきっかけに三月の春休み期間に掛けてAは面接をキャンセルするようになった。大学五年目の四月になり、久しぶりに受付に現れたAは学生相談の他の相談員の予約を入れて、その後、複数の相談員の面接を受けるようになった。やがてAはときどき同じ施設内の休養室のベッドで休養するようになった。あるとき、休養室の受付でたまたまAと遭遇した際に、私からAに声を掛けると、Aは嬉しそうに「先生、私のことを覚えていますか?」と述べた。私は「もちろん覚えていますよ」と答えると、Aは安心したように「また先生の時間を予約していいですか」と述べた。

久しぶりに私の相談室を訪れたAは、これまでの経過について「私が他の先生のところに相談に行ったので、先生は私のことを怒っているのではないかと思っていた」と語った。私が怒っていないことがわかると、Aは「自分が違う先生にどのように受け止められるかを見たかった」と語った。また「違う先生のところに相談に行った私を先生がどのように受け止めるのかを見たかった」と語った。その後、Aが私から自由になる必要があったことやそれに対して私から怒られる不安を抱いたことを母親や宗教への転移として私は解釈すると、Aは納得した様子であった。やがてAが私から遠ざかっていた間に私からの積極的な働きかけを待っていたことをAは自覚していった。

Aは無事に卒業論文を提出し、五年間で大学を卒業することが決まった。Aが卒業するまでの間、Aと私はそれまでの精神療法過程を振り返った。Aは毎週の精神療法が私から強制されているように体験していたようであった。私は、宗教を信仰する自由があるように、Aには宗教を信仰しない自由もあることを伝えて、大学卒業後にも精神療法を受ける自由や受けない自由があることを伝えた。Aは、私に精神療法への感謝を述べて、大学を卒業した。Aとのかかわりは途中の中断期間を含めて約一年半であった。

次に本ケースについての若干の考察を述べる。Aには、気分障害や社交不安障害などの精神医学的問題、学業不適応などの学生生活上の問題、両親の宗教をめぐる家族の問題などがあり、自ら学生相談を訪れた。学生相談を訪れたこと自体に両親や宗教とは異なる対象を求めるAの転移の存在がうかがわれる。Aは学生相談の中で両親や宗教とは異なる対象を真に体験する必要があり、その役割を私が担う必要があったように思われる。Aの両親は宗教に盲従し、宗教に支配されていたし、Aに対して親として自分のこころで考えることなく、宗教を伝達しているだけであった。青年期にあるAのこころを両親や宗教から自由にすることが必要であったが、現実の両親や宗教との関係において、Aが自由を体験することは難しかった。両親や宗教から自由になれないAは私への転移のエナクトメントとして私から一時的に自由になる必要があったと思われる。Aは自由を体験するために私から離れようとしたが、真に自由を体験することはできず、自由になることに対して超自我による処罰を恐れていた。他方でAが私から離れていた間、Aは超自我としての私の積極的なかかわりを求めていたようである。私はAの転移のエナクトメントの肯定的な側面を取り上げたが、そこには「行動化の自由」を保証する、Aにとっての家族や宗教とは異なる私の治療態度が含まれていたであろう。大学卒業とともに私との関係は終わったが、私との精神療法の体験を通じて、Aは両親や宗教とは異なる対象をほんの僅かではあるが体験したように思われる。

7　おわりに

今日の学生相談の多義性と創造性および学生相談で扱う問題の連続性と重複性を考えれば、学生相談において精神分析はますます必要になるだろう。しかし近年の精神分析の動向と同じく、理念においても実践においても人材においても、以前とは異なり、精神分析は、学生相談から姿を消しつつあるかもしれない。しかし精神分析の方法や理念に基づいて行われる、学生相談の力動的実践は、学生相談の現場では有用である。そのような力動的学生相談は、精神分析の日常臨床のひとつの形態であり、学生相談における日常臨床に精神分析は十分に活かすことは可能である。そのためには、精神分析と学生相談との基本的な違いを理解することが必要であろう。本稿が学生相談から消えつつある精神分析の未来における復興に役立てば幸いである。

［文献］

岡田暁宜（二〇〇四）「学生相談における自己愛的な青年の精神分析的精神療法——転移の重層性とその work through」

『精神療法』三〇巻六号、六六三-六七一頁
岡田暁宜・久永直見・荒武幸代・和田花奈・杉野裕子（二〇〇八）「学生相談の多義性をめぐって――システム的学生支援について」『Campus Health』四五巻一号、三四一頁
岡田暁宜（二〇〇九）「治療構造と内的世界――二人の治療者から治療を受けていた女子学生に関する考察」『精神分析的精神医学』三巻、五二-六〇頁
岡田暁宜（二〇一〇）「大学卒業期にみられる学業不適応の一類型について――精神分析的精神療法過程からの検討」『精神療法』三六巻五号、六五七-六六六頁
岡田暁宜（二〇一三）「事例に見る各大学のメンタルヘルスの課題――キャンパスメンタルヘルスにおける臨床問題課題と現実の間で」『平成二四年度全国大学保健管理協会東海・北陸地方部会報告書』二二-二五頁
岡田暁宜（二〇一六）「学生の適応障害について――ケースを中心に」『平成二七年度全国大学保健管理協会東海・北陸地方部会報告書』一四-一六頁

第8章 学校臨床における緊急支援
生徒の自死事案をめぐって

上田勝久

1 はじめに

本書は祖父江典人氏の還暦記念という趣旨にて出版へと至ったが、私が思う氏の最も重要な仕事のひとつが「精神分析の知をいかにして日常臨床に活かしていくか」といったテーマである。一昨年に出版された『対象関係論に学ぶ心理療法入門――こころを使った日常臨床のために』(二〇一五)はまさにその方向の思索を形にした著作といえるだろう。

本稿では私もその路線に沿い、以前から書き記したいと思っていた問題に取り組んでみようと思う。それは学校の危機的状況に対するマネージメント、とりわけ生徒の自死事案の発生におけるカウンセラーの役割についてである。

これまでにも学校臨床における緊急支援についてはさまざまに論じられてきた(福岡県臨床心理士会〈二〇〇五〉、窪田〈二〇一二〉、八木〈二〇一五〉、植山〈二〇一五〉)。特に福岡県臨床心理士会編集の『学校コミュニティへの緊急支援の手引き』は緊急支援時の理解と対応策が網羅的に記され、このトピックを考えるうえでの必読書といえるものである。

これらの先行研究を踏襲しつつも、本稿では自死事案の発生に対する学校の反応を、あるいはその事態に対する理解と対応を、よりパーソナルな視点から書きあらわしてみるつもりである。「パーソナル」というのは、以下の論考が私の経験をもとにしており、その際に私が必要性を感じた「事態に対する理解の仕方」「事態への対応法」「支援システムのありかた」について書き記すことを意味している。

ただし、本稿では倫理的配慮から、事例や事案の詳細な記載を省くつもりである。それゆえに本稿が独断的な思考の羅列となる可能性は免れず、以下の論考がどれだけの公共性を帯びるのかは大いに疑問となる。だが、先の手引き書を基盤として、学校にて自死事案を経験した臨床家の経験的思考を蓄積することは、この分野の議論をさらに深化させる契機となるようにも感じられる。同様に本稿が「自分ならばこう考える」「自分ならばこうする」といった形で読者のパーソナルな思考を練り上げる契機になりえたならば、本稿の目的はひとまず達成されたといってもよいような気が私にはしている。

2　生徒の自死に対する学校の反応

学校という場は死への耐性が低い。このことはその構成員の問題というよりも、学校という場のそもそもの特性に由来しているように思われる。

病院においても自死患者の出現は場を強く動揺させる。だが、病院という場は患者の死とその衝撃に対して、あらかじめの準備態勢のようなものを備えている節がある。ある意味で病院という場は死と近接しており、死という事態に馴染んでいるところがある。

病院臨床ではたえず患者の命にかかわっているという感覚が前景に立ち、その支援プロセスも彼らの生と死をめぐって展開することが多い。患者は「死にたい」と訴え、私たちは彼らを生につなぎとめようと奮闘する。それが病院臨床の日常であり、死はたえず生々しく、身近な位置に横たわっている。

だが、学校は死と大きく隔てられている。学校の目的は人を教え、育て、人生を前進させることにあり、死という人生の終わり、生命の途絶とは極めて対蹠的である。たとえデスエデュケーションなどを介して死にふれたとしても、それはあくまで一教材として素材化された死とのコンタクトであり、実際の死が醸し出す生々しい絶望感、途絶感、恐怖感を体験することとは質を違えている。無論、ときに児童・生徒が近親者の死に遭遇することもあるが、それも自死がもつ衝撃的で破壊的な死とはやはり本質的に異なっている。

学校という場はこうした破壊的な死とは基本的には無縁の場所である。登校すれば、いつものクラスメイトがいて、チャイムがなり、授業がはじまる。この人間的な社会的営為が至極当然のように約束された学校という場において、自死事案の発生はそこにある日常性を粉砕する。すなわち場自体が心的外傷体験を被ることになる。

心的外傷がもたらす主症状として「侵入症状」「回避と麻痺」「過覚醒」があげられるが、これと類似する事態が学校全体にも巻き起こる。

生徒の自死という信じがたい出来事に対して、管理職も教職員も皆がことばを失い、事態をどう受け取り、どう考え、何をすればよいのかが実質わからなくなる。なぜ死んだのか、何が原因なのか、生徒にこの事実をどう伝えるのか、全体集会で伝えるのか、クラス個々に伝えるのか、そもそもこれは伝えるべきことなのか、生徒の家族は何を想い、彼らに対して何ができるのか、生徒はどのように応じ、それにどう対応すればよいのか。そういった無数の事柄が洪水のように襲いかかり、教職員はたえず岐路に立たされる。普段は決して考えることのない判断を迫られ、何が最善の策なのかがわかりえず、学校機能は「麻痺」する。もちろん、先に紹介した福岡県のように、県によっては緊急支援用のガイドラインが準備されてはいるが、心境的にはそれさえもが本当にあてにできるのかどうかが疑わしくなる。

この「麻痺」の一方で、教員は自死事案を発生させたことの責任と今後の学校運営に対する責任を一手にひきうけることになり、極度に張り詰めた心境を生きることになる。これまでの自分たちのありかたのみならず、これからの自分たちのありかたがひとつでも誤れば、生徒や保護者や世間から強烈なバッシングを浴びる恐れを抱き、いつ、どこから攻撃がふりかかるかわからない「過覚醒」と同質の緊張状態におかれることになる。

こうした定かなものなど何もないという無力感、寄る辺なさ、恐怖感、迫害不安と疑心暗鬼、あまりにも過酷な罪悪感の背負いこみによって、学校はいわゆる妄想-分裂ポジション的世界（Klein, 1946）へと変質していく。

こうして、外傷的な事態によって生じた妄想-分裂ポジション的世界を、いかに悲しみと痛みを抱える抑うつポジション的世界へと移行させていけるかが支援の鍵となってくるわけだが、ここで留意すべきことは、心的外傷やトラウマという概念が含みこむ「外傷を与える側＝加害者」と「外傷を被る側＝被害者」といった構図にはらまれる危険性である。

自死事案の発生は学校をしばしばこうした「加害者サイド」と「被害者サイド」という二分割された世界へと動かしていく。さらにいえば、この種の分割は「加害者」と「被害者」という亀裂に留まらない。「責める人たち」と「責められる人たち」、「事態への責任を強く感じる人たち」と「蚊帳の外にいようとする人たち」、「不安に慄き、機能不全に陥る人たち」と「事態を先導しようと努める人たち」、「混乱を早く収束させたい人たち」と「苦境を抱えようとする人たち」といったさまざまな形で集団は分割され、ときに断片化していく。これは教師間にも生徒間にも巻き起こる事態である。

こころの「良い」と「悪い」の分割がその主体を妄想-分裂ポジションに留め続けるのと同様に、この手の集団の統合不全は学校のモーニングワーク機能を阻害し、迫害的で猜疑的な世界の維持に寄与することになる。

私が思うに、このとき肝要となるのはウィニコット（Winnicott, 1954）のいう「侵襲」という概念、すなわち「その個人や機関の内的準拠枠を超えた体験を被ったことによるダメージ」という視座である。自死事案の発生を「学校が本来的にもつ収納可能枠を超えた事態」として捉えることによって、支援の目標は自ずと「その事態を収納しうる学校機能の再構築」、「学校の器機能・コンテイナー機能の修復と拡張」といった方向に輪郭づけられる。自死事案が発生した学校は、それ以前の状態よりも一段階大きなコンテイナーの獲得を目指していくことになる。この視点は学校が本来的に有する「成長モデル」とも符合している。

繰り返しになるが、こうした緊急事態においては、ややもすると「誰の責任で、何が問題なのか」といった特定の誰かや何かに対する原因帰属的思考、あるいは「自分にはどの程度の責任があり、どの程度蚊帳の外なのか」といった責任回避的思考が個人にも集団にも蔓延する。ビオン（Bion, 1952）の基底的想定グループ（basic assumption group）のごとく、それは自生的に起こることであり、支援はこうした猜疑的、迫害的、妄想的世界へと私たちを誘う動きとのせめぎ合いでもある。このとき「その事態を収納しうる学校機能の再構築」、「学校の器機能・コンテイナー機能の修復と拡張」などのたしかな目標を掲げることは、否応なく揺さぶられる私たちをたえず支援の原点に立ち戻らせる効果をもつ。

では、学校はいかにしてこの痛ましい出来事を収納していくのだろうか。そして、いかにしてこの妄想-分裂ポジション的世界を悲哀に彩られた抑うつポジション的世界へと移行させていくのだろうか。

3　想定されるさまざまな事態とその対応法について

(1) 生徒への第一報の伝達について

外部の人にとっては信じがたいことかもしれないが、学校は自死事案の発生を生徒たちに報告することに大きな躊躇いを感じることになる。それは隠蔽への誘惑からではなく、自分たちが受けた衝撃を生徒にも味わわせることへの戸惑いからである。

だが、生徒たちへの支援はこの報告から開始される。学校が生徒に事態を報告することは、学校がこれからの生徒たちの状態に責任をもち、種々の問題に対して可能な限り支援することを示すことでもある。窪田(福岡県臨床心理士会、二〇〇五)はこの第一報を伝達しないことが、生徒たちに「学校ではこの事件について話してはいけない」というメッセージを与えることになり、結果として事件に対するさまざまな情緒が抑制され、反応が長期化・重篤化することを指摘しているが、同時にそれは「学校スタッフはこの事件に関するさまざまな問題や困難を抱えることができない」というメッセージにもなるように思われる。ゆえに、たしかな覚悟のもとで、全体集会にて校長から、その後に担任個々がクラスに向けて事態について報告する必要がある。

報告内容は自死生徒の家族との話し合いをもとに進められることを前提として、まずはこの自死事案の発生とその経緯についての説明となるが、その内容はあくまで現時点で明らかになっている公共的な情報に留められるべきである。それは妄想-分裂ポジション的世界特有の猜疑心の賦活を抑制するためである。猜疑心が空想や憶測からはじまることを考えると、出来事に対する教師個人の考えや想い――その悲しみ、痛み、辛さ――を伝えることはあっても、出来事の経緯に対する私的な見解は厳しく差し控えるべきである。このような状況下においては、この報告自体が公共性を帯びたことばになることを自覚しておく必要がある。

経緯の報告後は学校全体でこの問題に取り組む姿勢であることを明示し、この出来事に対して生徒たちの中にさまざまな想いが湧き、それが手に余るようであるならば、そのことを学校スタッフに話し、想いをシェアしたい旨を伝えていく。こうした外傷的な状況下における孤立化は無力感や寄る辺なさを強化し、トラウマ反応の持続に結びつきやすいこと（van der Kolk et al., 1996）を併せて伝えておいてもよいだろう。

生徒へのこの第一報の伝達は教職員にとっては辛い仕事である。伝える教職員自身が出来事の衝撃から立ち直れておらず、教壇に立つこともままならない教員もいることだろう。それは無理からぬことであり、この事態を経験した立場からすれば、それを単に教員の無責任さや弱さに還元することなど到底できないように感じられる。その際には学年主任や副担任、生徒指導教員が肩代わりすることになるが、ときにはカウンセラーが代替する場合もあるだろう。

あるいは、たとえカウンセラーが矢面に立つことはないにせよ、やはり自死生徒の所属するクラスへの報告時には担任と教室に赴き、場に必ず生じる衝撃と混乱をともに味わいながら、生徒たちの様子を慎重にうかがっておくことが重要となる。それは臨床観察という意味合いのみならず、これからはじまる支援のスタートラインの場に直にカウンセラーが参加していることが、生徒や先生たちとのつながりの最初の一歩になると思えるからである。

（2）アンケートの実施について

緊急支援時の多くのガイドラインにて生徒の心身の状態をチェックするアンケート（「こころの健康調査票」）の実施が推奨されている。私もこの種の調査は必須であると考えている。何よりも、アンケートを行うこと自体がこの出来事に対する生徒の不安や不調を学校が受けとめようとしていることの証となる。

また、積極的に自身の想いを語ることが困難であったり、話をすることに抵抗を感じている生徒にとっては、自身の不調を呈示する重要な契機となる。無記入であったり、四件法のアンケートにて常に同じ個所に無造作にチェックしたりするなど、アンケートの内容だけでなく、その生徒のアンケートの「使い方」に着目することで、彼らの心境をある程度把握することが可能となる。その生徒は自身の状態を知られることに何らかの不安を抱いているのかもしれないし、この出来事から距離をおきたいと感じているのかもしれない。外傷体験直後のデブリーフィングには慎重になる見解も提出されているが、(Raphael et al., 1995; van Emmerik et al., 2002)、その生徒の心境をある程度把握しておくことは、彼らに何らかの急転が生じた際に支援の踏み出しを一歩早めることになるはずである。

なお、私自身はアンケートの質問項目にはなるべく数値的情報を入れこんだ方がよいと感じている。特に睡眠時間については、「よく眠れている―普通―あまり眠れていない」といった記載ではなく、「1～3時間程度」、「4～6時間程度」、「7～9時間程度」といった形にした方がよいような気がしている。

睡眠時間は心身の調子を測る最も基礎的なデータである。そのため生徒の睡眠状態をひとまず量的側面からだけでも把握しておくことは支援の重要な手づるとなる。ちなみに人の最低必要睡眠時間は諸説あるが、私自身は普段から中井・山口（二〇〇四）のいう「二日で総計一〇時間程度（二日で収支を合わせる）」を目安としており、緊急支援時においてもそのラインを軸に生徒の状態をとらえ、四時間以下の睡眠が一週間以上続くならば通院を考慮してもらうという形で対応してきた。

　無論、数値はあくまで目安にすぎない。だが、何もかもが定かでなく、確たるものが何もない感覚に浸される危機的状況下においては、数値は状況判断のための手応えのある物差しとなる。子どもたちの心情や状態を懸念しつつも、何を根拠に生徒の状態を見極めればよいのかが判然としない状況において、こうした数値的情報は支援の大きな拠り所として受けとめられる。この基準線の獲得によって教職員および保護者のサポート機能が安定すれば、生徒のより微細なこころを拾い上げていく機会も増加するはずである。

　同様にASDやPTSDの記述的診断にある「一カ月（外傷的出来事後の症状持続期間）」という数値を（あくまで目安であることを前提としつつも）生徒や保護者、教職員に伝えていくことも、場にとりあえずの安定をもたらすようである。ある教員はこの数値を聞いて、「この混乱がいつまでも続くわけではないのだと思えた」と述懐したが、事態発生直後は終わりなき悪夢のごとく、この混乱の着地点がまったくみえないような心境に陥りがちである。ゆえに「事態発生からの一カ月を目途にして、まずは目前の一週間を乗り越える」というような具体的・短期的な目標の設定は教職員や保護者の気力を長らえさせる効果をもつ。中井・山口（二〇〇四）がいうように、人は終わりなき無理には耐えがたいが、終わりある無理ならば何とか乗り越えるための気力を維持しやすいところがあるのかもしれない。

（3）通夜と葬儀について

　家族の意向が前提となるが、通夜と葬儀に学校としてどのようにかかわるのかも喫緊の課題となる。通夜と葬儀に生徒が参列することになれば、特に精神科勤務を経験しているカウンセラーは是非とも同行すべきである。これは通夜や葬儀での激しい嗚咽から、急性のパニック発作や呼吸性アルカローシス（過換気症候群）に陥る生徒が現れるケースを想定しての提案である。その場で生徒が卒倒したとき、救急搬送すべきなのか、呼吸法の調整によって収まるレベルなのかを誰かが判断する必要がある。この判断を（そのような状態像への対処に不慣れな）養護教諭に全面的に託すのはやはり酷というものだろう。

とはいえ、本来的にはカウンセラー自身もこのような医療的措置の判断を下すことはできないはずであり、緊急支援時には精神科医師や看護師を配備することが望ましいように思われる。これは是非とも行政に検討してもらいたい事柄である。

（4）生徒への対応について

学校は動揺をはらみつつも、数日後には通常授業が再開される。だが、話を聞いてほしい生徒については、当然ながら面談の機会を設けるべきである。

生徒が話したいのはスクールカウンセラーとは限らず、慣れ親しんだ担任や養護教諭の場合もあるだろう。そのため、生徒が望むスタッフが対応可能なように学校全体で時間体制をマネージしておく必要がある。

ただ、この面談において注意すべきことがある。それは退行促進的なかかわりが引き起こす問題である。周知のとおり、退行は現在の防衛組織を解除し、こころがより未熟なステージに逆行する現象である。そして、このような緊急時には生徒のこころは退行しやすくなっている。危機的状況下においてひとまず退行し、その後に退行から前進することで危機を乗り越えることは人のヘルシーな自己治癒力ともいえるが、一方でこの危機的状況下での退行の促進は面接後の生徒を不安定な状態のままにし、防衛の解除によって潜在的な病理や不安が湧出する可能性を高める危険性もある。そのような病理や根源的な不安を「抱えること」

のできる環境が準備されているならば、退行は良性のもの（Balint, 1968）となり危機を超える動因となりうるが、緊急時には支援者側も意識的・無意識的に不安定になっている場合が多い。下手に退行促進的なかかわりをすれば二次受傷の契機にもなりかねない。ゆえに、その生徒に潜在する病理や不安を引きだすような介入はその時点では極力控えた方が安全であるように思われる。

退行を抑制するには、まずは時間的構造を明確にする必要がある。話を聞く時間を三〇分程度に、多くとも五〇分程度に留め、さらに必要ならば続きは明日にするといった形にした方がよいだろう。時間の制限は話の拡張を制御し、話題を当面困っている問題に限局する作用をもつ。二週に一回三〇分の面接と一週に一回五〇分のそれとでは、患者の依存度が大幅に変質することは多くの臨床家が経験しているところだろう。

そして、とりあえずでよいので、話の結論がつくような面接を目指すことが重要である。聞き手は面接の最後にはその生徒の心情や訴えをとりまとめ、具体的な対処法についてアドバイスする。生徒の不安や恐れを輪郭づけ、断片化しそうなこころにかりそめのまとまりを作るようなイメージで対応していく。窪田（福岡県臨床心理士会、二〇〇五）も面談の最後に、「現実的な問題点を確認し、具体的な対処方法を明確にする再入の段階」をおくことが「今できることに取り組んでいく体制を作る」うえで有効であることを指摘しているが、このことは状況に適応しようとする自我の強化を促進し、退行を抑制する作用をもつと考えられる。話を聞くことは重要だが、受身的な傾聴的姿勢のままに面接を終えるのは退行をやみくもに促進し、緊急時には禁忌とさえ私には感じられる。

もし、生徒がこの事態を機に自ら潜在的な病理や深い悩みを吐露したならば、そのときは話を丁寧に聞きつつも、そうした潜在的な病理ゆえに事態に不安を感じているというよりも、この事態による現実生活の混乱が彼らの病理的側面を浮上させているという視点に立ち、やはりひとまずは現在の生活の安定を目指した支援を提供していく方が望ましいように思われる。

ここでミッチェルとエヴァリー（Mitchell and Everly, 2001）の緊急事態ストレス・デブリーフィング（Critical Incident Stress Debriefing, 以下ＣＩＳＤ）*について言及しておきたい。

デブリーフィングが実際に外傷体験をどれだけ消化しうるかは、さらなる短期的・長期的な経過観察事例の蓄積が必要だと思われるが、ＣＩＳＤのエッセンスとなっている「事態に対する行動的反応、心理的反応を言語的に構造化していく」という観点は、混沌としたこころを分節化し、整理し、ある種のまとまりの感覚をこしらえていくという意味で、ここでいう退行の抑制と適応のための自我機能の強化に一定の役割を果たすのではないかと私は考えている。やはり、混沌としたこころを混沌のままに受け入れるような心理療法的姿勢は、緊急支援時には向いていないというのが私の考えである。

ただ、デブリーフィングの起源が過酷な戦地から帰還した兵士による上官への状況報告にあることをふまえると、その聞き手が話し手にとって馴染み深く、緊張緩和的で、経験的に確実に味方であることを約束された対象であることが大きな要素となっているようにも思われる。すると、デブリーフィングに基づく面接は緊急支援時に急遽駆けつけた外部のカウンセラーよりは、学校教職員やもともと所属していたカウンセラーが行う方がより効果的であるような気が私にはしている。

最後に、面談の場にて生徒が自死事案に対する意見や情報を語った場合についてふれておきたい。特に情報（いじめの存在を示唆する情報など）については対応者がそれに対する意見を述べることは差し控え、情報呈示の匿名性を約束したうえで「職員室に持ち帰り、教職員全体で検討したい」旨を伝えて話を預かる形にすべきである。先述したように、緊急時において教師やカウンセラーから繰りだされることばは重く、さまざまな推測や憶測、それに基づく混乱を拡張させる恐れがあるからである。

（5）緊急支援チームの発足について

植山（二〇一五）も提起するように、事案発生後にはなるべく迅速に管理職を筆頭とした緊急支援チームを発足することが望ましいだろう。

メンバーは校長、教頭、生徒指導部長、各学年の代表教員、養護教諭、スクールカウンセラーなどで構成し、その目的は一義的には生徒、保護者、教職員のさまざまな考え、想い、反応、あるいは彼らから提供されるもろもろの情報を報告し合い、とりまとめ、学校としての具体的指針を策定していくことにある。

この支援チームの構築は事態の混乱の収束に不可欠である。それは単にさまざまな想いや意見、方針に対するアイデアを行き交わせることができるという理由からだけでなく、チームの構築が事態の構造化につながるからである。ＣＩＳＤのところでもふれたように、こうした支援体制の構造化は混沌とする場を分節化し、事態の取り扱い可能性を高める効果がある。今、何が問題となっており、自分たちに何ができるのかを考える能力を場に付与し、集団がビオン（Bion, 1952）のいう基底的想定グループから課題集団（working group）へと移行する取っ掛かりとなる。

ただ、ここでも注意すべきことがあり、それは支援チームの構築自体が先の「場の分割」を喚起するという点である。「支援するスタッフ」と「支援されるスタッフ」、「情報の詳細を保持するスタッフ」と「そうではないスタッフ」、「事態に積極的に取り組み、学校の方向性を先導していくスタッフ」と「事態から距離

＊ デブリーフィングの起源は兵士が戦地からの帰還後に行っていた上官への状況報告にある。この状況報告による兵士の心的な回復力に着目したMitchell, J. T. によって緊急事態時用の支援法として構造化された支援プログラムがＣＩＳＤである。危機的事態によって生起された認知、思考、感情、症状などの言語化を促進することで、外傷体験に対する自然な感情プロセスを賦活することが主要な目的とされている。

を取り、受身的になりゆきを見守るスタッフ」など、そこにはさまざまな分割が生起される。

こうした状況下で教職員間に溝や格差がつくられると、やはりそれは不信感や猜疑心（「他の教職員は私の教師としての対応能力を問題視しているのではないか」、「私はこの事態とは実質無関係なのだ」など）に満ちた妄想-分裂ポジション的世界の展開に結びつきやすくなる。その世界に囚われた教員は生徒や保護者の心境に対する感性が鈍磨する。

この分割状況の生成を抑制するためにも、カウンセラーには支援チーム内の職員とそれ以外の職員とを積極的に架橋していく役割が求められる。支援チームの構築がこうした場の分割を必然的に生起することをあらかじめ全職員に伝え、さらに支援チーム外の職員の動向に着目し、彼らの考えや意見、心境を丁寧にうかがっていく必要がある。この橋渡し役を私たちが担うのは、学校は私たちが思っている以上に組織社会であり、その組織の縛りから一定の自由を獲得しているカウンセラーこそがこの役に最も相応しい存在であるように思えるからである。

（6）保護者会について

自死事案が発生すると、多くの場合に緊急の保護者会がもたれることになる。そこでは事件の経緯や学校の状況、事案に対する学校での取り組みについて報告されることになるが、私自身はその機会にカウンセラーからも専門的な提言を行った方がよいと感じている。*

それはカウンセラーにとって相当に緊迫した講演になることは間違いないだろう。自身の一言一句が学校を代表することばとして響き、何か誤解を招く発言がなされれば、カウンセラーのみならず学校全体が糾弾の的になりかねないからである。

だが、それでも私たちはひとりの専門家として、そのときに伝えるべきことがあるように思われる。そのいくつかを以下にあげてみたい。

a　精神医学的情報

ひとつめは緊急事態ストレスやトラウマティックストレス、そこに付随する心身の不調に関する心理学的・精神医学的情報である。

保護者は自身の子どもを心配し、ケアしたいが、どこまでが家庭内で支えうる状態で、どこからが専門家の手に委ねるべきなのかを迷っていることが多い。ゆえにトラウマ反応の詳細、睡眠障害、食欲減退、気分変調（急性のうつ／躁状態）の具体的な臨床像を紹介し、生活状況と照合しながら子どもたちの状態を把握していく視点の呈示は、保護者に当面の安心感をもたらす効果をもつ。

また、エヴァリーとミッチェル（Everly and Mitchell, 1999）の分類をもとに窪田（福岡県臨床心理士会、二〇〇五）は緊急事態のストレス反応を、①感情面の反応（ショック、無感動、恐怖、不安、悲しみ、怒り、無力感、自責感、不信感）、②身体的な反応（動悸、発汗、口の渇き、過呼吸、睡眠障害、食欲不振、胃腸症状、筋緊張による痛み、疲労感）、③認知面の反応（記憶の障碍、集中力・思考力・決断力・判断力・問題解決能力の低下）、④行動面の反応（口数の変化、活動レベルの変化、ミスの増加、嗜好品の増加、ゆとりの喪失、身だしなみの変化、依存行動の変化）と簡潔にまとめており、場合によってはそれをもとに保護者にとって理解の補助線となるような資料を作成してもよいかもしれない。

＊　当該家族がこのような説明会の施行を拒否する場合もあり、その際には『緊急時におけるこころのケア』と題して、カウンセラーが主となって説明会の代替となる会を開く場合もある。

b　原因帰属的思考の弊害

ふたつめに伝えたいことは原因帰属的思考の弊害についてである。

こうした事態が起こると、人はどうしてもその死の原因の同定に走りがちとなる。意識的には「原因がわからなければ今後の対策が立てられない」と考えられるからだが、ときには事態の責任をめぐる迫害的心性や回避的心性がこの動きに関与している場合もあるだろう。

だが、自死の要因は究極的にはわからないはずである。その要因の真実を語りうる当人はもはや存在せず、周囲が語る要因はすべからく仮説の域を出ないからである。さらには、その当人でさえ、なぜ自分が自死を決行したのかを十分に理解しえていたかどうかは疑問である。その生徒を死へと誘った決定的な動因は本質的には「考え手のいない考え」（Bion, 1967）であり、だからこそ彼もしくは彼女は自死へと向かうしかなかったのではなかろうか。「死にたい」という想いとその内実を考えることができ、それを誰かとシェアすることができていたならば、もしかするとその生徒は死への踏み出しを留めることができていたかもしれない。

遺書が存在する場合は、そこに原因らしきものが記されていることもある。だが、それが本当に「原因」といえるかどうかは、実際的には法的エリアの判断を待つしかなく、最初の保護者会の時点では誰もが原因の是非を定めることも、知ることも、原理的には不可能である。私たちはこの事実をこころに留めておく必要があるように思われる。

ただ、遺書が存在し、そこにいじめや体罰の問題が明記されていた場合は、学校内に「加害者と想定される人」が存在することになり、ここまで述べてきた支援とはその形を大きく違えることになるのは間違いないだろう。その場合は相当に過酷な支援状況が待ちうけているはずである。だが、そのケースについての議論は本稿の範囲を超えるため、また別稿を設けて考えることにしたい。

いずれにせよ、その時点では自死の要因はわからないことを前提に事を考え、性急な原因帰属的思考は事態に対する責任の所在を特定の誰かやどこかに全面的に担わせようとする集団心理と結びつきやすいことを伝達すべきであると私は考えている。

その動きにはどうしようもない怒り、悲痛、やるせなさがこめられているのもたしかである。私の家族が同様の事態に見舞われたならば、おそらくは私自身もそのような心境へと動いていくはずである。だが、それでも私は一専門家としてはこの時点での原因の同定は控えるべきであることを示唆する必要があると考えている。それは支援が一段落した後に、可能ならば「外部」の視点を盛りこんでなされるべきことのように感じられる。

もし、あえて責任を問うとするならば、この場合は特定の誰かではなく、集団構成員すべてにあるともいえるはずである。誰もが自死生徒に何かを成しうる可能性をもちながら、誰もがその手をつかむことができなかったからである。それは「誰かが悪い」から「全員が悪い」という単純な思考のシフトとは異なっている。事態に対する責任を各々が担うことは自死生徒に対して「自分たちに何ができたのか、なぜ救えなかったのか」を考えることであり、それは「経験から学ぶこと」(Bion, 1962) の萌芽となるからである。

他方、「誰かが悪く、自分は悪くない」という思考への固執はやはり閉塞的な妄想-分裂ポジション的世界へとその個人や集団をひきずりこんでいく。特定の誰かや何かへの原因帰属的思考の弊害を自覚し、自分たちが各々に何ができたのかを考えることは、結果として場を抑うつポジション的思考へと移行させていくことに貢献するように思われる。

C　生存者罪悪感

伝達しておきたい最後の事柄は「生存者罪悪感 (survivor guilt)」についてである。生存者罪悪感とは、災害や事故等に巻きこまれ、死傷者が出た際に、助かった側の人間が抱く「彼らは亡くなったのに、自分は生き残ってしまった」という想いによって形成される罪悪感である（Matsakis, 1999）。

生存者罪悪感は外傷的な喪失を経験した際に最も苦痛を喚起する情緒体験のひとつである（Garland, 1998）。私の経験では、多くの生徒がこの生存者罪悪感を抱え、亡くなった生徒と親密であるほどにこの手の罪悪感を背負う傾向が強まる印象であった。

ただ、この生存者罪悪感の生起は学校という場がもつ特性に由来した極めて自然な反応であるとも考えられる。というのも、オコーナーら（O'Connor et al., 2012）が述べるように、生存者罪悪感は集団所属感と集団内での他者への共感的心性をもとに生じた情緒といえるからである。「その生徒は亡くなったのに、自分は変わりなく生きている」ことの無念は、自死生徒を支援しうるものならばそうしたかったというある種の愛他性、ウィニコット（Winnicott, 1954）のいう「思いやり（concern）」の情に基礎づけられている。

むしろ問題となるのは、この生存者罪悪感の苦痛からそれを無意識下へと切り離し、ガーランドがいうように、メランコリー的な同一化に至ったり（死んだ対象に同一化し、被害的・迫害的心性に脅かされたり、何もしえないという無力感に浸されたり）、懲罰的な超自我と同一化することで他責的になったり、逆に強烈な自責の念に駆られることになったりする場合である。

生存者罪悪感が集団所属感や他者とのつながりの感覚に由来する限り、この罪悪感を皆で抱え、その苦痛をシェアしていくことが支援の要になってくるはずである。保護者会にて「生存者罪悪感」という概念によって生徒たちの苦しみを形づけ、各々が「自分に何ができたのか」を、そして「自分が生きていることの意味」について考える契機をつくりだすことは、学校全体の喪の作業の進展に寄与するように私には思える。

（7）その他に考えておきたいこと

以下は事案の性質と当該学校の現状によって、その是非が問われてくる提起となるが、私が推奨したい取り組みのひとつとして、自死生徒が所属していたクラスの生徒たちの想いと他クラスの生徒たちの想いの文書によるシェアリングがある。

方法は以下のとおりである。まず事案発生から一カ月を目処に当該クラスの生徒たちに自由に想いを綴ってもらい、それを教師がまとめて他クラスに配布する。それを読んだ他クラスの生徒にもさまざまな想いを書いてもらい、それをまとめた文書を今度は全クラスに配布し、その感想をクラス個々に話し合っていく。

このような取り組みを行うのは、どうしても当該クラスだけが学校内で浮き立ち、孤立する傾向がみられるからである。事態の深刻さから、他クラスの生徒はどうしても当該クラスの生徒たちに対して何か腫れ物に触るような微妙な関係を構築しやすくなる。支援も当該クラスを中心になされることになるので、この傾向はますます増長することになる。実際、私自身も当該クラスの生徒から「他クラスの生徒が自分たちのことをどうみているかが気になる」という声を複数耳にしてきた。

私の経験では、このシェアリングは当該クラスの生徒たちに一定の安心感をもたらしたようであった。他クラスからの批判的な意見がほとんどみられなかったこともあるが、それ以上に、他クラスの生徒もまた自分たちと同様にさまざまに思い悩み、戸惑いや不安を感じていることを知る契機になったことが大きかったようである。だが、この結果はその学校がもともとある程度安定していたからこその賜物であった可能性もあり、こうした取り組みはやはり慎重な吟味を経てなされるべきである。

さらにもうひとつふれておきたいことは、生徒たちのインターネットコミュニケーションについてである。

生徒の自死事案の発生は、当然インターネットのニュース欄にあがり、そのニュースに対する不特定多数からの書きこみを読むことで、多大な不安を覚える生徒が現れる場合がある。

さらに問題となるのは、その学校の生徒たちが「学校闇サイト」なるものをつくりだしている場合である。そのサイト内では往々にして辛辣な犯人探しや責任の所在を問う言説が繰り広げられている。学校が生徒たちのインターネット事情にどれだけ関与するのかは微妙な問題をはらむところだが、この種の「闇サイト」の影響は実際の学校生活に否応なく反映される。

こうした事情から、インターネット上での意見や情報のやりとりについては相当に慎重になるべきことをあらかじめ生徒に広報しておいた方がよいような気が私にはしている。この広報がネット上での交流に歯止めを利かすとは限らないが、少なくとも学校側がそうしたトラブルの発生を危惧し、可能な限りマネージしようとしていることだけは伝わるはずである。また、この広報により、良心的な生徒がネット上での辛辣なやりとりについてスタッフに教えてくれる可能性を広げることにもなるはずである

4 おわりに

勢いのままに私が考える緊急支援のありかたについて記してきたが、これらの提起は賛否両論あるところだろう。不安に駆られる生徒の退行を抑制すること、カウンセラーが保護者会の舞台に立つこと、そこでの講演内容などはさらに議論の余地がある事柄である。

いずれにせよ私が重要だと感じることは、この事態のなかでカウンセラーがカウンセラーとして機能し、一専門家として生き残り、学校が「つながりの感覚」を取り戻せるように支援していくことである。

死とは生との断絶であり、対人的つながりの切断である。自死生徒のこころを覆っていたのは、おそらくは「自身を生へとつなぎとめる思考」と「他者とのつながりの感覚」を決定的に失ってしまったという絶望であろう。そして、自死事案の発生によって校内に巻き起こるさまざまな断絶、孤立感、無力感は、その生徒を死へと至らしめた苦境とある程度形を同じくしているように思われる。すなわち、学校に巻き起こるさまざまな現象は、その生徒が命を賭して引き起こした大規模な投影同一化の結果として理解することもできるはずである。

乳児が自分には手に負えないさまざまな苦痛や不安を母親というコンテイナーに投げこむのはなぜだろうか。思うに、その心的な営為には無意識的な希望（Casement, 1990）の感覚が宿っている。それは自分では如何ともしがたい苦痛を自分にも取り入れ可能な形に母親が変えてくれるはずだという希望である。それは生への希望である。その生徒が――自身からは切り離してしまったが――学校に投げ落とした生への希望を糧に、私たちはこの危機的な状況に向かっていくことになる。その取り組み自体が自死生徒への弔いとなり、私たちの喪の作業の進展に寄与する可能性をはらんでいる。その生徒が成し遂げられなかったことを、私たちが成し遂げていく必要がある。

だが一方で、私たちが受けとった自死生徒の苦痛、絶望、希望をどれだけコンテインしたとしても、それを本当に返すべき彼らはもはや存在しないのも事実である。

コンテイニングされたコンテインドは受け手のないままにただ漂い続けるだけかもしれない。どれだけ学校がかつての安定を取り戻し、そのコンテイナー機能を拡張させたとしても、個々の生徒たちは半永久的にこの傷を背負い続けることになるかもしれない。それは結局は不毛な試みにすぎないのかもしれない。

だが、それでも私たちは自死生徒が託した課題に、すなわち生きることにまつわる苦痛に取り組み続けねばならないのだろう。なぜなら、生きることはその苦痛と不毛を、ややもすれば死へと傾倒していくその心性を、他者とのつながりのなかで抱えることに他ならないからである。

〔文献〕

Balint, M. (1968). *The Basic Fault: Therapeutic Aspects of Regression*. London: Tavistock Publications. 中井久夫（訳）（一九七八）『治療論からみた退行――基底欠損からみた精神分析』金剛出版

Bion, W. R. (1952). Group dynamics: A re-view. *International Journal of Psycho-Analysis*, **33**. Also in *New Directions in Psycho-Analysis* (London: Tavistock Publications, 1955) and in *Experiences in Groups* (London: Tavistock Publications, 1961)

Bion, W. R. (1962). *Learning from Experience*. In W. R. Bion (1977). *Seven Servants*. New York: Jason Aronson. 福本　修（訳）（一九九九）「経験から学ぶこと」『精神分析の方法Ⅰ』所収、法政大学出版局

Bion, W. R. (1967). *Second Thoughts: Selected Papers on Psycho-Analysis*. London: William Heinemann Medical Books. 松木邦裕（監訳）中川慎一郎（訳）（二〇〇七）『再考：精神病の精神分析理論』金剛出版

Casement, P. (1990). *Further Learning from the Patient: The Analytic Space and Process*. London: Routledge.

Everly, G. S. & Mitchell, J. (1999). *Critical Incident Stress Management: A New Era and Standard of Care in Crisis Intervention*. Second Edition. Columbia: Chevron Publishing Corporation. 飛鳥井　望（監訳）（二〇〇四）『惨事ストレスケア――緊急事態ストレス管理の技法』誠信書房

Garland, C. (1998). *Understanding Trauma: A Psychoanalytical Approach*. London: Karnac Books. 松木邦裕（監訳）（二〇一一）『トラウマを理解する――対象関係論に基づく臨床アプローチ』岩崎学術出版社

Klein, M. (1946). Notes on some schizoid mechanism. In M. Klein (1975). *The Writings of Melanie Klein*, vol. 3. London: Hogarth Press, pp. 1-24.

福岡県臨床心理士会（編）窪田由紀・向笠章子・林　幹男・浦田英範（著）（二〇〇五）『学校コミュニティへの緊急支援の手引き』金剛出版

窪田由紀（二〇一一）「スクールカウンセリングにおける緊急支援」村山正治・森岡正芳（編）『スクールカウンセリング

——経験知・実践知とローカリティ』（『臨床心理学』増刊第三号）、九四–九八頁

Matsakis, A. (1999). *Survivor Guilt: A Self-help Guide*. Oakland: Harbinger Publications.

Mitchell, J. T. & Everly, G. S. (2001). *Critical Incident Stress Debriefing: An Operations Manual for CISD, Defusing and Other Group Crisis Intervention Services*. Third Edition. Columbia: Chevron Publishing Corporation. 高橋祥友（訳）（二〇〇二）『緊急事態ストレス・PTSD対応マニュアル——危機介入技法としてのデブリーフィング』金剛出版

中井久夫・山口直彦（二〇〇四）『看護のための精神医学　第二版』医学書院

O'Connor, L. E., Berry, J. W., Lewis, T. B., & Stiver, D. J. (2012). Empathy-based pathogenic guilt, pathological altruism, and psychopathology. In B. Oakley, A. Knafo, G. Madhavan, & D. S. Wilson. *Pathological Altruism*. New York: Oxford University Press, pp. 10–30.

Raphael, B., Meldrum, L., & MacFarlane, A. C. (1995). Dose debriefing after psychological trauma work? *British Medical Journal*, **310**, 1479–1480.

祖父江典人（二〇一五）『対象関係論に学ぶ心理療法入門——こころを使った日常臨床のために』誠信書房

植山起佐子（二〇一五）「いじめ・自殺問題対策」『臨床心理学』一五巻二号（森岡正芳・増田健太郎・石川悦子・石隈利紀〈編〉「特集＝学校教育領域で働く心理職のスタンダード」）、二〇八–二一二頁

van Emmerik, A. A., Kamphuis, J. H., & Hulsbosch, A. M. (2002). Single session debriefing after psychological trauma: A meta-analysis. *Lancet*, **360**, 766–771.

van der Kolk, B. A., McFarlane, A. C., & Weisaeth, L. (Eds.) (1996). *Traumatic Stress: The Effects of Overwhelming Experience on Mind, Body, and Society*. New York: Guilford Press. 西澤 哲（監訳）（二〇〇一）『トラウマティックストレス——PTSDおよびトラウマ反応の臨床と研究のすべて』誠信書房

Winnicott, D. W. (1954). The depressive position in normal emotional development. In D. W. Winnicott (1958). *Through Paediatrics to Psycho-Analysis*. London: Tavistock Publications.

八木淳子（二〇一五）「危機支援」『臨床心理学』一五巻二号（森岡正芳・増田健太郎・石川悦子・石隈利紀〈編〉「特集＝学校教育領域で働く心理職のスタンダード」）、二二四–二二九頁

▼臨床コラム5

学生相談における発達支援

和田浩平

学生相談における発達支援では、教職員や学外の専門機関との連携が必須である。しかしながら、他職種との協同関係を築くことは、決して容易ではない。ここでは、自閉症圏の特性をもつ学生A男の事例を素材として、学生相談における発達支援について精神分析的観点からの理解を述べたい。

春休みが空けた頃、ある専門職系の学部の女性教員B先生から一通のメールをいただいた。そこには、ゼミ生であるA男の学業不振と不真面目さについて、長文で事細かに書かれていた。その文面からは、A男が学部の〝お荷物〟として位置づけられていること、その対応にB先生もほとほと困っていることが読み取れた。私は、A男本人への支援だけでなく、B先生との連携が必要と考え、B先生に会って詳しい状況を聞くことにした。

そうして迎えた面接でB先生は、A男がいかに不真面目でだらしない学生であるかを切々と語られた。私は、B先生のA男に対する批判的な態度に圧倒されながらも、一方でA男を見放そうとせず、私のもとに来ておられることに肯定的な思いを抱いた。また、B先生には、学部からのプレッシャーもあり、「実習先や就職先に迷惑をかけられない」「資格試験の合格率を下げるわけにはいかない」という思いから、かなりのストレスがかかっていること、そうした背景からA男への対応も辛辣なものになっていることが理解できた。私は、B先生を労い、学生相談室に足を運んでくださったことに礼を言った。

その後、B先生が勧めるかたちで、A男が来室した。A男は恰幅が良く、無精ひげに金のネックレスという出で立ちであった。そうした外見に、私は〝怖い〟印象をもった。しかし、話してみると、人当たりがよく、どことなく可愛らしいキャラクターであった。私からA男自身が困っていることを尋ねると、A男は、B先生が厳しいこと、このままだと資格試験を受けさせてもらえないことを語った。これらの語りからは、現状を自分自身の問題として考える姿勢の乏しさがうかがえた。また、面接の途中にもかかわらず、かかってきた電話にためらいなく出てしまうこともあった。こうした態度から私は、自身の振舞いを反省的に振り返ることや、場の空気を読むことの難しさがあって、B先生が語った事態も、悪気なく生じていることなのだろうと理解した。私は、A男に自閉症圏の特性があると見立て、実習・就職活動において必要なソーシャルスキルの練習を行っていくことを提案し、A男も了承した。

それ以降、各所との連携を取りながら、A男への支援を継続的に行っていった。A男は、私のことばを素直に取り入れ、自身の特性の理解とそれに応じた対処方法を身に付けていった。私は、そうしたA男の姿に、やはり可愛らしさを感じていた。また、自身の仕事にも満足し、万能的になっていた。一方で、B先生との話し合いも定期的に行い、A男の特性について繰り返し伝えた。その際、B先生は知的には理解されていたものの、どこかふてくされているような表情であった。その後も、B先生のA男への厳しい対応は変わらず、叱責はするが何をどうするといいのかを教えないというかかわりが続いた。A男は私に、B先生の対応への困惑を語り、日に日に抑うつ的になっていった。こうした状況に私は、静かに苛立っていた。

なんとか無事実習を終えたA男であったが、資格試験の受験と就職活動については、学部から許可が下りず、A男も私もどうすればいいのかわからない状況となった。その頃、A男より、B先生が「どうして私ばかりがこんな目に合わないといけないのか」と目の前で涙されたことを聞かされた。この件について私は、学部からのプレッシャーによるところとのみ考え、自身との関係も含めた検討に及んでいなかった。ほどなく、B先生より、今の就学状況では資格試験の受験と就職活動を許可できないという学部の意向が伝えられた。また、その旨をA男同席のもと、A男の親にも伝えるため、私にも同席してほしいとのことであった。当日は、B先生がA男とA男の父親にかなり厳しいことばを伝えるということに終始した。このとき私は、B先生や学部に対して批判的な思い（「わからず屋！」）を抱いていた。結局A男は、B先生の勧めで、実家の仕事をしながら後の進路を考えることとなった。

自閉症圏の障害がある場合、青年期であっても、一貫した自己像が欠如していることは少なくない。そのため、本人の在り方は、環境によって揺らぎやすい。この揺らぎは、本人にとって大きなストレスであるため、明確な秩序（ルールやスケジュール）にこだわりやすい。A男もそうした特性をある程度もっていただろう。B先生は、日本的な教育者であり、誤りを指摘するものの正解を教えず、自分で考え答えを見つけ出すことを美徳としているようだった。こうしたかかわりに対してA男は、何をどうしていいかわからず、困惑することが多かった。また、そんなA男に、B先生はひどく苛立っておられたようであった。一方で私は、周囲との関係において問題となり得る場面を予測し、その対処方法を教えるようにした。このかかわりは、A男にとって心地よかったのだろう。A男は、私の教えを素直に受け入れ、実践していった。私は、こうした付着的な在り方に可愛らしさを感じていたし、万能的にもなっていた。

加えて、自閉症の特性をもつ者には、奥行きある他者像をもつことの難しさがしばしばみられる。彼・彼女らの他者像は、〝良い人・悪い人〟といった表面的で一面的なものにとどまりやすい。この他者像に伴って、本人の他者への態度は、素直にもなれば、反抗的にもなる。B先生のA男への対応は、たしかに厳しいものであったが、そこには熱心さも垣間見えた。しかしながら、そうしたB先生の〝厳しくも温かい態度〟は、A男にとって「厳しい」態度でしかなかったようである。そうしたB先生像から、A男はB先生との関係において、実際に「不真面目でだらしない」態度だったのかもしれない。私もB先生にお会いした当初は、厳しさの背景にある温かさを感じることが出来ていた。しかしながら、A男に会う中で、いつしかB先生の温かさが見えなくなっていた。A男の一面的で批判的なB先生像に影響を受け、私の視野も狭くなっていたものと思われる。そうして、「素直」なA男像をもつ私は、「厳しい」B先生に対して「わからず屋」という批判的な逆転移を向けるに至ったものと思われる。

こうしたそれぞれの関係性の違いとそれに伴う感情の差異から、私とB先生との関係は、協同とはほど遠いものになっていったと理解できる。B先生の「どうして私ばかりが……」とのことばは、学部だけでなく、私にさえも辛さが理解されなかったためのものだろう。私が自身も含めた集団の力動に思いを馳せ、B先生の困り感、孤独感に沿うことが出来ていれば、本事例の展開は違ったものになっていたかもしれない。

発達支援の場において、精神分析的な観点は、しばしば馴染まないものとされる。しかしながら、発達上の問題がベースにある者だったとしても、本人のこころの在りようや、集団の力動を読み解く上で、精神分析的観点は有用と言える。特に、学生相談における発達支援では、教職員や学外の専門機関との連携が必須であり、それぞれの関係性の理解に精神分析は役立つものと考える。◆

第Ⅳ部

福祉における実践

第9章

ひきこもりへの支援

浜内彩乃

1　はじめに

本論では、ひきこもりへの支援について述べる。厚生労働省（三宅ら、二〇〇五）はひきこもりの定義を「仕事や学校にゆかず、かつ家族以外の人との交流をほとんどせずに、六カ月以上続けて自宅に引きこもっている状態」としている。また、内閣府（二〇一〇）が行った一五歳～三九歳を対象とした調査において、この定義にあてはまるひきこもり人数は二三・六万人と推定されている。しかし、同時に、趣味のときだけ外出ができるなど、定義に当てはまらない広義のひきこもりも含めると、六九・九万人と推定されている。別の調査（島根県健康福祉部、二〇一五）では、四十代のひきこもりが最も多いというデータもあるため、実際には内閣府の推定以上の、相当多くのひきこもりが存在していると考えてよい。

こうした事態を受け、政府は平成二一年（二〇〇九年）度からひきこもり地域支援センター設置運営事業を開始したり、平成二五年（二〇一三年）からひきこもりサポーター養成研修、派遣事業を開始したりするなど、その対策に乗りだしている。社会的要請から、臨床現場でひきこもり当事者と出会う機会が今後増えていくと予想される。実際に、私はこれまで複数の臨床現場でひきこもり当事者と出会った。特に福祉分野の相談機関に在籍していたときには、ひきこもり支援がメインではなかったにもかかわらず、支援対象者の三分の一ほどがひきこもりであった。

2 ひきこもりへの支援

ひきこもり支援の場合、そのほとんどが地道なアプローチとなる。事態が進んでいるのか不安になり、支援がうまくいっているかどうかさえもわからない、不毛な事態が延々と続くのではないかという気持ちになることも多い。先に述べた政府の対策も、まだ始まったばかりである。支援体制は十分といえず、ひきこもり支援に携わる支援者もまだ少ない。そのため、支援者自身が孤独を感じてしまうこともある。そうした不安や孤独に耐え抜き、支援を継続させるためには、支援者は自分を支える柱を備えておく必要がある。必要とされる支柱は、支援者によって異なるであろう。私にとってのそれは、精神分析であった。精神分析的技法を用いているわけではないが、臨床場面において、精神分析的視点を持って支援を行うよう心掛けている。その視点を持てば、一見何の変化も起こっていないような状況の奥底に流れている動きに目を向けることができる。また当事者が表出することの本質が何かを考えるヒントが得られる。実際の臨床場面で精神分析的視点をもちながら、支援者としてどのように生き延び、支援を継続して行くのかを論じたい。

まず、ひきこもり支援における大きな特徴として、当事者が支援に協力的であることは極めてまれである、ということがあげられる。当事者自身から相談が入ることはまずない。最初の相談者の多くは親である。そのため親への支援は必要不可欠であり、非常に重要となる。当事者と会えないうちは、親を通して当事者へのアプローチを行う。たとえば、親が当事者に内密で相談に来た場合、私は親に「次回から、相談に行くと宣言をして来てほしい」と伝える。まずは相談機関の存在、支援者の存在を当事者に明らかにすることから始まる。

私は、ひきこもっている当事者は、母親のお腹の中にいる赤ん坊と同じだと考えている。そのため当事者はまだ対象と出会っておらず、対象が存在するという認識すらない。そのため、親が相談に行くことを当事者に知らせないままにし続けると、当事者はいつまで経っても母親のお腹の外の世界に気づかないままになってしまう。それでは対象どころの話ではない。お腹の中にいる赤ん坊も外の世界があることを感じることはできる。しかし、突然外の世界に産み落とされるということは耐えがたい苦痛と恐怖である。どのような世界なのかまったくわからず、母親と生理的に決別しなければならないのだから。そのため赤ん坊はすぐに生まれ落ちるのではなく、数十時間もの時間をかけ、少しずつ外の世界に向かうのである。

同様の準備がひきこもり当事者にも必要となる。ある日突然、私が家に行き当事者と出会おうとするということは、外の世界を感じえぬ赤ん坊を、突然母親のお腹を引き裂いて外に引きずり出すことと同じである。そのような事態になってしまうと、当然、当事者は恐怖に慄き、支援者に対して強い怒りと憎しみを感じ、二度と会うこともなく、より強固に家の中つまり胎内に留まろうとするであろう。

親を通して相談機関の存在を伝え、支援者の存在を知らせることは、親のお腹の壁を通して赤ん坊が外の世界を感じることと同じである。当事者は、家の中という安全な場所で、外の世界のことを知るのである。時には、親が相談機関を訪れることに拒否を示す当事者もいる。家の中、つまり胎内にいる当事者にとって、親はへその緒でつながっている自身の一部である。当事者は外の世界が恐ろしいものに違いないと感じており、その存在に自身の一部が少しでも触れることが怖いからだろう。もしくは、家の中ほど安全安心で、心地よい場所などないと確信しているのかもしれない。ここで重要なことは、親が赤ん坊を産み落とす決意である。長い時間、胎内で我が子を育み、我が子と一体になっている母親にとっても、出産という体験は我が子との分離を体験することになる。そのため母親は早く生まれてほしいという希望と、このままお腹の中にいてほしいという願望との間で葛藤する。そのため母親はこうした葛藤を体験しがちである。そのため「子どもが怒るから」と、相談に来ることを子どもにひた隠しにしようとする親も少なくない。そこには、親が子どもと分離することを恐れる気持ちもあるだろう。子どもが親の言動に反発し、怒る行為は、子どもが親とは別の人間として成長し、親とは別の意思をもっていることの表れである。子どもが怒ることが怖いと言い、子どもの言いなりになっている親は、子どもが自分とは別の意思を持ったひとりの人間であることを否定し、子どもの意に沿うことで一体化したままでいようとしているのだ。親のひきこもりの評価・支援に関するガイドライン（斎藤、二〇一〇）など、多くの研究においてもひきこもりにおける母子密着が指摘されている。母親が赤ん坊を産み落とす決意をし、子どもと分離することを決意できれば、子どもが怒ることに対し気丈な対応ができるようになる。

あくまで第一歩は、当事者に相談機関や支援者の存在を知らせること、である。当事者を相談機関に連れていくことでも、支援者と会わせることでもない。親は当事者に「あなたのことで、私が相談に行ってくる」と伝え、スーパーに買い物に行くかのように自然に外出するとよい。初回相談に訪れた親が「子どもに内緒にしてきた」と語ったときは、二回目の来談時に今日初めて行ってくるかのように当事者に伝えてほしいとお願いをする。その際、先に述べた親の側の子どもと分離することへの不安を取り扱うことが必要となることもある。

親には当事者に相談に行くことを伝え、相談後、帰宅した際には、相談機関での出来事を簡単に当事者に報告してもらう。たとえば、「髪の長い女の人と話をしたよ」「××の近くにあったから、帰りに△△に寄ってきたわ」など話し、近所の方々と雑談をして帰ってきたかのように振る舞ってもらう。当事者が、無反応であっても、無関心なことばしか返ってこなくてもかまわない。長く話す必要もない。当事者に外の世界のことを少しずつ耳に入れていくことが大切なのだ。親が相談に行き、帰宅するたびにもたらされる情報から当事者は少しずつ外の世界をイメージし始める。母胎内で、赤ん坊は少しずつ母胎外のイメージを膨らませていくのだ。

そうしたことを繰り返していくと、少しずつ当事者は外の世界に興味を持ち始める。いつも自室にこもっている当事者が、親が相談から帰ってくるとリビングにいたり、「今日はどんなことを話したの？」と聞いてきたりする。そうした変化が起こってきたとき、親は外の世界に触れることを勧めてみてもよい。「一度、一緒に行ってみる？」と誘ってみよう。これで肯定的な返事が返ってくることもあれば、そうでないこともある。肯定的な返事が返ってきた場合には、次の来談日を伝えておくだけで良い。当事者が不安になり、あれこれ聞いてきたときにはそれに率直に答える。決して嘘を言ってはいけない。上手いことを言う必要もない。来談日当日になって「やっぱり行くのやめる」と言いだすこともよくある。そのときは「じゃあひとりで行ってくるね」と親のみが相談に向かえばよい。出産はそんな簡単なものではない。陣痛が始まったからといってすぐに生まれるわけではない。赤ん坊が胎内から出ようとし、母親がいきんだとしても、赤ん坊はなかなか生まれず、母親は何度も赤ん坊とタイミングを見計らっていきむ必要がある。

そのとき、私たち支援者は、親に声をかけるタイミングや力の入れ方をアドバイスし、親の努力を労い、励まし続ける。まるで助産師のように親を支える。力いっぱいいきんでも生まれなかったとき、母親は、まだ苦しみ続けなければいけないのか、いつになればこの苦しみは終わるのかなど、不安に襲われる。こうした苦しみや不安を理解し、共感しながらも、産むことをあきらめない親の強さを評価する。

来談することの拒否があまりに強い場合や、来談のハードルが高すぎる場合には、支援者が自宅に訪問することの許可を求める。この場合は、当事者が来談するよりもいっそう慎重になる必要がある。家という当事者にとって一番安全安心であるはずの場所を、支援者が脅かすことになるからだ。許可を求める際、私は当事者に複数の手紙を親を通じて渡すようにしている。最初は自己紹介の手紙。次に親と私が何を話しているかを書いた手紙。そして当事者の関心のある話題を書いた手紙。最後に私が訪問する旨を書き、その承諾が得られるかどうかを問う手紙。この四通で訪問に承諾を得られたこともあれば、当事者の関心のある話題を毎月送り続け、訪問の承諾を得られるまでに数年を費やしたこともある。

訪問する旨を書くかどうかの判断は、手紙を受け取った後の当事者の反応で行う。手紙を渡し始めた当初、手紙がすぐに破り捨てられたり、封も開けられないままゴミ箱に直行したり、という報告を親から受けることもある。このような場合、当事者にとって支援者からの手紙は、外から侵入してくる異物だったのであろう。不快であり、違和感があるために排除されてしまうのだ。そのような状態で支援者が訪問に行ってしまえば、たちまち拒絶反応が起こるだろう。その不快感、違和感を少しでも取り除くために、支援者は親から仕入れた情報を駆使し、手紙の中に当事者が親和性を感じる話題をふんだんに盛り込む。たとえば、ゲーム、アニメ、バイクなどの話題である。ある事例で私は、親から当事者の部屋にアニメのポスターが飾ってあるという情報を得た。そのため、私はそのアニメキャラクターをプリントアウトし、そのキャラクターの口調で手紙を書いた。当事者と好きなものを共有することで、私からの手紙は少しずつ異物から、親和性を帯びるようになり、排除されなくなっていく。そのうち、机の上に置いたままになっていたり、読んだ形跡が見られたり、手紙に関して親に何かコメントをするようになる。

このタイミングで訪問する旨を手紙に書く。このときも、いきなり「会おう」などとは書かない。家の中に入ることの承諾だけをもらう。訪問する日時を明示し、親と家の中で話すことの承諾をもらうのだ。当事者はその時間、自室から出てこなくてもかまわない。支援者が来訪している間、当事者にとっての胎内は自室になる。自室から、外の音を聞き、どんな人がやってきたのか、何をしているのかを感じるのである。そのため、支援者は自宅に入らせてもらうときと、帰るときに大きな声で挨拶をする。玄関で大きな声を出せば、たいていの家ではどの部屋にいても声が聞こえる。胎内にいる赤ん坊に少しずつ外の情報を与えることを繰り返し行っていく。

月に一～二回、定期的に自宅訪問をするようになれば、自然と支援者が家を出入りすることに違和感がなくなってくる。手紙同様に、支援者は異物から親和性を帯びたものへと変化していく。そのタイミングで親と話すだけでなく、当事者の自室の扉の前で当事者に話しかけてみる。最初は自己紹介から始める。返事がなくてもかまわない。ドアをノックして応答してもらうだけでもよい。安全な場所から外の世界との交流が始まり、当事者がドアを開け、隔たりなしで支援者と出会えるようになるまで、支援者は当事者の許可なく侵入することはせず、しかし少しずつ当事者に近づくという作業を繰り返す。この作業が数カ月で終わる事例もあれば、五年以上かかった事例もある。

こうしてようやく外の世界に生まれた当事者と、支援者は出会うことができるのである。そして次のステップは、当事者を社会参加につなげていくことになる。しかし、生まれたばかりの赤ん坊は、まだ対象と出会っていない。つまり一者関係の状態にある。社会参加をするためには、一者関係から二者関係、三者関係へと移行していくことが必要となる。ウィニコット（Winnicott, 1965）は赤ん坊の発達段階を、絶対的依存期と相対的依存期に分け、その中間に移行期があるとした。生まれたばかりの赤ん坊は絶対的依存期であり、「個体は環境と個体を区別できない」としている。支援者と出会ったばかりの当事者は、まさにこの状態にある。支援者はようやく出会えた当事者に少しでも安心してもらえるようにと最善を尽くす。そのため、支援者は当事者の話したい話題を用意し、当事者の話に耳を傾け、当事者の気持ちに寄り添うことに没頭する。まるで当事者と支援者とが一体となっているかのように振る舞うのだ。そのため、当事者は支援者と一体となっているかのように錯覚する。

しかし、そうした関係は長くは続かない。支援者は時に失敗する。当事者が語ることばの意味が理解できなかったり、当事者が望むことばを与えられなかったりする。何よりも、支援という枠組みの中でかかわるため、当事者が望むタイミングで望むだけのものを与えることは不可能なことである。すると、当事者は次第に自分と支援者が別の存在であることを認識し、相対的依存期へと移る。その移行期をどのように過ごし、相対的依存期へと移った後の退行をいかに防止するかがひきこもり支援の肝であると考える。

3　あるひきこもりの事例

ここでひとつの事例を紹介したい。私が福祉分野の相談機関に勤めていたとき、ある関係機関から約二十年間ひきこもっている男性Aがいると支援要請を受けた。Aは四十代だった。学校生活を中断した後、いくつかのアルバイトをしたが長続きしなかった。そして完全に社会との関係は切れ、二十年以上もの間ほとんどの時間を自宅で過ごしていた。高齢となっていた両親は、息子のことを心配しつつも半ば諦めた様子であった。

私は数回の訪問を経てAと挨拶等ことばを交わすようになり、Aの自宅近くの相談機関の一室で二週間に一回会うことができるようになった。Aは、「変わりたい」と思う一方で「今さら無理」とアンヴィバレントな思いを頻繁に口にした。私はそうした葛藤に共感しつつも、「変わりたい」と思う気持ちを支持し、Aが「これならできそう」と思うことを丁寧に聞きとった。そして、ある資格の取得を目指すことになった。Aは過去に資格取得を試み、挫折していた。そのため、この決断は大きな一歩となった。

私はAとともに試験勉強を行った。一回の面接で五問解くことから始めた。そして間違えるたびに自己卑下するAに、私は、勉強しようと決心したこと、一問でも正答していることなどAの「できていること」に着目し、支持し続けた。そして勉強の後の面接時間には、Aが見ているテレビ番組について話し、Aのその知識の豊富さに感嘆した。Aは「そんな大した知識ではない」と謙遜しながらも、毎回多くの情報を私に与えてくれた。この雑談のような面接時間を、私はAが話したい内容に費やした。

徐々に問題を解く時間、解く問題数が増え、正答も増えていき、Aの自信は少しずつ回復していった。そうした中、Aは私のプライベートに強く興味を示すようになった。さまざまな理由を付け、私の携帯番号や住所を聞きたがり、プライベートの時間に何をして過ごしているかを知りたがった。そして、ある面接の際にAの望む返答をしない私に苛立ちを見せ、「もう来たくない」「勉強は止める」と強い口調で語った。

私は、Aの人格や自我の崩れが少なく、現実検討能力も高いことから、健康的な側面も多く機能していると見立てていた。そしてAが時間など私との約束事を守る人物であったことから、反社会的な行動をとる危険性は低いと判断していた。そのような理解の下、私はAの中にある支援者と近づきたいという気持ちに触れた。するとAは、資格の勉強はしたいが、面接時間の大半を勉強の時間に取られるようになり、私との話す時間が短くなっていったことに大きな不満があることを口にした。私は、その気持ちを受け止め、Aとの面接時間枠を拡大し、勉強時間は変えないまま、話す時間を増やした。

その後も、Aは私との関係を密にしようと贈り物をしたり、勉強の時間も雑談の時間にしたいと訴えたりした。私は〈これ以上の面接時間の延長はできない〉〈連絡先は会社しか教えられない〉など一定のルールがあることを伝えつつ、Aの気持ちを受容した。私はAの能力を評価し、私に認められたい気持ちが社会復帰へのモチベーションとなるよう心がけた。

一年が経過した頃、Aは身体の不調を訴えた。私は、身体的な検査を受けるために病院を受診した方がよいと提案した。またAが精神障害を抱えているのではないかと懸念していたため、そのことを伝え、どちらも診断可能な精神科病院の受診を勧めた。当初、Aは強く拒否したが、その後も身体の不調を訴えるAに、私は、非常に心配していること、Aには元気でいて欲しいことを伝え続けた。その結果、Aの拒否は徐々に緩和し、私が病院に付き添うことを条件に精神科病院での検査を了承した。

その後、病院で身体の異常は認められず、Aは精神障害の診断を受けた。当初Aはその診断に大きなショックを受けていたが、私は精神障害に関して繰り返し心理教育を行っていき、Aの記憶力の良さなど、Aの強みに着目した支援を続けた。次第にAは、私との関係よりも、自身の障害と向き合うことに注意を向けていき、その支援を私に求めるようになっていった。私とAは真の支援関係を築くことが可能となった。そして、二年が経過する頃に、Aは他の支援機関の担当者とも関係がとれるようになり、就労に向け意欲的に取り組むようになった。

4　事例をめぐる考察

Aと私の面接が始まった当初、Aはまさに生まれたばかりの赤ん坊であった。面接場所もAが来談しやすい場所を関係機関にお願いをして用意した。時間・頻度もAが望む形で設定をした。Aの気持ちや期待をより深く知るために、Aが話しやすいことから一つひとつ聴き取った。Aが苦痛を感じないように、そしてAの要望が満たされるようにと心がけた。そのため、Aは私と一体化しており、私は対象として存在していなかった。資格の勉強をする際にも、Aは、私はすべての問題を熟知しており、Aが次に正解できるための術を与えてくれると信じていたし、Aが雑談のときに話す内容は私も強い興味があるものと確信していた。このときAはウィニコットのいう「絶対的依存期」にいた。絶対的依存期の赤ん坊は、幼児のニーズに応対する母親と一体化している。赤ん坊がお腹が空いて母乳を欲しいと思ったとき、赤ん坊がお腹が空いている、母乳がほしいといったサインを出さなくとも、母親がそれに気づき母乳を与えると、赤ん坊は乳房や母親を自己の一部であると「錯覚」するようになる。私はAが望んでいることばを即座に与えられるよう、Aの言動に注意を払っていた。ようやく外の世界に出てきたAが再びひきこもってしまわないように、という強い思いもあった。そのため私はAの世話に没頭していた。

しかし実際には、私はその資格のことを熟知しているわけではなく、解説を理解するために時間を要したり、Aが話す内容についていけずに聞き返しを行うことが少なからずあった。また私がAの苦痛を感じ損ね、即座にフォローのことばが与えられなかったこともある。そのようなとき、Aは苛立ちを見せた。また、私がAの認めて欲しいところとは異なる部分を称賛した際には、Aは「こころにも思ってないくせに」など悪態をついた。時には私がAの気持ちや想いを十分に理解することができず、〈どうしてもわからないので教えてほしい〉と伝えたこともあった。このような体験を通じて、私とAが一体ではない、私がAの一部ではないということが明らかになっていった。それは絶対的依存期から相対的依存期へと移行していくきっかけとなった。

絶対的依存期から相対的依存期に移行するということは、母親との分離を意味する。これまで自分と一体だったはずの母親が、自分の思い通りにならないことで自分とは異なる存在であることに気づいていく。それは赤ん坊にとって「思い通りにならない外的現実を被害的に経験し、考えることができないほどの不安に襲われ、自己崩壊の危機に瀕する」（Winnicott, 1953）体験となる。そのため、赤ん坊は自分でない所有物に特別な愛着を寄せ、それを母親や乳房の代理として扱うことでこころの安定を図る。このときに赤ん坊が必要としているものは、赤ん坊と母親とをつなぎ、かつ不変的に存在するモノの存在ではないだろうか。母親が自分とは異なる存在であることに気づき、これまで一体だったはずの母親との関係が変わっていくなかで、母親との間に変わらないモノを介在させる。そのモノを母親と共有することで、赤ん坊は母親とのつながりを感じ、分離する不安を和らげることができるのである。

Aにとっての変わらないモノは「試験勉強のための教材」であったと考えられる。自ら教材を買いに行くことができなかったAは、面接開始当初、私に教材を買いに行って欲しいと依頼した。そして私はAの代わりに一冊の教材を購入し、Aに渡した。それからAは、毎回の面接にその教材だけを鞄に入れて持ってきた。そして面接室に入ると、私が何か言わずとも鞄から教材を取り出し、机の上に広げた。さらにAが問題を解き、一緒に答え合わせをする。それが私たちにとって暗黙の決まり事となっていた。問題は前回終えたところの続きから行われ、面接を重ねるたびに解き終わった問題が増えていった。それは私たちの関係が連続していることを具象的に表していた。私がAの思い通りにならず、私との分離を体験したAにとって、私と一緒に共有することができ、私との連続性を感じることのできた教材は、変わらず存在しているモノとなった。そして私との分離が明らかになりやすい雑談の時間よりも、私と共有することのできる教材に向かい合う時間が増していった。

このように絶対的依存期から相対的依存期に移行するためには、「ほどよい母親」が必要となる。「ほどよい母親」とは「初めは幼児の欲求にほぼ完全に適応し、その後時間の経過に伴い、母親の不在に対処する幼児の能力が次第に増大するのに応じて、徐々に適応の完全さを減らしていく母親のことである」(Winnicott, 1953)。ひきこもり支援において、外界に出たばかりの当事者に会話の内容や興味を合わせ、当事者と一体化することは非常に重要である。これがないと、当事者は外界を恐れ、再び胎内へとひきこもってしまう。しかしながら、ずっとそのままでいては当事者はいつまでも一者関係の世界に留まることになる。そのため当事者と支援者の関係に少しずつズレが生じることは、当事者が次の段階へと一歩踏み出すために必要不可欠なプロセスなのである。

こうして私はAの対象として立ち現れるようになった。Aが私のプライベートに興味を示し始めたこともそのためであろう。この事態は、リビドーを自己ではなく他者に向けていることを意味している。Aは対象を希求し始めたのである。つまり一者関係から二者関係へと移行し、相対的依存期へと移ったといえる。しかし、このときAは私に怒りを向け、面接を中断すると申し出た。ウィニコット（Winnicott, 1953）によると、赤ん坊は対象に出会った際に、自己の欲求を対象に投影し、投影した対象から欲求不満に晒されると、赤ん坊は対象を破壊しようとするという。しかし、実際に存在している対象は破壊されることはないため、赤ん坊は対象が現実的に存在していることを認識していく。ウィニコットは対象に赤ん坊の内的世界が投影されている事態を「対象と関係すること」と呼んだ。ウィニコットは「『主体が対象と関係する』その後に『主体は対象を破壊する』そして『対象は主体による破壊から生き残る』」と述べている。つまり対象として立ち現れた当初は、まだ対象が現実のものなのか、赤ん坊の内的世界の現象なのかがわからない状態となっていると考えられる。そのため赤ん坊は、内的世界の中で自身を欲求不満に陥れる対象を破壊してしまおうとするのである。しかし、現実の対象は赤ん坊の内的世界でいくら破壊されても、破壊されることなく生き残る。そうしたことを繰り返し、赤ん坊は目の前の対象が内的世界の現象ではなく、現実に存在していると認識できる。Aの内的世界もこうしたことが展開していた。対象として立ち現れた私はAの欲求に応えないため、欲求不満に陥った。そこで私に攻撃を向け、面接を破壊しようとしたのだ。

このとき、私はAの中にある支援者と近づきたいという気持ちに触れた。そして私とつながる時間を増やしたいというAの要望に応え、私は面接時間を延ばすことを決めた。それは、私がAのパーソナリティについての考慮をしたうえで、Aの気持ちを受け止め、欲求に応えることが発達促進のチャンスになると考えたからである。不変的なモノであった教材に向かうよりも、分離が明らかになりやすい雑談の時間を長くしたいということは、Aが私との分離を受け入れ、対象となった私との関係を築こうとしているように感じられたのだ。
その結果、Aは面接への破壊行動ではなく、私への不満をことばにするといった、より適応的な形で自身の怒りを表出できるようになっていった。「発達促進的な環境があってはじめて、成熟過程は確実に前進する」（Winnicott, 1965）のである。

その後、Aは自身のすべての要求を私に受け止めてもらえるよう要求してきた。そこで、私は一定のルールを繰り返し伝え、決められた枠があることを明示し続けた。それはAの欲求不満を高めることになった。その際Aの好意に充分応えない私への不満や怒りを常に取り扱っていった。さらに不満を抱えながらも「できていること」を支持することで、Aの自我を支えた。Aの気持ちに同意し、認めつつも当事者と支援者の境界を明示していくことは、Aが私（対象）と一体なのではなく、私が外側の環境として（対象として）機能していることを明確にしていくことになる。要求を認められつつも、すべてを受け入れられるわけではない状況に、Aは葛藤を体験したと考えられる。Aが訴えた身体の不調は、状況に対する葛藤が身体化されたものだろう。私はこのとき、Aを社会につなげるための大きな一歩になることを期待し、精神科病院への通院を勧めた。私とAとの間に第三者が立ち現れる提案をすることで、私に向かっている対象希求のエネルギーの一部を第三者に向かわせる試みをしたのだ。しばらくの間、Aは強い拒否を示した。しかし、最終的には私が病院に同行することを条件に受診を決意した。このとき、Aの中に、私以外の対象を希求する気持ちがわずかに芽生えていたと考えられる。なぜなら、Aは受診を拒否しつつも、身体的不調を訴えることを止めなかったからである。第三者を希求しつつも、私との二者関係が変わってしまうことを恐れていたのだろう。それは一者関係から二者関係に移行した際の恐怖に匹敵するものであったと考えられる。しかし、今回は私という変わらない存在を、病院というこれまでとは異なる場面に携帯することでこころの安定を図った。そして診断を受けた後、私は再び面接室でAと会い、これまでと同じように資格の勉強をし、話をした。そして話の中に、少しずつ主治医や疾患の話題がなされるようになっていった。そうして私はより現実的な対象となり、Aはさらに他の支援機関ともつながるなど三者関係も形成されていった。

5 おわりに

ひきこもり支援において、絶対的依存期から相対的依存期への移行をどのように支えるかが重要となる。この移行期は当事者からすれば、破滅的な不安を感じるほど恐ろしいものである。そのような大きな変化が起こる時期に、同時に不変的なモノも保持し続けられるかどうかが、その時期を乗り越えられるかどうかに大きく影響すると考えられる。Aにとって不変的なものは試験勉強のための教材であった。しかし、もうひとつ、私自身が不変的なモノであったとも考えられる。私は自宅から出てきたAと、同じ場所、同じ時間、同じ頻度で会い続けた。精神科病院につないだ際も私はAに付きそった。他の支援機関とつながった際も、私は変わらない枠の中でAと会い続けた。自宅（内的世界）から社会（外的世界）に出て、新しい世界が次々に立ち現れ恐怖と不安に慄いているAにとって、私は一定で変わらず安心できる存在となっていたのであろう。当事者を外的世界につなぐ前に、支援者が不変的なモノとして存在できるよう、関係作りを行っていく必要がある。

〔文献〕

小山明日香・三宅由子・立森久照・竹島 正・川上憲人（二〇〇七）『地域疫学調査による「ひきこもり」の実態調査平成

一四年度~平成一七年度のまとめ、平成一八年度厚生労働科学研究費補助金（こころの健康科学研究事業）こころの健康についての疫学調査に関する研究、総合研究協力報告書』

三宅由子・立森久照・竹島 正・川上憲人（二〇〇五）『地域疫学調査による「ひきこもり」の実態調査平成一四年度~平成一六年度のまとめ、平成一六年度厚生労働科学研究費補助金（こころの健康科学研究事業）こころの健康についての疫学調査に関する研究、研究協力報告書』

内閣府政策統括官（二〇一〇）『若者の意識に関する調査（ひきこもりに関する実態調査）報告書』

斎藤万比古（二〇一〇）『ひきこもりの評価・支援に関するガイドライン、厚生労働科学研究費補助金（こころの健康科学研究事業）思春期のひきこもりをもたらす精神科疾患の実態把握と精神医学的治療・援助システムの構築に関する研究』

島根県健康福祉部（二〇一五）『ひきこもり等に関する実態調査報告書』

Winnicott, D. W. (1953). Transitional object and transitional phenomena: A study of the first not-me possession. *International Journal of Psycho-Analysis*, 34, 89–97. 橋本雅夫（訳）（一九九七）『遊ぶことと現実』岩崎学術出版社

Winnicott, D. W. (1965). *The Maturational Processes and the Facilitating Environment: Studies in the Theory of Emotional Development*. London: Hogarth Press. 牛島定信（訳）（一九七七）『情緒発達の精神分析理論』岩崎学術出版社

第10章 福祉における実践
自閉症スペクトラム障害児者への支援を中心に

木谷秀勝

1 はじめに

筆者が担当するテーマは、読者にとっては、たぶん戸惑いが大きいのではないかと思う。実際に、筆者が在籍した九州大学教育学部や大学院で精神分析の権威である前田重治先生の下で、子どもへの精神分析的カウンセリングの実践と研究を進めていた時点でも、多くの先輩や同輩から「精神分析と発達障害はまったく違う世界じゃないの」といつも言われていた。しかしながら、筆者の場合は九州大学教育学部入学と同時に「土曜学級」（森ら、一九九四）と呼ばれる自閉症児の療育を目的としたボランティアグループに参加して、児童精神科医である村田豊久先生（現村田子ども教育心理相談室主宰）と小林隆児先生（現西南学院大学教授）から、自閉症や発達障害について多くの教えをいただいていた。また、大学院生のときに非常勤として児童相談所で療育手帳の判定や発達障害幼児の療育を行っていたこともあり、精神分析と発達障害それぞれへのアプローチに関しては、周囲が想像するよりも違和感なく、実践していた経緯がある。

今回の執筆依頼を受けて、これまでの筆者自身の臨床経験を振り返ってみると、そこには今回のテーマである精神分析と発達障害がクロスする視点があったことは確かである。同時に、一見矛盾するアプローチだからこそ、そこから新たな心理臨床の視点が展開できたことも確かである。そこで、筆者のこれまでの心理臨床の歩みを再構成しながら、今回のテーマに関する議論を深めることを試みたい。

2　転機となったある青年期の症例との出会い

筆者のこれまでの臨床実践のうえで、いくつかの転機があったことは確かである。そこで、いく度かの転機で出会った症例を報告しながら、精神分析と発達障害との間を揺れ動いていた筆者自身の臨床実践を振り返ってみたい。

(1) シゾイドなのか、発達障害なのか

最初に、筆者が大学院時代の日本精神分析学会第三四回大会で報告して、その後研修症例として精神分析研究に掲載されたシゾイドパーソナリティの青年の症例（木谷、一九九〇）から振り返ってみたい。当時の精神分析の流れとして、自我心理学から対象関係論へ、そして、カンバーグやマスターソンを通してボーダーライン（境界例）の概念や症例報告が盛んに行われていた時期である。筆者も青年期のシゾイドパーソナリティと判断された「夢見る夢男」（この論文の副題でもあるが）との面接を行う機会を得た。

その論文でも示しているが、クライエントである「夢見る夢男」は、小さい頃にこだわり行動が見られ、

共感的理解に乏しい状態が見られていたが、まだアスペルガー症候群や自閉症スペクトラム障害（以下、ＡＳＤ）の視点が一般化されていない時代であった。そのため、一過性の幻覚体験も見られたことからシゾイドパーソナリティと判断して面接を行っていた。その後筆者の職務の都合で面接自体は終結としたが、母親からは定期的な連絡をもらっていた。そして、「夢見る夢男」が三十歳頃に受けた連絡に、筆者は驚きとともに安堵した気持ちになることができた。その連絡とは、「夢見る夢男」がアスペルガー症候群と診断を受けた事実であった。

それまでも、筆者が実践していた高機能自閉症やアスペルガー症候群の子どもたちや青年の面接のときに、この症例のことをふと思い返すことがあったからである。今回の執筆依頼を受けた際に最初に頭に浮かんだことも、この症例を振り返りたい気持ちであった。そこで、次節から「ふと思い返す」きっかけとなったＡＳＤの症例を詳細に報告したい。

（2）高機能自閉症やアスペルガー症候群との出会い

筆者が「土曜学級」など自閉症児と出会った当初、自閉症の多くは、知的障害を合併していると理解されていた。ところが、やがて高機能自閉症やアスペルガー症候群の概念が登場するようになり、従来からの自閉症支援の方向性が変化してきた。具体的には、高機能自閉症やアスペルガー症候群が面接で言語化する独特な内的世界への理解を通して最適な支援を検討する時代へと変化した。

時期が重なるように、発達障害児が引き起こした少年事件が、大きな社会問題として、注目されてきた。折しも、筆者のところに、武器（先を削った割り箸に血のように赤インクで塗った物）を毎日学校に持って来て、担任に「あの子（特定の男児）を殺す」と言い続けていた児童を、どのように理解して対応すればいいかと相談依頼が来た。結果的には、高機能自閉症であることがわかり、一連の行動の背景に、「どうすれば、その男子児童（勉強も運動も得意）と仲よくなって、自分もその男子児童のようになれるだろうか」という強い葛藤（同時に劣等感）が明確になり、その後は家族への対応と学校環境を調整することで問題行動を消失することができた（木谷、二〇〇三）。

また、「人を刺せば、自分を変えることができるかもしれない」という自閉的ファンタジー世界に没入したアスペルガー症候群の高校生が精神科クリニックから紹介されてきた。正確に言えば、まだアスペルガー症候群の概念が十分に浸透していない時代であり、その精神科医もよくわからないからと発達臨床を専門としていた筆者に紹介（幼児期に自閉症の診断を受けていたエピソードがあったため）してきた経緯があった。そこで面接では、家族からの詳細な生育歴の確認、学校時代の評価、そして心理アセスメント（WAIS-R）などを丁寧に行った結果、アスペルガー症候群の特性を明確にすることができた。

しかしながら、臨床的には次のようなエピソードが決め手となった。それは、未遂に終わるが、刃物をポケットに忍ばせて、刺せそうな相手を探し続けた様子、その前後の詳細な行動などを（初めての出会いである）淡々とではあるが、筆者に教えてくれた。本当だったら言いたくないだろう事実関係であることも確かである。その様子から、筆者に陽性転移（信頼感）を向けているのだろうかと連想されたので、筆者は〈どうして、初めての人間にこれだけ大切なことを話してくれたの？〉と率直な思いを言語化してみた。すると、その答えは次のことばであった。「話せと言われたから」（それまで誰も怖くて聞くことができなかった）とあっさりと言われ、正直愕然としたことを今も覚えている（木谷、一九九七）。それでも、この未遂事件の背景には、「どうすれば、優秀な成績が取れる高校生へと自分を変えることができるのか」と苦悩した結果生じた強い抑うつ気分とフラッシュバック（精神科医からは抗うつ剤の処方）からの行動化であることが明確になった。

この二つの症例で理解できるように、ＡＳＤの行動化や言語化の背景を精査するためにも、生育歴や心理アセスメントなどを活用しながら、エビデンスを丁寧に積み上げていく作業が重要になってくる。この作業過程から明確になった障害特性と環境（人的側面も含めて）との相互関係から生じる葛藤や苦悩を理解したうえで、環境調整を主体とした面接や対応（次節で詳細に説明する）が重要である。しかしながら、こうした力動関係の視点そのものは、精神分析的な視点と重なることは確かである。

（3）ＡＳＤに特有な葛藤の世界

児童期から青年期にわたるＡＳＤへの長期的支援の過程で、ＡＳＤが「家族や周囲の人たちのために頑張ろうとする自分」と「本来のＡＳＤらしく生きたい自分」との間で生じる葛藤に苦悩する症例に出会うことが多い。その具体的な症例を紹介したい。

この症例は幼児期に自閉症の診断を受けたが、その後は安定して成長していた。ところが、四年制大学在学中に改めて受診（田中・ビネー式知能検査のＩＱ＝七〇）している。受診のきっかけとなった行為は、人を追い払うような手の動きが止まらないことである。当初は言語能力の低さもあり、十分な言語表現ができないストレスから生じる運動性チックと推測したが、面接を続けるにつれて、手の動きとともに聞こえる声（たとえば、「わかってるって！」など）から、あたかも自分の中にいる「思うように自由な行動をやってみたい自分」（本来のＡＳＤらしく生きたい自分の側面）が、「そんなことをしてはいけないと主張する自分」（家族や周囲の人たちのために頑張ろうとする自分の側面）を追い払おうとする仕草であることがはっきりしてきた。実際に、自分自身のこころの世界で「二人の自分」が日常どうなっているかを面接中に描いてくれた（図10-1）。安定した状態では、左側のように二人の自分がバランスよく共存（仲良く会話している）

しているが、精神的に追い込まれると、右側のように「そんなことをしてはいけないと主張する自分」（黒色）が強くなり、「思うように自由な行動をやってみたい自分」（白色）がだんだん追い込まれていく様子を視覚的に表現してくれた。

こうした行為は、あたかも二重人格のように見えるが、ＡＳＤの世界ではけっして珍しい行為とは思わない。周囲から見ると、何か一人で独り言のように誰かと会話しているＡＳＤや発達障害児者に気づくことはよくあるが、その多くがこうした「二人の自分」の間で交わされる会話だと考えられる。したがって、こうした症例の場合、ＡＳＤが人間世界で生きていくために必要な「二人の自分」の両方を罪悪感なく、肯定的に受け入れるような受容的な面接を進めている。同時に、さまざまな環境に合わせて「二人の自分」を適切に使い分けるスキルを一緒に考えながら、ＡＳＤ自身が、主体的に「ＡＳＤとして自分らしく生きる」ことを肯定的に選択できるように面接する姿勢を、筆者は大切にしている。

このように、ＡＳＤに対する長期的な支援を通してわかることは、従来から指摘されているようなＡＳＤのこころの世界は Autism ということばが示すような「自閉的なこころの世界」の持ち主ではなく、「豊かだからこそ、傷つきやすいこころの世界」をもつ異文化を生きる人たち（木谷、二〇一三）だと認識することで、面接自体を対等の関係性から始めることが可能になる。

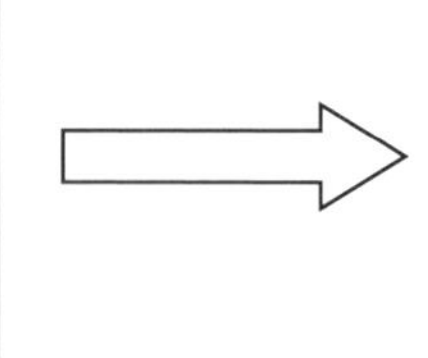

図10-1　こころの中の「二つの自分」

3　発達障害児者への理解と対応

これまでに紹介した症例からわかるように、筆者自身の発達臨床の基本は児童精神医学を基礎とした力動的な視点が中心である。しかしながら、こうした筆者のアプローチは、現在の発達障害やＡＳＤへの応用行動分析を活用しながら行動変容を中心にした支援スタイルとは大きく異なっている。そうした支援スタイルの違いを乗り越えて、発達臨床にかかわる多領域の支援者が新たな視点も取り入れながら、発達障害児者への理解を広げて、的確な対応を進めることができるように、次の三点を重視している。

（1）心理アセスメントの臨床的活用

従来の発達障害に対する心理アセスメントでは、知能指数（ＩＱ）を測定して、その障害程度の軽重を判断することに主眼がおかれていた。ところが、アスペルガー症候群をはじめとした高機能群に対する理解の広がりとともに、心理アセスメントの目的にも転機が訪れた。その転機を理解するためには、二〇一三年に改訂されたＤＳＭ-５の「神経発達障害」の考え方が参考になる。簡潔にいえば、ＩＱの高低と同時に「個々が生活する環境において、どのくらい能動的に学業・生活・就労・社会参加などを日々営んでいるか」を基準とする適応行動の質的評価（ＱＯＬ）を重視する方向への転換である。

しかも、ＩＱの考え方に関しても、筆者は「初めての場面で、初めての検査者と、初めての課題という環境において、一人でどのくらいの能力を発揮できるかを測定する」社会性の基礎的能力だと考えている（木谷、二〇一三)。この視点も先のDSM-5の適応行動の視点と同じである。したがって、筆者は知能検査であるWISC-Ⅲ(最近はⅣ)やWAIS-Ⅲを通して、図10-2で示すように心理アセスメントの視点を移行させながら、最終的にはASDや発達障害の当事者ニーズを主体とした「個に見られる障害特性」から「相互関係に見られる障害特性」へと視点を移行させてきている。

こうしたDSM-5の改訂と合わせて、新たな心理アセスメントの開発が進んでいる(辻井、二〇一四)。その基本的な考え方を図10-3に示すが、結局は発達障害児者が抱える本質的な障害とは何かの議論になると考えられる。その点に関して筆者は、「当事者は、発達障害で困っているのではなく、自分の特性をどのように表現すればいいか困っている」と考えている。したがって、表現の難し

- IQ 重視から特性重視へ
- 障害像の把握から支援の進め方へ
- 「障害だからできない」から「どうしたらできるか」へ
- 「学校や職場で適応できるように」から「家庭や地域で楽しく生活できる」へ
- 「私」から「私たち」へ

図10-2 新たな心理アセスメントの方向性

不安・悩みを持つことは当然、むしろ、その背景に潜む問題への気づけなさを考える

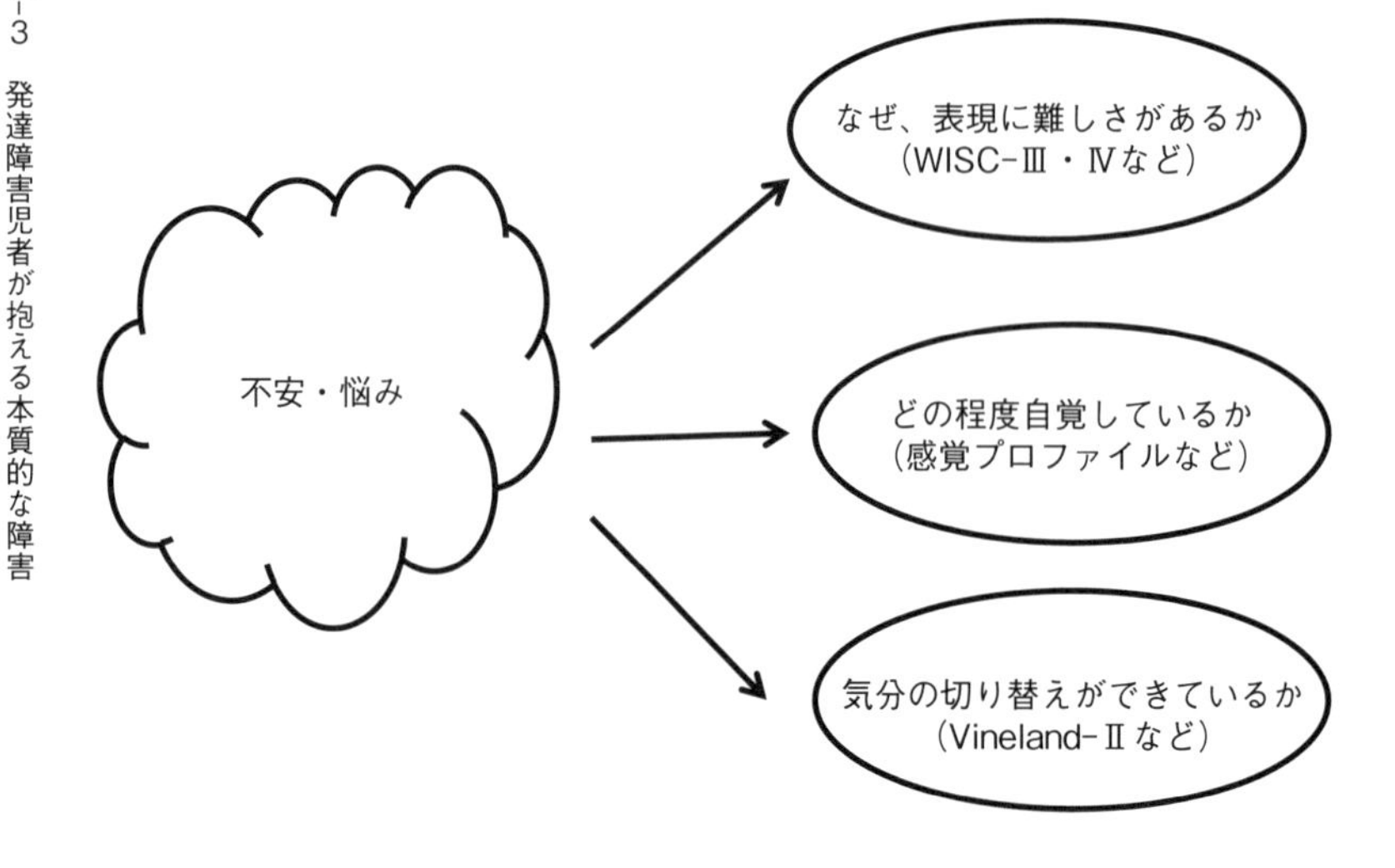

図10-3 発達障害児者が抱える本質的な障害

さ（言語理解のレベル）や自覚の程度（感覚障害のレベル）や余暇支援の積極的な活用（ストレスからのリフレッシュのレベル）などをアセスメントすることで、検査者や臨床心理士がもつ役割として重要なことは、当事者が「本当に困っている状態」を代弁することである。

しかしながら、補助自我的な機能としての代弁者の役割は、あくまでも自立のための一時的な役割であり、先に示したように、肯定的に「発達障害（ＡＳＤ）として自分らしく生きる」ことができるように、自己理解を通して自立を促進させることが肝要である。

（2）環境要因と感覚障害

ＤＳＭ-5の神経発達障害への概念の変更や、日本版 Vineland-II（辻井・村上、二〇一四）など新たな心理アセスメントの開発からわかるように、発達障害児者の適応行動に大きな影響をもつ環境要因への理解が重要になっている。ただし、この場合の環境要因とは、これまでも繰り返されてきた母親の育て方が悪いといった単純なレベルではなく、神経発達障害が多因子疾患モデルとして理解され始めたように、多種多様な物理的・人的環境要因と神経発達障害児者個々の障害特性との複雑な相互作用（したがって、完全に除去することは不可能である）だと考えてもらいたい。

この問題に関して、環境要因と感覚障害（岩永、二〇一四）との関連性が注目されている。高橋ら（二〇一一）が示したように、発達障害児者が抱える感覚面の問題（過敏さ・鈍感さ）は身体のさまざまな領域に見られるが、その一方で発達障害児者自身は自分が抱える感覚面の問題に気づいていない場合が多い。その結果、何らかの環境からの刺激により発達障害児者に不安や身体反応が生じていても、自覚されないままに日常生活を送っている場合がある。また、周囲からも、困っているのかいないのか理解されにくい。

精神分析の場合、面接を通して問題への直面化を行うこと、あるいは洞察を深めることを重要視しているが、多くの発達障害児者（特に、不器用さが顕著）の場合、こうした自分のこころの世界に微妙に揺れ動いている認知的および身体的な変化を感じること自体が難しい場合が多い。その結果、共感性だけでなく、直面化や洞察が難しくなることも理解できる。

したがって、「本当に目に見えないもっとも大変な障害である」感覚障害を日本版感覚プロファイル（萩原ら、二〇一五）などのアセスメントから理解したうえで、発達障害児者個々が抱える感覚障害から生じている「日常生活での疲れ」を低減すること、あるいは創造的な世界へと感覚的な注意の方向性を変化させることで、自分の認知的および身体的な変化への気づきを高めることが可能になる（木谷、二〇一六a）。このように、「日常生活での疲れ」を自分自身で理解しながら、「本当に自分が困っていること」を周囲に伝える精神的なゆとりを育むことが、発達臨床では大切な支援の目的であり、その延長上に、発達障害児者との面接でも、直面化や洞察（気づき）が生じやすくなると筆者は考えている。

（3）自分らしさを育む

この十年間にわたり、筆者は継続的に支援しているＡＳＤ（主に高機能の症例が中心）の成長を通して、自己意識や自己理解、同時にその葛藤から生じる不適応の問題がどのように変化するかを追跡調査した。その調査を通して、児童期から継続的に支援しているＡＳＤの場合、青年期以降に支援を始めたＡＳＤと比較すると、「困った事態を適切に表現する能力」、「課題への達成感を伴った自己肯定感の維持」、そして、「（ライフプランや将来のリスクを）予測する能力」が高いことが示唆された（木谷・田中〈二〇一四〉、木谷

〈二〇一六b〉）。また、長年支援しているASD当事者からも、「ASDだから困っている」のではなく、先に述べたように「自分の特性をどのように表現すればいいかわからずに、困っている」ことがわかってきた。しかも、成長に伴って環境や人間関係が変われば、その都度獲得したスキルを一度消去して、新たなスキルをインストールし直す作業を長期間にわたり繰り返す必要がある。そのため、筆者もASD当事者と一緒にそれぞれの成長段階に適した新たなスキルを検討する作業を面接の中で進めてきた。最近では、こうした筆者なりの取り組みは「支援」ということばではなく、「自分らしさを育む」作業だと考えるようになってきた。

従来からの精神分析の視点では、自我機能や対象関係から派生する無意識的レベルの力動関係を、面接の中で生じる転移解釈や洞察を通して修正していく作業、つまりリハビリテーション的要素が主体であった。ところが、発達臨床の視点では、発達障害の当事者と一緒に「自分らしさを育む」作業を、つまりハビリテーション的要素を生涯にわたり進めることが主体となる。

ただし、ここで留意しなければならない点がある。それは、「自分らしさを育む」視点は、先に述べた「代弁者の役割」同様に、往々にして支援者の考え方が主となり、当事者はその考え方に依存するような、これまでの福祉の弊害を繰り返すだけの事態となるリスクもある。それを予防するために、筆者は思春期以降のASDや発達障害児者を対象にした「自己理解プログラム」の開発を進めている（木谷・辻井〈二〇一五〉、木谷ら〈二〇一六〉）。この自己理解プログラムの最終的な目標は、「自分の障害特性（自分らしさ）を理解する」だけでなく、「自分の障害特性を他者に説明することで、新たな他者とのコミュニケーションが生まれる」ことである。この点からわかるように、ASDや発達障害児者に必要な「自己理解」は、成長とともに自分自身で自立的・能動的にコミュニケーションを「育む」ことを可能にしていくことが目標であり、この視点は精神分析の治療目標とも重なると考えている。

4　精神分析から学んだこと、発達臨床から学んだこと

前田（二〇一四）は「精神分析は、相手の無意識的な精神力動を明らかにすること、そして自分では気がついていない心の問題に気づくように導くことによって、自己理解を深める」と指摘している。筆者は、発達臨床では次のように考えている。「発達臨床では、個の障害特性と環境要因との力動的相互作用を明らかにすること、そして当事者が『表現できない心の世界』を共有することによって、『自分らしい生き方』を育むことができるように支援する」ことだと言えるだろう。

（1）最初の症例を再度検証すると

このような筆者の視点を踏まえて、最初に紹介したシゾイドの青年に対して、現在の筆者が面接するとしたら、どのような方向性になるかを試みとして紹介したい。

生育歴としては、思春期に急激な引きこもりが見られることからも、幼児期からの対人関係（特に、いじめの有無）を丁寧に確認するだろう。その理由として、実際の生活場面でも受身的な行動パターンが強く、指示されると動くが、自発性に欠ける行動が多かった事実がある。こうした特性の場合、学校生活でいじめを受けやすく、そのストレスの蓄積や外傷体験が起因となって、引きこもりが生じたと推測できる。

そのうえで、ＷＡＩＳ-Ⅲ知能検査（当時はＷＩＳＣ-Ⅳの対象年齢でもあるが、将来のリスクを予測するためにも、成人を対象としたＷＡＩＳ-Ⅲを実施する）を通して、言語性項目からは「困っている事態」で

どのくらい自発的に援助要請ができるかを、動作性項目からは視覚的情報に対する敏感さとワーキングメモリー（主に「予測する能力」）、そして処理速度を通して不器用さのリスクを測定する。次に、抑うつ尺度のアセスメントと併せて、感覚障害をアセスメントする感覚プロファイルから感覚刺激への過敏さや過集中のレベルを測定する。

それらの結果を基にして、幼児期からの母子・父子関係を含めた対人関係の苦悩を再構成しながら、ファンタジーとしての夢男の世界ではなく、現実生活で苦悩するひとりの青年の「葛藤するこころの世界」と「葛藤を表現できずに困っている姿」を共有する作業から面接を始めるだろう。この面接の方向性に関して、最初の症例報告の際に誌上で研修症例コメントとして、北山修先生（一九九〇）から「やっぱり言葉を治療の内部に持ち込みたいと思う」と重要な指摘をいただいた。恥ずかしい話になるが、その意味を発達臨床の実践とともに、やっとわかり始めた感がある。「治療の内部」という当事者と筆者がともに実感できる「こころの世界」から生まれる「言葉」だからこそ、「その青年らしい生き方を育む」面接が可能になっていく。

同時に、母親面接では、青年期として上手に引きこもれる時間・空間の保証を家庭内で維持できるように協力を求める。面接の初期段階では、社会適応を高める（自我機能の強化）ソーシャル・スキル・トレーニングよりも、安心して外出できる環境の整備を優先したい。その結果、家庭と社会との中間領域で安定した行動（自分らしさ）が確立して、自発的な行動ができるように、家族に理解してもらうことで、「葛藤を表現できずに困っている姿」から、自己理解の深まりと併せて、他者とのコミュニケーションが少しずつ広がることが期待できる。

このように、精神分析的には中立的態度が面接では重要だと指摘されているが、発達臨床においては、面接者自身の能動的な関与（しかし、同時に観察する視点も維持しながら）が時によっては重要になってくる場合が多いことも認識しておく必要がある。

（2）日常生活を支援する

筆者が自閉症への理解を深めることができた一冊の本がある。それは村田豊久著『自閉症』であり、昨年その本が新訂された（村田、二〇一六）。そこには、村田先生だからこそ実感できる中年期以降の自閉症の姿を「皆、毎日をこつこつと、ささやかに生きている。四〇年の間に、少しずつ生活能力を身に着け、生きるすべを学び取り入れてきたと言えます」と書いている。また、その著書の中で、滝川一廣氏は「村田豊久先生のお仕事といえば、子どもと歩んでいる雰囲気というか、生活の匂いがする」として、「真の生活臨床」だと指摘している。

筆者自身は、村田先生には遠く及ばないが、最初に述べたように、十年以上にわたってASDを「育む」姿勢を大切にしてきた。そこからは、日々の生活に苦悩しながらも、本当にささやかな日々の営みに満足しながら家族とともに成長している姿を見ることができている。近年のWHOの健康の概念からもわかるように、障害の有無にかかわらず、社会で適応できるように頑張るためのスキル以上に、余暇やリフレッシュできるスキルの獲得（ソフトスキル）が重要視されている。この視点は、第一節で紹介した症例からも十分に理解できるだろう。

そのバランスのとれたスキルの獲得のために重要なことが、家族支援（きょうだい児も含む）を通して進める「日常生活を支援する」視点だと考えている。先に「発達障害（自分）らしく生きる」ことの大切さを指摘したが、同時に「その家族らしさを活かす」支援（木谷・北山、二〇一〇）も大切にしながら、それぞれの家族の精神的な安定だけでなく、家庭で過ごす時間・空間そのものが、余暇やリフレッシュの時間・空間となるような支援を進めるように心がけている。冒頭に述べた「土曜学級」でも、自閉症児だけでなく、その家族やきょうだい児への手厚いサポートが行われており、その成果がKobayashi et al. (1992) の報告に示された成人後の良好な社会適応につながっていると考えられる。

そこからわかるように、筆者が実践している発達臨床は、面接室内で展開されるHere and Nowな世界だけでなく、家庭、学校、地域などを視野に入れながら、発達障害児者の日常生活全体を支援するように心がけている。

5 まとめにかえて

本書は、祖父江典人先生の還暦に合わせて発行する予定だと聞いている。その還暦ではないが、今回の執筆依頼を受けて、筆者自身のこれまでの臨床経験を振り返ってみると、前田重治先生の精神分析に始まり、北山修先生からコメントをいただいたシゾイドの論文の再検討、そして、村田豊久先生の『自閉症』の新訂と、筆者自身の臨床実践の還暦と言えば聞こえはいいが、実は先生方の掌からまだ抜け出すことができずにいただけなのかもしれない。

精神分析にしても、発達臨床にしても、基本はクライエント（あるいは当事者）とともにいかに学び続けることができるかが重要であり、そこに「遊びと芸能」（前田先生）、「言葉」（北山先生）、そして「生活の匂い」（村田先生）という、ちょっとした味付けがあるだけで、臨床に深みが出てくる。さて、筆者ならではの味付けとはいったい何だろうか？

［文献］

萩原 拓・岩永竜一郎・伊藤大幸・谷 伊織（二〇一五）『日本版感覚プロファイル』日本文化科学社
岩永竜一郎（二〇一四）『自閉症スペクトラムの子どもの感覚・運動の問題への対処法』東京書籍
北山 修（一九九〇）「治療者とともに夢見ること（研修症例コメント）」『精神分析研究』三三巻五号、四一〇-四一一頁
木谷秀勝（一九九〇）「シゾイドパーソナリティーの青年の一症例——夢見る夢男と現実をめぐって（研修症例）」『精神分析研究』三三巻五号、四〇五-四〇九頁
木谷秀勝（一九九七）「青年期のアスペルガー症候群に見られる自己意識に関する一考察」日本児童青年精神医学会第三八回総会（北九州市）口頭発表
木谷秀勝（二〇〇三）「高機能自閉症児の内的世界への理解について——学校不適応で来談した二事例の描画からの分析」『臨床描画研究』一八号、一五八-一七二頁
木谷秀勝（二〇一三）『子どもの発達と心理アセスメント——自閉症スペクトラムの「心の世界」を理解する』金子書房
木谷秀勝（二〇一六a）「敏感すぎる子の豊かな感受性を育む——創造活動を通して」『児童心理』一〇一七号、八九-九三頁
木谷秀勝（二〇一六b）「青年期の高機能ＡＳＤへの支援——「自己理解」を中心に（日本児童青年精神医学会第五六回総会シンポジウム報告）」『児童青年精神医学とその近接領域』五七巻四号、四三一-四四七頁
木谷秀勝・北山 修（二〇一〇）「高機能広汎性発達障害児者の家族支援に関する臨床心理学的研究——「家族らしさ」を安定させる視点から」『九州大学心理学研究』一一巻、二二五-二三三頁
木谷秀勝・中島俊思・田中尚樹・坂本佳織・宇野千咲香・長岡里帆（二〇一六）「青年期の自閉症スペクトラム障害を対象とした集中型「自己理解」プログラム」『山口大学教育学部附属教育実践総合センター研究紀要』四一号、六三-七〇頁
木谷秀勝・田中亜矢巳（二〇一四）「高機能自閉症スペクトラム障害児の自己の形成をめぐる発達的変化——小学校から８年間の継続調査（主にＷＩＳＣ-Ⅲ）の分析」『山口大学大学院教育学研究科附属臨床心理センター紀要』四巻、五九-六七頁
木谷秀勝・辻井正次（監修）（二〇一五）『自己理解プログラム WHO AM I?』アスペ・エルデの会

Kobayashi, R., Murata, T., & Yoshinaga, K. (1992). A follow-up study 201 children with autism in Kyushu and Yamaguchi areas, Japan. *Journal of Autism and Developmental Disorders*, **22**, 395–411.

前田重治（二〇一四）『新図説 精神分析的面接入門』誠信書房

森 陽二郎・吉松靖文・村田豊久（一九九四）「自閉症児への集団遊戯療法における共感的関わりが持つ治療的意義の再検討」『九州神経精神医学』四〇巻、三六〇–三六六頁

村田豊久（二〇一六）『新訂 自閉症』日本評論社

高橋 智・石川衣紀・田部絢子（二〇一一）「本人調査からみた発達障害者の「身体症状（身体の不調・不具合）」の検討」『東京学芸大学紀要 総合教育科学系』六二巻二号、七三–一〇七頁

辻井正次（監修）（二〇一四）『発達障害者支援とアセスメントのガイドライン』金子書房

辻井正次・村上 隆（監修）（二〇一四）『日本版 Vineland-II 適応行動尺度』日本文化科学社

■第11章

シーシュポスはほほ笑む

精神分析は非行の地域心理臨床から何を学ぶか？

平野直己

人間のものはすべて、ひたすら人間を起源とすると確信し、盲目でありながら見ることを欲し、しかもこの夜には終りがないことを知っているこの男、かれはつねに歩みつづける。岩はまたもころがってゆく。

〔カミュ『シーシュポスの神話』(Camus, 1942) 邦訳 二一六頁〕

1　問題——精神分析の応用という「失敗」から学ぶ

S・フロイトは『続・精神分析入門講義』第三四講で精神分析学の応用の成果について語っている(Freud, 1932)。その中でも「きわめて重要、かつ未来をひらく希望に満ちたもので、もしかしたら、精神分析すべての営為のなかでも最も重要なもの」として精神分析の教育学への応用を取り上げ、その応用が目指すのは、「次世代の教育 Nacherziehung」だと述べた。しかしながら、その有望な未来についてフロイト自身はほとんどそれにかかわったこともなく、「娘のアンナ・フロイトが、この仕事を生涯の課題とし、私がおろそかにしていたことをそうした形で埋め合わせてくれている」と教師を辞めて精神分析へとキャリアを進める自慢の愛娘に大きな期待を託していることを強調した。

娘を持ち上げた発言について、父親としての溺愛ぶりを感じなくもないが、決して故なきことではない。ここでミッジリィ（Midgley, 2013）、エクスタインとモト（Ekstein & Motto, 1969）などを参考に、大雑把にアンナ・フロイトを中心とした子どもの教育や福祉分野への精神分析の応用的実践の歴史を振り返っておきたい。

アンナ・フロイトは第一次世界大戦開始とほぼ同じ一九一四年に教師の実習生 apprenticeship として職業的なキャリアをスタートさせた。しかし、数年で結核を患い療養することとなり、第一次世界大戦直後の一九一九年には教職を辞することになった。そこで彼女は、ソーシャルワーカーでいわゆる精神分析運動の一員でもあり、さらには教育の改革に燃える青年でもあったジークフリード・バーンフェルト（Siegfried Bernfeld）が立ち上げたバウムガルテン児童養護施設（Kinderheim Baumgarten）の活動にボランティアとして参加した。アンナの三歳年長（一八九二年生まれ）のバーンフェルトは、三歳から一六歳の三百人近い戦争孤児たちの教育コミュニティ作りに精神分析を応用すべく取り組んだものの、スタッフたちの自己犠牲の大きさと管理役と教育役のスタッフ間の対立が生じ、一九一九年一〇月に開始したこのプロジェクトは半年で挫折することとなった。

ちなみに、バーンフェルトは教師をシーシュポスになぞらえた著作が知られている（Bernfeld, 1925）。神々の怒りに触れてしまい、山頂に押し上げては転がり落ちてしまう大岩をたゆみなく押し上げ続ける刑罰を科された、ギリシャ神話のシーシュポスである。バーンフェルトは、教育の二つの限界として、社会からの圧力と子どもの中の無意識的な力を挙げ、こうした限界が、終わることもなければ、希望もない課題に直面するシーシュポスの絶望を教師も抱くとした。彼にとって精神分析は、政治や他のイデオロギーや社会的偏見によって風見鶏のように揺れ動くことなどない精神的な自由の獲得に貢献する思想であり、少なくとも、精神分析を身につけることを通して社会の影響力と自分の無力さに気づくことが可能になると考えた。

アンナはバウムガルテンでの苦い経験を礎にして、彼女自身の地域心理臨床の実践であるハムステッド戦時保育所（Hampstead War Nurseries）を立ち上げたと言われている。そして、大戦後の教育改革の波に乗って精神分析学の教育への応用にかかわる機関がウィーン、シュトゥットガルト、パリ、ロンドン、ブタペスト、ベルリン、モスクワ、ベルンなどの欧州各都市に設立され、一九二六年には *Zeitschrift für Psychoanalytische Pädagoik*（『精神分析的教育学』誌）が発行され、オーストリア侵攻の一九三八年まで続いた。この子どもへの教育と福祉分野での応用的実践の息吹は、第二次世界対戦後の一九四五年にはアメリカに移り、*Psychoanalytic Study of the Child*（『子どもの精神分析研究』）の出版へと受け継がれていったのである。

レドル（Redl, 1969）は、この歴史を通して、精神分析は教育との間で四つの失敗をしてきたと述べている。筆者のことばを加えて要約をしてみたい。

(1) 抑圧からの解放という誤ったスローガン

子どもへの教育は本来的に治療的なものであるべきであり、無意識の解放、ひいては子どもの解放と呼ぶべきものであるという考えを教育に取り入れさせようとした。成人の神経症患者の自由連想から再構成された子ども時代のモデルから、実生活において子どもの臨床実践が行われるようになることで、このスローガンは早々に終止符が打たれることになった。

(2) 精神分析の啓蒙と普及を行う伝道師的なスタンス

レドルはこうした精神分析学者を〝伝道師が見せるようないくぶん人を見下したような熱心さに、誤ってとりつかれた人たち〟と呼んだ。子どもに接する大人たちが、精神分析に関する知識を持っていれば、私たちが治療する未来の神経症患者を作り出さずに済むだろうし、教師は悪戦苦闘しなくても済むであろう。もちろん精神分析の啓蒙や普及は学校に役立つことであろう。しかし、精神分析学を学ぶならば、その時その時の対応に追われ続ける途方もない仕事もやりこなせるはずだという信じられないような無邪気さで振る舞う臨床家たちが、現場の支援者をどれほど苦しめるかということに気づかなかったというわけである。

(3) 精神分析が祝福を与えた特権的な教師を作るという傲慢

精神分析的な教師作り、すなわち教師に精神分析的な訓練をさせて、〝良い教師〟という特権を与えて、残りの教師の面倒を見させるアプローチである。現場の支援者の「同僚性」は損なわれ、学校や教育の問題解決をさらに複雑・困難にさせた。さらにそうした選ばれた特権的な教師たちの多くは、指導的な立場にとどまり、苦悩や混乱をもたらす実践の現場に戻らなかったという。

(4) 役割分担という名の垣根作り

精神分析が治療的・対応的な役割を担うならば、教育は予防的な役割を担うと棲みわけを行うというアプローチである。一見、協力的な関係であるが、一方が抱えている問題や課題について他方は触れ難くなり、両者の間には建設的な対話を阻む高くて厚い垣根が生まれてしまった。

勘の良い読者は、これらの〝失敗〟に通底する大きな問題に気づかれるだろう。それは、精神分析が教育や福祉の臨床から自身の課題をどう捉え、学び、自身を変えていくのかという視点が語られていないことである。

今日でも、心理臨床が教育・福祉の現場に参入し、コラボレーションをしようというときに依然として同じ〝失敗〟を繰り返しているように思われるのは筆者だけだろうか。

精神分析は、そして心理臨床は、教育や福祉の臨床現場から何を理解し、学ぶことができるだろうか。

2　地域の中での非行臨床

ここからは、私は地域の中にある心理相談室という場から、ときに「非行」と呼ばれる、反社会的な行為や挑戦的・挑発的な態度・振舞いで周囲を悩ます子どもたちへの心理援助の経験について論じたい。

少年鑑別所での短い勤務から地方の小さな大学に職を得て二十年が過ぎようとしている。大学内に心理相談室をひらいて、この地域の中で悩み、苦しむ子どもと出会い、またそうした子どもを支えようと奮闘する家族や教師をはじめとしたサポーターたちと協働する時間の中で、徐々に結晶化されてきたテーマの一つが「地域の中での非行臨床」であった。

非行少年への専門的な支援や援助は、違法行為という性質上、法的な枠組みに沿った公的専門機関、すなわち、警察の少年安全係や少年補導センターなどの警察機関や、家庭裁判所、保護観察所、少年鑑別所、少年院などの司法矯正機関、あるいは児童相談所や児童自立支援施設などの児童福祉施設などでもっぱら行われる。これら諸機関の共通目標は、少年たちが更生し社会復帰すること、すなわち再び地域の中で日常生活を営むことができることである。ところが、この援助の目標はこれらの専門的な諸機関で達成されることは決してありえない。なぜなら、少年の住む地域社会が彼らを受容し支援することを通して、はじめてこの目標が完結するからである。

家庭、学校、地域住民などのコミュニティから、非行臨床にかかわる公的専門機関まで広がる連続性を持った援助サービスのなかで、私に与えられた役割とは、コミュニティの中で、コミュニティのメンバーたちとともに、少年たちのこころの揺れを受け止め、抱える内的・外的な環境を整えるということである。

しかし、それは一筋縄ではいかないワークである。地域で反社会的な若者にかかわるたびに、支援者たちは、波打ち際で作る砂の城のように、やっとのことで積み上がったものが、あっという間に波にさらわれてしまうような感覚に何度も何度も襲われる。

私が東京から北海道に移ってから、非行の地域心理臨床を行っていることを、ある精神分析的心理療法の指導を受けたことのある精神科医に話したとき、「そんな治らない相手に時間をかけるなんて……（バカじゃない？というニュアンスの沈黙）」と言われたことを覚えている。そのときは少しだけこころが折れ、自分は精神分析のコミュニティの住民から外れてしまったのかと落ち込んだ。

そうなのである。教育や福祉が支援の対象とする人たちは、〝治らない人たち〟なのである。もっと正確に言えば〝治ることを求めていない〟人たちなのである。

では、何を目指すのか。事例を通じて、このシーシュポス的実践の一端を紹介したい。

3　事例を通して――春男の事例

【心理療法の開始まで】

恐喝、暴行、傷害、窃盗などで警察や児童相談所にも係属し、指導を受けている春男について、心理療法面接が可能になったのは、彼の母親が児童相談所の紹介で筆者の居る相談室に来談してから、ほぼ二年が経とうとする頃で、春男の中学卒業が近づいた時期であった。これまで頑なに来室を拒否していた春男がその決心をすることになったのは、以下に述べるとおり、家庭と学校が連携のもとで、彼の衝動性や破壊性をこらえ、しのいできた成果であった。

　母親が来室する前から、春男の顕著な多動と衝動性について医療的なケアが必要であることはわかっていた。しかし、荒れる春男を医療機関に連れて行くことが出来る者はいなかった。母親は春男の言動に日々怯えていたし、また学校も繰り返される春男の問題行動を扱いかねて、学校内で問題行動が生じたときは速やかに自宅へ帰す指導をしていた。そのため、フルタイムで働く母親は学校からの連絡があるたびに職場を抜けて、怒り狂う春男を途方に暮れたまま引き取っていた。この指導例が示すとおり、母親と学校とのあいだには十分な作業同盟が築けずにいたのである。周囲の者たちにとって最大の脅威となっていたのは、他者に危害を及ぼす行為であった。しかしながら、こうした行為の背景を追っていくと、その大部分は春男を追い込むような指導場面が引き金になっていることが明らかになった。春男は自分の否を認めようとしないので、周囲も春男が言い逃れのできないような窮地に至るまで事態の悪化を放置していたのである。つまり、春男の暴力的な振舞いの多くは、「窮鼠猫を噛む」というような反撃としての行為が中心となっていたわけである。親や教師はこうした悪循環に巻き込まれており、結局のところ春男に対して、身体的な拘束や処罰を与えるばかりになってしまい、内省的なコミュニケーションに向かうことは困難であった。

　母親が来談した当初、筆者は春男に会えないことから、以上のような状況に介入するコーディネーターの役割を担うことになった。学校、家庭と協議をし、次のような方針の実行を支援した。①学校で問題行動が生じても家に帰すのではなく、学校の別室で過ごさせることで、母親の安定と学校とのあいだの関係調整をはかる。②実行可能で具体的な指導を春男に提示して、追い込む形の指導を減らす。たとえば、「ちゃんとしろ」という抽象的な内容ではなく、「教室に入った以上、授業時間中は立ち歩かない」と指導し、それができたなら「よく我慢した」と評価する。このときに、皮肉的な言い方にならないように注意したい。③指導場面である教師が感情的になりそうな場合は、その人は指導をせず、生徒指導担当教諭が引き受ける。生徒指導担当教諭は、非行タイプの生徒に対して迎合しない教師で、「信用してくれ」という生徒に対して、「信用できないよ」と言っても、かかわりを続けられるような人望のある人物であった。④限界設定を行う。春男の問題行動に対して家庭に帰すなど校外に出す指導はしないとしても、当然のことながら、自傷他害や破壊行為を繰り返されては学校で彼を抱えておくことはできない。家庭も同様である。春男の攻撃的な行動は、人を傷つけるだけでなく、春男の自己像をさらに脆弱なものにしてしまう意味でも、決して放置はできない。したがって状況によっては、警察や家庭裁判所などにも協力してもらう可能性もある。こうしたことを保護者と学校のあいだだけでなく、春男本人も同席の上確認した。さらに春男には、私たちもそのような方向へ追い込むことはしないように努力するということを約束した。そして、この限界設定は春男と学校や家庭を結ぶ絆として、これをちらつかすことはしないようにした。

以上のような決まり事で動いていったが、卒業までの二年間はまさに「しのぐ」ということばがふさわしいような状況であった。

春男の行動の根本的な問題に変化が生じ始めたのは、病院にかかることを執拗に拒否していた春男が母親と担任教師のT先生に連れられて児童精神科医のもとに行き、投薬治療を受けたところからであった。春男自身、周囲が彼に対して真剣に対応していることを感じ始め、また中学三年になり進路の問題を現実的なこととして考え始めたことが、彼の受診のきっかけとなったのである。服薬によって、春男の落ちつきのなさと集中力にはかなりの改善がみられた。

【第一期：安全基地を破壊するチャレンジを受け止め、期待される存在になること】

中学生活もあとわずかというところで、春男は母親に連れられて筆者が勤務する大学の心理教育相談室にやってくることになった。これまでぜひ来室して欲しいと依頼していた筆者の願いを聞いてくれたことについて、春男に礼を言うと、彼は意外に感じたのか、少し戸惑い、困惑した様子であった。筆者はこの彼の反応にどこか純真で素直なこころを感じた。春男は面接中も、終始体を揺すり、手を動かしたり、足を動かしたり、落ちつかない様子であった。筆者は批判的な感じにならないことに注意をしながら、春男の周りで何が起こっているのだろうかと気になっていることを伝えると、「俺は何をやってもダメと言われる。信用されず、すぐ放り出される。仲間と縁をきれと言われる。あいつらだっていい奴なのに……」とたどたどしく話し始めた。学校の勉強は小学校三、四年の頃からよくわからないこと、タバコや酒は確かにするけれど、していないときも親や教師は疑うので頭に来ることなどを自発的に話し始めた。しかし、次第に話している自分が、筆者に話をさせられている自分という風に感じ始めたのか、筆者が何かことばを添えると、「おまえは俺の言うことだけをきけばいいんだ！　何で俺のじゃまをする！」などと突然に腹を立て始め、「おまえなんかに何がわかる、そんな顔をするな！　むかつく！」と席を立とうとした。おそらくは彼のなかでは、自分の考えに修正を迫り、反省や謝罪のことばや行為を無理矢理に引き出そうとする支配的な大人のイメージが活性化されたのではないだろうか。そう感じた筆者は、春男にイニシアティブがあることと、筆者が春男からの非難に挑発されても脅かされてもいないことを伝える意味で、驚いた表情を誇張した形で示しながら、「ごめん、ごめん。よけいな口を挟んで悪かった。君の言うとおり何もわかっちゃいないんだな。まずはすっかり君の話を聞かせてもらいたいんだ」と伝えた。すると、春男は立ち上がった姿勢をどうしようかと思案したのだろうか、少し間があって、再び椅子に座り、「別にもう話すことはない」と言うが、その振舞いは反対に筆者からの質問を待っているようだった。筆者は「これからもこういう風に食い違ってしまうことがあるだろうが、さっきみたいに話し合いたいと思っている」というようなことを伝えた。筆者は春男とやっていけるかもしれないという可能性を感じた瞬間でもあった。

しかし、その後の面接において支配を巡る転移状況はさらに活性化され、ほどなく面接は行き詰まりを感じさせるようになった。春男は遅刻や無断キャンセルを繰り返し、全身からたばこ臭を漂わせて来室したり、面接の帰りに商店前のゴミ箱を蹴り倒して警察に通報されるなど、面接を支配し破壊しようとし始めてきた。こういう事態のたびに、どういうことが起こったのかと筆者が取り上げると、春男は「だったらもうこんなところ辞めてやる」と言ってくる。筆者はこの状況を転移として理解しつつも、それを直接に取り上げることはせず、むしろ筆者自身が自分の声の調子や態度に注意を払い、自分がこの挑発に反応していないかに注目しようと心がけた。そして、たとえば、意外で不思議だという顔をして、「私は怒って叱ろうというのではないし、君をこうやって怒らせるつもりもないのだけどなぁ。きっと何か君なりのワケがあると思って、それを知りたくて聞いているんだよ」というように、そこでの感情を取り上げることを続けた。そのようなやりとりを繰り返すうちに、春男は「先生は自分みたいなやつにかかわるなんて、変人じゃないか」、「おふくろにこんな旦那がいれば、まだましだったろうに」などとも言い、筆者に対するポジティブな感情や期待も育ち始めていることがうかがわれた。

とはいえ、この時期には、春男が「先生の子どもって○○小学校にいるんだってね……」と不敵なほほ笑みを浮かべて挑発し、筆者は大きな不安と恐怖に揺さぶられることもあった。後に春男はT先生から筆者が子どもを持つ父親であるということを聞いたことがわかった。この場面についても筆者に対して肯定的な感情を持ち始めているところで起こったことであるとは理解しつつも、筆者にとって面接そのものの安定性が最も危機にさらされた事態であった。

【第二期：自分のこころを語るスキルを獲得すること】

初回面接から約一年。心理療法を破壊するほどのチャレンジは徐々に減り、「どうせヒマだし」「ここに来るだけで、まわりがほめてくれるし」と定期的な面接が可能になった。とはいえ、面接外での小さなトラブルは相変わらず散見され、そのたびに不機嫌な態度で面接に訪れてくるのであった。

ある回で春男は「やっちゃった。でもむかついた！　もう知らん、好きにしろっ！」と言いながら面接室の扉を叩きつけるように閉め、事務机を蹴り入室した。こうしたことはこれまでもしばしばあることで、筆者は「どうした？　今回は一体何があったのか？」と尋ね始めるようにしていた。今回は次のようなことがあったようである。春男の楽しみは新製品のお菓子を買うことで、テレビで宣伝されると、すぐに近くの商店に飛んで行く。これまで万引きをすることもあったが、このときはお金を持ってある商店に入ったものの、目的とする新製品が売っておらず、そのまま手ぶらで出て来たところを店員に肩をたたかれ、「何か持っていきませんでしたか」と尋ねられたという。カッとした春男は店員につかみかかり、一悶着を起こしたのだというのだ。この説明を春男から聞いて状況を理解するまでに面接時間いっぱいかかった。春男は話をしているあいだ、途中で何度も「もういい！　冗談じゃない」、「何だ！　俺が悪いっていうのか」、「もう、どこへでも連れて行け」と興奮してしまう。あるいは「どうせ先生は俺をどっかへやろうとするんだろ」とか、「もう来るなと言うんだろ！」と言い始める。そのたびに筆者は「そんなことを言っていないし、これまでそんなことがあった？　とにかく何があったか話してごらん」と話を続けるよう促す対応をした。面接の終わりに筆者は春男に対して今回の出来事のまとめを話して、「こうやって伝えられたら、その瞬間にお店の人は、すみません、申し訳ありませんって謝ってくれたかもしれないよ。それで済んだのだよ」。この時期の面接はこうしたやりとりを繰り返すことが主な内容となった。

また、「私がなんて言う（思う、感じる）と思う？」という問いかけや、「君はこう言いたい（思う、感じている）のでは？」と、お互いの思いをゲーム感覚であてようと促すことも意図的に行った。また、卒業後も家庭訪問などでフォローをしてくれているT先生は、高校受験に向けての指導や交換日記を通して自己表現についての指導を根気強く丁寧にしていた。

春男は最初、こうした自分を説明したり、相手の思いを想像するような課題になかなか乗ることはできなかった。しかしながら、面接の開始から二年半を過ぎたころには、断片的でばらばらな印象の強かった春男の語りは、つながりをもって理解されるようになり始めた。

【第三期：またはじめから】

面接も三年目が終わるころには、面接内での関係性は安定してきた。春男は筆者やT先生とのかかわりの中では、自分の脆弱性を認めることができるようになってきた。面接においては、自分を「バカで」「駄目なやつで」などと表現することが多くなり、むしろ自分に対するイメージの悪さが面接の話題として取り扱われるようになった。社会的なかかわりでは、アルバイトをしては辞めることを繰り返しながらも、それを努力と認められる経験を積み重ねて、社会への適応も徐々に向上してきたところで、薬物療法が中止となった。

春休みの時期になると母校に行き、学校内でかつての担任教諭に会うことが春男の楽しみになっていた。その年も母校を訪れたところ、事情を知らない新任教師に追い出され、トラブルが起こりそうになったということがあった。しかし、彼はそこで拙い表現でも懸命に混乱する感情を抑え込んで自己紹介をし、担任に会うためにきたと訪問の目的を説明したという。

こうしたエピソードが面接内外でみられるようになってきたところで、徐々に面接の間隔を広げ、経過を観察していくことになった。

そして、ついに春男は定時制の高校に通い始めることになったと、T先生が嬉しそうに連絡をくれた。筆者は早速フォローアップの面接として春男に会う機会を作った。高校で出会った年下の同級生と交際するようになったことを春男自身から報告を受けた。その彼女もまた家庭的な事情と衝動的な行動に課題を抱えていそうな若者であるが、春男は彼女を妹のように可愛がり、反抗的な態度に手を焼いていた彼女の母親からも頼りにされていると自慢げに語る春男を筆者はほほ笑ましくも、一抹の不安を抱えながら聞いていた。

それからわずか数週間後、あのとき掠めた不安が見事に的中してしまった。深夜にT先生の携帯電話が鳴った。春男からの電話である。その内容は「助けてほしい。今、彼女の家にいて、彼女に包丁を向けている」というもの。T先生と一緒に筆者にも来てほしいと春男が言っているとのことで、T先生とともに彼女の住むアパートに駆けつけ、扉を開けると、そこには包丁を彼女に向けている春男がいた。

オロオロしている彼女の母親によると、いきさつは次の通りであった。春男を慕う彼女が、春男の忠告に従って親の言いつけを守ったのは、付き合い始めの最初期だけだった。春男の忠告は、次第に脅すような大声になり、暴力へとエスカレートしていった。それでも彼女の母親は、春男に感謝し、春男を頼った。今夜も母親に小遣いが足りないと暴力をふるう娘をおとなしくさせようと、この母親は春男に助けを求めたのだった。娘は春男の威嚇に対して警察を呼ぶぞと反発したところ、春男はキッチンにあった包丁をつかみ彼女に向けたということだった。包丁を突きつけたのはいいが、この先どうしていいのかがわからなくなった春男は、携帯電話でT先生に助けを求めたのだった。

T先生は自分のこころも鎮めているかのような静かな声で春男を説得して、十分な時間をかけて春男に包丁を降ろさせた。そして、怯える彼女と呆然とする彼女の母親に対して、「怖かったろう、すまなかった」と詫びて、改めて春男の母親と一緒に謝罪に伺いたいと頭を下げて引き取った。

部屋を出て車の中で春男は「役立ちたかっただけなのに、どうしてこんなになっちゃうんだ」と泣きじゃくった。T先生も鼻をすすり上げて、「またはじめからやり直そう、春男」と春男の肩を抱いた。

4　繰り返される日常を生きていくこととその臨床実践

バーンフェルトの言う通り、教育や福祉に代表される地域での臨床実践は、「繰り返される日常を生きていくこと」に内包されるシーシュポス性にこそ本質的な特徴がある。しかしながら、カミュ（Camus,1942）が指摘しているように、単なる徒労に終わる運命が私たちにもたらすものは、バーンフェルト（Bernfeld, 1925）の言うところの限界 Grenzen や絶望や落胆ばかりでなく、生きていることの不条理がもたらす歓び、存在することの意義なのである。

内田樹（二〇〇九）は、村上春樹の小説の中で食事や掃除といった、実にありふれた日常が頻繁に描かれていることを取り上げて、しばしば卑下的に呼ばれるありふれた生活を営むことの中にある冒険的な本質こそが世界中で村上春樹が読まれる所以であると述べている。「この敗北することがわかっている戦いを日々戦う人なしには、私たちの生活は成り立たない」のであり、「『お掃除をする人』はその非冒険的な相貌とはうらはらに、人類に課せられた『局地的に秩序を生成するためのエンドレスな努力』というシシフォス的劫罰の重要性を理解する人なのである」。

これに対して、「『ご飯も作らないし、お掃除もしたことがない』タイプの知識人たちが村上春樹をうまく理解できない消息が私にはよく理解できるのである」と内田は指摘する。なるほど、繰り返されていく日常を生きていく現場を生きることのない臨床家には、この治癒することのない、治癒することなど当初から目的になっていない対象への終わることのない心理臨床の意義は理解できないのではないだろうか。

ウィニコットは、この日常を生きていく現場から多くを学び、抱えることや生き残ることなど、精神分析のみならず広く臨床実践において重要な臨床概念を生み出した稀有な精神分析家であった。彼が亡くなる三カ月前に人生の最後に行ったデヴィッド・ウィリス講演（一九七〇年一〇月）は、児童養護施設の職員に向けてのものであった点でも象徴的である。彼はその講演で、適宜、適切な解釈を行うという観点だけでは決して説明できない何か大切なセラピーの要素が養護施設に収容されている子どもたちと職員たちとの体当たりの臨床実践の中にあることを、次のように述べた。

セラピーは施設によってなされているのだということ、すなわち、壁と屋根によって、レンガで投げ破られる格好のターゲットとなるガラスの温室によって、人のへそのところまでくる水を沸かすために戦後の貴重な石炭を大量に使い果たしてしまうような、ばかばかしいくらいに大きい風呂によってセラピーがなされているのだということを知るのに時間はかかりませんでした。

料理人が規則正しく食事を食卓に出すこと、ベッドカバーが素材も色も十分に暖かいものであること、そして、デヴィッドが職員不足にもかかわらず、無駄骨になるという感覚に絶えず襲われながらも、秩序を保つ努力を行ったこともセラピーだったのです。（Winnicott, 1970, 邦訳二三八頁）

そして、このセラピーの要素は精神分析療法の中にも見出すことができるものであると主張し、①あてになること、②抱え（続け）ること、③罰することは理解ができていないこととする道徳的姿勢、④感謝を求めないこと、⑤生き残ることの諸要素を挙げた。

そして、彼は人生最後の講演を次のことばで締めくくった。

居住ケアは、私の見解では、専門的施設で専門家によって行われる思慮深い治療行為であるということがおわかりいただければと思います。それはいわば愛情かもしれませんし、憎しみのように見えなければならないこともよくあります。……あなたがたが生き残れば、その子どもは、もし不運な環境崩壊によって不幸が起きていなければ、その子が当然なっていたであろう人物に成長するチャンスが与えられるのです。(Winnicott, 1970, 邦訳二四五頁)

精神分析が教育や福祉をはじめとした日常生活にかかわる臨床から学ぶべき本質とは、決して勝ち目のない繰り返しの日常を生きていく営みの中での勇気や希望にあるのではないかと考えるのである。

5 おわりに

筆者はこの五年ほど、特定の施設や学校を年に何度も訪れて、そこで手強い子どもたちにかかわる教職員たちと雑談という名の対話を続けており、この活動を「子ども理解のワーク」と名付けている。子ども理解とは、「その人の振舞いや態度を良いか悪いか、正しいか間違っているかで判断する見方を脇に置いて、その人の振舞いや態度を、それを引き起こす『こころ』という観点から理解しようとし続ける姿勢や態度」のことである。

こころという観点から理解しようとし続けることの中には、こころをすっかり理解することなどできないという事実が含意されている。理解できたと思う間もなく、また岩は転がり落ちていくのである。しかし、それは決して虚しいことではなく、実践の現場を生きていくことの歓びに属するものだと筆者は信じている。

祖父江（二〇一五）が「自分のこころを使って他者のこころを理解する」という営みを精神分析が貢献しうる日常臨床の特徴とみなしているところにも、筆者は到達しえない理解に向けて果てしない努力を続ける実践家としての冒険性をみる。転がる岩にシーシュポスはほほ笑むのだ。

［文献］

Bernfeld, S. (1925). *Sisyphos oder die Grenzen der Erziehung.* Internaitionaler Psychoanalytischer Verlag. (*Sisyphus, or The Limits of Education.* Berkeley, CA: University of California Press, 1973.)

Camus, A. (1942). *Le Mythe De Sisyphe.* Editions Gallimard. 清水徹（訳）（一九六九）『シーシュポスの神話』新潮文庫

Ekstein, R. & Motto, R. L. (1969). *From Learning for Love to Love of Learning: Essays on Psychoanalysis and Education.* Brunner/Mazel. 猪股丈二・岩村由美子（監訳）（一九八九）『教育と精神医学の架け橋』星和書店

Freud, S. (1932). *Neue Folge der Vorlesungen zur Einführung in die Psychoanalyse. Gesammelte Werke* XV. S. Fisher. 道籏泰三（責任編集）（二〇一一）「続・精神分析入門講義」『フロイト全集21』所収、岩波書店

Midgley, N. (2013). *Reading Anna Freud.* Routledge.

Redl, F. (1969). Forward. In *From Learning for Love to Love of Learning: Essays on Psychoanalysis and Education.* Brunner/Mazel. 猪股丈二・岩村由美子（監訳）（一九八九）「序文」『教育と精神医学の架け橋』所収、星和書店

祖父江典人（二〇一五）『対象関係論に学ぶ心理療法入門』誠信書房

内田 樹（二〇〇九）「ご飯を作り、お掃除をすることの英雄性」ブログ『内田樹の研究室』http://blog.tatsuru.com/2009/06/24_0907.php

Winnicott, D. W. (1970). Residential care as therapy. In *Deprivation and Delinquency.* Routledge. 西村良二（監訳）（二〇〇五）「セラピーとしての居住型ケア」『ウィニコット著作集2 愛情剥奪と非行』所収、岩崎学術出版社

福祉における実践——仮面の奥のたどり着けなかった悲しみ

松平有加

大学院在学中に青少年相談センターで心理療法をする機会を得て、被虐待児、学校に行きたくても行けない子どもたちに出会った。そこでは子どもたちの〝おびえ〟や〝不安〟な気持ちは捉えにくく、「瞳の奥の悲しみ」としてわずかに察せられる場合も少なくなかった。それまで学んできた専門的な知識だけの頭でっかちな対応ではうまくいかず、「なんとなく一緒に過ごすとよくなる」相談室のケースとは異なり、初めて自分が足踏み状態に陥っていると感じた。

私の経験した数少ない福祉分野のケースでは、無料であるため敷居が低く、気軽に相談に来やすい一方で、親の来談意欲が低い傾向があり、子どもとのかかわりは、いつ途切れるかわからない不安の中で行わなければならないことが多かった。ラポール形成もままならない関係性の中で、何とかこの場だけでも繋がるようにと〝よき理解者〟として表面的にかかわるのが精いっぱいであり、それらしく〝セラピストとして振る舞う〟ことで必死だった。目的も経過も薄曇りの中、私はたびたび、〈何の役に立っているのだろう〉、〈この時間は必要なのだろうか〉と自問し、孤立感や無力感に圧倒されていた。後に精神分析を学び、これこそが子どもたちから送られてきている無言のメッセージであり、私の逆転移そのものだったことを知った。しかし当時は、そうした〝もうひとつの視点〟は持ちようもなく、私は自分の接し方が正しいのかわからないまま、武器も持たずに、ただ子どもたちとの関係の中に身を任すほかなかった。

さて、ここで場面緘黙と抜毛のある女の子とのプレイセラピーを示したい。彼女は小学校高学年。父は再婚したため〝新しいお母さん〟と三人で暮らしていた。元の母親は彼女に虐待をしており、彼女は母親の顔色を窺いながら育った。彼女は、我慢が当たり前の日々を送ることを余儀なくされた。だが新しい環境、新しい家族になっても財布からお金を抜き取ったり、学校でも授業中寝てばかりいるという問題行動があり、両親はどうかかわりをもてばよいか途方に暮れていた。某大学相談室へ来談するも「見られている」「監視されている」と感じ、早々に中断している。さらに、「学校で話さない」「髪の毛を引きちぎったような痕跡がある」ことを心配され、私の働いていた青少年相談センターを訪れた。

初回、彼女は私が話しかけると、目が見えないほどの三日月眼でニコニコと笑顔を作った。プレイルームに入ってもニコニコしたままことばは発さない不自然な時間が続き、視線を合わせようとすると目が合うこともあるのだが、セラピストの顔色を盗み見しているような不気味な感じを覚えた。私はそんな彼女をどうしてもかわいらしいとは思えず、穏やかな気持ちではいられなかった。

彼女とのかかわりは、バドミントンや、キャッチボールという関係性を築く段階の遊びから始まった。失敗しながらもお互い必死に〝球〟を繋げようとするところは、出会ったばかりで手探りのふたりの関係性と重なった。そのうちセラピストの許容度を確かめるかのように、彼女は徐々にボールを強く投げてみたり、ひどく蹴とばしてみたりといった攻撃的な遊びにも乗り出した。セラピストが転んだところでこの確認の作業は終了し、接近したり触れ合いの多かったりする遊びへ移り変わっていった。私はほっとする一方で、絵に描いたようなとんとん拍子の展開は、初回としては早すぎるのではないかというひっかかりも感じた。

しかも遊びの間は、空虚な笑顔の奥に鋭い視線を感じ、私はこころの中まで見透かされているような気がずっとしていた。私はこころの中でかかわりにくさを感じながらも、〈関係を繋げなければ〉、〈楽しいと思ってもらわなければ〉、〈私が楽しんでいるように振る舞わなければ〉、と取り繕うのに必死な〝偽りのセラピスト〟だった。

彼女が落書きをすることを選んだ回では、お絵かきボードに足を止め、黒いペンを手に持ち、洋服のシャツらしきものを描いては消す、描いては消す、を繰り返した。顔はなかった。シャツは袖からたくし上げられ、胸元が少し膨らんでいるリアルな絵だった。彼女は何度も同じ絵を描き上げ、さらにズボンや顔まで描くことを試みるものの、顔は輪郭で留まり、私の顔を見て薄く笑い、困った表情で首をかしげてまた消してしまった。私はそんな彼女を傍らで見守りながらも、困惑の奥の表情が「自分を消します」と言っているのではと想像してしまった。

次の回もニコニコしながら私に向かってボールをひどく蹴ったり、玩具をぶつけてきたりするなどの攻撃的な遊びが展開された。私はとても悲しい気持ちになったが、ことばにならなかった。制止することは避け、壁へボールを一緒に蹴るなどしてなるべく受け止めようとした。と言うより、少し彼女のことが怖くて、でもこの場所で嫌な思いをさせたくなくて、何とか別の標的に〝怖さ〟が向かうように仕向けた、のだと思う。彼女自身も衝動を表出した後にすぐ遊びを変え、何もなかったかのように優しくなった。私はただ率直に、もっと自由にのびのびと遊ばせてあげたいと思った。

結局彼女とのプレイセラピーは、数回で来談が途絶えてしまった。私のこころは置いてきぼりになった。来ることのない彼女をひとり待ちつづけ、私はなぜだかとても空虚だった。

〝ニコニコ〟の仮面。彼女はその仮面で自分を覆わなければ、苦しみに溺れてしまうと思っているのだろうか。今回のプレイセラピーは、彼女の仮面を壊す恐れを抱かせたのだろうか。言語でのかかわりがほとんどない中で、態度や振舞いから何を読み取り、どうキャッチしたらよかったのだろうか。私は、答えのない質問を虚空に投げかけるかのように、自問自答し続けた。

クライエントの中にある〝何か〟を抑圧するための蓋=仮面。症状レベルでは収まりきらず、セラピストにそれは投げ込まれ、私は巻き込まれ、ひとり捨て置かれたのだと思う。

私のセラピストとしての原体験は、こうして私のこころに痛ましさとともに刻み込まれた。◆

▼臨床コラム7

発達障害をもつ人への適応支援——力動的視点がもたらすもの

豊田佳子

発達障害をもつ人たちへの支援は、現在大きな関心を集め、またニーズも多い臨床的テーマである。失敗体験を繰り返しながら学生時代を何とかやり過ごしてきた発達障害をもつ人たちが、就労につまずき、福祉の場に姿を現すことは少なくない。彼らの多くは、自身の困難がどこにあるのか認識できないまま、自己否定感を深めている。それは、支援者との関係を築き、適応のためのスキルを習得していく上でも大きな足かせになっている。

「なんでかよくわからないけど、いつも私だけうまくいかない」

「うまくいかないのは、私がダメな人間だからと思っちゃう」

これは、そのうちの一人、Aさんという女性が、出会った当初の私に発した悲痛なことばである。

Aさんは、大学のゼミなど集団活動で「なじめない」「イライラして家で暴れちゃう」「将来どうしたらいいいか」と主治医に訴え、心理療法を紹介されてきた。「アスペルガーで人間関係が苦手。人の言ってることが覚えられないし、普通の人が何考えてるのかわからない。なんか言っても違う意味に取られちゃうし怒らせちゃう。馬鹿にされる。就職したいけどどうしたらいいかわからない。でも大学まで進学できたし、何とかなると思ったんだけど」と訴えた。必死さは伝わってくるものの、借り物のようなことばで一方的、羅列的に語るその様子からは、ことばと体験がつながっていないように感じられた。

成育史を聴いたところ，Aさんは幼児期から場面状況を理解しないままマイペースに振る舞ううちに，周囲との関係性の悪循環を繰り返してきたようだった。思春期における自意識の高まりの中，不安と被害感を募らせ，時にフラッシュバックによるパニックを生じ，包丁を振り回したり物を投げたりすることもあるという。大学に進学はしたものの，時計を見て支度することや公共交通機関の利用はできず，母頼みの生活を送っていた。

面接では，時に母にも同席してもらい，生活史を丹念に振り返り，その体験と本人なりの努力をねぎらうとともに，実生活の状況について尋ねていった。話が細部にわたりまとまりにくい一方で，抽象的な言い回しの多い彼女に，私は場面状況を思い浮かべられるよう具体的な質問を加えた。また，時に面接場面でも興奮が高まるため，リラクセーション法を導入し，安全感が維持されるよう努めた。加えて，自閉症スペクトラムの当事者向けの本をともに読みながら，彼女の抱える問題を概念化し，本人の了解のもと，大学の関係者にAさんの特性を伝え，それにそった具体的なサポートをお願いした。

周囲のサポートが得られるようになると，彼女は「配慮してもらってもこんなに大変なのに，やっぱり普通に就職は無理。疲れがわからないし，人とも話せない。イライラすると暴れちゃうし。自分の障害，自分のことがわかるようにならないと」と，自己の特性と課題を認識する必要性を自覚し始めた。そして，地域の障がい者支援センターでの相談を経て，卒業後は就労支援施設への通所を決めた。Aさんも同席したケア会議で，通所の目的として，自力通所，時間の管理，集団の中で役割を果たしながら過ごすことが話し合われた。以降，私は彼女との面接に加えて，援助チームのコンサルタント的な役割も担うことになった。

通所が始まるとAさんは，支援センターや就労支援施設のスタッフによる達成の評価や具体的目標の提示に支えられ，「頑張ってるって思える」「今まで自分のことがわかってなかったんだな」と語るようになった。こうした行動面／内面の変化とそのときどきの課題は、私との面接や定期的に行われたケア会議で話し合われ、彼女と援助チームとに共有された。

しかしその一方で彼女は、通所の道中で通勤途中の同年代の他者を見て、「自分の現状を思うと悲しくなる。なんでこんな風なんだろう」とうなだれた。スタッフに対しても、「障害者だと思って馬鹿にされてるんじゃないか」と時に被害感や不信感を強めた。ある面接で「私ってダメな人間って決まっちゃってるんじゃないか」と絶望感を訴えたAさんに、私は〈将来への希望をもちたくて面接を希望したのに、私との面接で自分の課題に気づくことになって、成長でもあるけれどつらい〉と援助において課題に直面させられる痛みにふれた。また、達成や努力、希望をもつ力など彼女の良い側面を積極的に取り上げつつ、落ち着きを取り戻した彼女と、今取り組むことを静かに確認した。

ケア会議の場でも、スタッフから課題を指摘されると、Aさんは認めつつも感情を昂らせ、劣等感を訴えた。私が彼女の痛みにふれると、そのトーンは和らぎ、彼女は「わかってるんです、自分に課題がいっぱいってことは。でも、焦るしつらい」と苦痛を漏らした。援助チームからは困難を生きてきた彼女を労わる声がこぼれた。さらに、あるスタッフから、チームも手探りで援助をしてきたこと、その余裕のなさからAさんのつらさに十分気づけなかったかもしれない、と省みる声が挙がり、ケア会議はしっとりとした雰囲気になった。彼女の苦痛はいくらか、チームに包容されたようだった。

彼女は徐々にではあるが、スタッフが「気遣ってくれてる。話すと安心できる」とほっとした顔も見せたり、通所施設のメンバーとの語らいから「みんなもいろいろ苦労してるんだなぁって思った」と口にしたりするようになった。そのときどきの状況によって度合いは左右されやすいながらも、他者と繋がるという実感が芽生えているように感じられた。面接の合間にふと、「私って変わったものや人が好き。自分も規格外だからかな」とはにかむその様子からは、自身の特性について認識を深め、そうした特性をもつ自分を必ずしも悪い面ばかりではないと感じていることがうかがわれた。彼女はその後、障害者枠での就労と休職、通所で得た「自分と似たところがある」友達との付き合い、支援者とのかかわりを通し、生活スキルの習得を進め、自分らしい生き方をみつけようとしている。

　発達障害をもつ人たちの中には、Aさんのように、刺激にあふれ混乱しやすい体験世界に住んでいる人が少なからずいる。これまでの実生活について具体的に尋ね、援助者の理解を伝え、話し合うことは、不快な出来事の連続と体験されてきた自らの歴史について、自身の特性との関係で整理することを助ける。それを通して体験とことばは結びつき、彼らの混乱した世界に意味による分節化がもたらされる。また、自身の抱える課題を認識することによって、さまざまな福祉制度を利用した自己調整スキルの取り組みも進んでいく。

　その一方で、援助を通して自身の課題を認識することは、Aさんのように自身の〝できなさ〟を痛感したり、これまで視野に入っていなかった他者の視点に気づき戸惑ったり、援助者を含む他者への劣等感を生んだりする面ももつ。自身が一面的に悪いものと体験され、良い自己がスプリットされてしまいやすいこうした局面において、当事者の痛みを援助者との関係性の中で生じたものとして受け止める視点が果たす役割は大きい。生来、他者との関係性が体験しづらい基盤があり、生活史を通して負の体験を積み重ねてきた彼らへ、自身の体験を共有し包容できる良い他者が存在し、繋がることができるという実感をもたらすようである。それにより、外界への不安や被害感は和らぎ、取り入れが活発に生じ始め、自身を肯定するような良い自己像も徐々に内在化されていく。このような内的世界の変化は、実生活の課題に取り組む支えとなる。

　ここに挙げたAさんはあるとき私に「経験してそこから学べるようになった」と語ってくれた。未だ困難は抱えながらも、彼女自身が自らの変化と成長を感じ取っていることが伝わってきた、私にとって忘れられないことばである。◆

第V部

産業における実践

■第12章 企業内メンタルヘルス相談

精神力動的理解と応用

乾　吉佑

1　はじめに

産業における精神健康相談（メンタルヘルス相談）を取り上げる場合、どの立場から産業にかかわるかによってメンタルヘルス相談も異なるであろう。つまり、企業内メンタルヘルス相談の場合と、今日盛んになったＥＡＰ（Employee Assistance Program: 従業員支援プログラム）の立場で、外部から産業にかかわる場合では異なる構造的な理解が必要となる（金井、二〇一六）。

私は、企業内健康管理センターでの職場内精神健康相談で、主に社員個人のメンタルヘルス相談にかかわっている経験を中心に本章で述べたい。企業内メンタルヘルス相談には、企業内での社員個人、職場組織および企業体自体に対して行われるメンタルヘルス活動を総称した考え方もあるが、本章では主に、社員個人へのメンタルヘルス相談対応に焦点をおいて述べる。

職場において社員へのメンタルヘルス相談に従事していると、以下の二つの点が必要と考える。第一は、心身への力動的な理解をその背景に持つこと、第二は、職場という構造特性を十分に理解して活用することが常に要請される。というのは、社員へのメンタルヘルス相談への依頼は、多くの場合、取りあえずの一次的対応（たとえば、産業医への受診や職場関係者〈上司、労務など〉との折衝などの対応）では解決できない課題が持ち込まれるからである。その対応に際しては、不調となった社員個人の心理力動的な意味や意図を十分把握しながら、加えて、職場内の対人関係や仕事との適合性にまで拡げた理解が必要となる。

つまり、職場でのメンタルヘルスの課題は、単に当該社員の個人的問題だけに止まらず、企業特有の職場風土やその構造的特性を十分に勘案した、相談支援体制の枠組みが臨床家に準備される必要がある。これらの諸点を検討するに先立ち、まず職場の社員個人のメンタルヘルス相談で課題となる問題点に触れておこう。

2　職場で課題となる二つの職場不適応

職場で、社員のメンタルヘルス相談の課題となるのは、多くの場合、職場における不適応として顕在化してくる。不調を自覚して、自発的に来談する社員も今日増えてはいるが、多くは職場関係者や内科・精神科産業医を通しての依頼である。どんな職場不適応かといえば、それらは、以下の二つに分類できる。

a　第一の職場不適応

第一の職場不適応は、明らかな統合失調症、躁うつ病、てんかん、アルコール性精神病、器質性精神病、そして重度の精神神経症などの精神障害が原因で、職場での適応不全や問題行動を起こしている場合である。これらの社員は、一般に上司や同僚からも注目され、作業能率や勤労意欲の著しい低下、ミスの増加、長期欠勤、問題飲酒、被害・関係念慮を含む職場内での対人関係のトラブル、そして自殺企図などの形で問題が認められる。

産業場面で職場不適応というと、一般的には、このような精神障害に罹患した社員を指すことが多い。

b　第二の職場不適応

それに対して第二の不適応は、明らかな精神障害による職場不適応とは異なり、むしろサブクリニカルな意味での職場不適応と呼べるものである。私は第二の職場不適応での相談依頼をメンタルヘルス（精神健康）相談と呼び、第一のメンタル相談と区別している。第二の不適応を示す社員には、おおよそ二つのタイプ（内的不適応タイプと身体的愁訴タイプ）が認められる。

第一のタイプは、社員自身の内的不適応感や不調感（意欲の減退、不全感、不安感、抑うつ感、緊張感など）から自発的に、メンタルヘルス相談を依頼してくる場合である。しかし、たいていは第二のタイプに身体的愁訴（胃部不快、心悸昂進、不眠傾向、食欲不振、倦怠感、発汗、冷や汗、頭痛、頭重、腹痛、下痢症状など）を訴えて、内科産業医を受診するタイプである。この第二のタイプの中で、内科的諸検査で問題点が見出されない場合や、身体愁訴が長期間改善せず継続している場合に、メンタルヘルス相談が依頼される。

そして、第二の職場不適応は、第一の職場不適応に比べて、より職場そして職場組織と社員をめぐるさまざまな力動的関係や出来事が、社員の不調や不適応の形成に関与していることが多い。なかでも職場との不適合が問題となるものが多い。臨床家が当面の身体症状にばかり目を奪われ、この職場との不適合に十分意識して対応しないと、その結果、症状改善が長引き、さらに勤労意欲の減退、出勤の億劫さ、職場での孤立感、職務遂行する自信のなさ、職種への適性を欠くなどの悩みを深め、仕事の役割遂行上由々しき問題を形成してゆくことになる。

3　メンタルヘルス相談の実施上の準備

メンタルヘルス相談が依頼されると、直ちに二つの問題解決「何故発生したか」と「職場でどう対応すればよいのか」の問題点の発見と対処方法が臨床家に要請される。特に、職場関係者（多くは上司）からは、不適応の発生時点から、当該社員にどんな対処を職場状況で取るべきか、勤務形態や対応の方針決定がただちに問題となるし、その決定を適切に方向づけることが臨床家に期待される。

たとえば、入院や外部医療機関や相談施設へ依頼すべきか、それとも自宅療養などの病気欠勤の扱いはどうか、勤務継続の場合には勤務形態や仕事量や内容――たとえば、仕事の代行や変更の手配、残業の扱いはどうか、客先派遣は可能か――など、細かい選択や対処である。そしてここでは精神医学的な評価機能とともに、社員の問題点を適切に把握し、職場関係者に的確な助言を行う心理・社会的な視点を持った役割が期待されている。また職場状況と社員の力動的な相互関係について十分に調べる面接能力が必要となる。

つまり、メンタルヘルス相談では、その社員の問題の所在を常に適切に判断して行く判断評価（診断評価面接）や見通しの枠組みが臨床家自身に備わっていることが必要である。それには、以下の具体的な準備（「問題点の所在と発生を知ること」と「技法的準備と相談のかかわり」）が必要であろう。以下にそれらを説明する。

（1）問題点の所在と発生を知ること

職業人としての社員の歴史は、社員の個人史とともに、その時々の経済・社会・政治・文化の変動あるいは職場の経営方針、職場環境や雰囲気、対人関係などの変化と影響を色濃く受けている。すなわち、社員の問題には、この職業人としての歴史に示されるさまざまな構造を有している。したがって、これらを解明するには、当面問題となっている社員個人の不適応感や身体的愁訴に至った経過を整理するとともに、以下の四つの観点から社員の問題の所在と発生の力動的な理解（メカニズム）を明らかにしてゆくことが必要となる。

つまり、社員の不適応や身体愁訴を引き起こすことに至った、目に見えないこころのあり方をどうすれば見えるものとして捉えることができるか、常にメンタルヘルス相談において課題である。すなわち、臨床家は社員の示す不調や不適応には、今はわからないが、何か隠された無意識的な意味と意図があると理解することが必要であり、この点私にとっては、精神分析学的なものの見方と認識が、有効かつ必要であることを強調しておきたい（乾〈二〇〇七、二〇一〇b〉、岩倉〈二〇一四〉）。

ところで、私は、社員個人の不適応感や身体愁訴に至った経過を、以下の四つの観点、①現在置かれている職場内での問題、②社員自身が今置かれている問題、③社員自身の内的な問題、④精神病理現象から発生したものか、などから整理し、問題の所在と発生のメカニズムを明らかにしようと試みている。

実際の臨床場面では、これらは同時的に把握し整理されてゆくが、説明の便宜上各項目について説明する。

① 現在置かれている企業・職場内での問題は？

社員に不安やストレスをしばしば引き起こす職場の課題は、日常的に見られる昇進・昇格・降格などの「異動や配置転換」による影響。職種、職務内容、仕事量そして職場内対人関係などとの「適合性や役割の変更をめぐる問題」がある。さらに今日では、職場の合理化による仕事内容のスピード化と多様性、技術革新の導入を含めた高品質高管理システムや成果主義の問題、さらに男女雇用平等や育児支援の未整備さ、フレックス制度の導入の有無などの職場環境要因なども、不適応の背景として関与している可能性が大きい。

つまり、これらの職場や職種と社員をめぐる力動的な関係や摩擦が、社員にさまざまな心的ストレスを課し、心身の精神健康にも多大な影響を与えていることを知ることが、メンタルヘルス相談の第一のポイントとなる。

② 社員自身が今置かれている問題は？

第二のメンタルヘルス相談のポイントは、社員自身が今置かれている問題を理解することである。職場との不調が当面問題でも、その不適応の背景には、社員自身のライフサイクルの問題や家庭内での葛藤などの、その社員自身をめぐる発達的課題や家族問題が影を落としている場合も多い。その観点から理解することがポイントとなる。

③ 社員自身の内的な問題は？

第三の見立てのポイントは、社員自身の内的問題点、つまりその人のものの見方、感じ方、受け取り方などの人柄や性格特性などが、不適応や身体愁訴の形成に大きな影響を与えていないかを調べてみることである。つまり、職場との不適合感や職場内対人関係の不調にしても、この社員自身の性格特性（たとえば、几帳面で完全主義な融通のきかない強迫タイプなど）が明らかに影響していることもある。この無自覚な性格特性について知るには、生活史聴取ばかりでなく、臨床家と社員との関係のあり方（抵抗や転移関係）などの、力動的な治療関係の認識を活用することが大切となる。

④ 社員の問題は精神病理現象から発生したものか？

社員の不調や不適応は、精神病理現象の前駆的なものかどうかを見定めることも必要となる。抑うつ的な様子はうつ病の前駆症状なのか、それとも一過性のものなのかを判断することはかなりの経験を有するし、除外評価が是非必要となる。明らかな精神病理現象と判断されれば、社員にその旨を告げ、精神科医に依頼することを含め、十分社員と話し合うことが肝要となる。

以上の問題点の所在と発生を知るアセスメント面接から、次にメンタルヘルス相談へと進んで行くが、その際、以下の「技法的準備と相談のかかわり」が必要となる。

（2） 技法的準備と相談のかかわり

a 理解のレベルと介入方法

以上述べた①～④の見立ての四段階から、社員の問題点の所在と発生の力動的な理解の評価を行ってゆくが、表12-1（乾、二〇一一a）のように、この四段階での見立ては、理解の層構造と意識レベル（自覚）のあり方を示しており、臨床家は常にどのレベルの層を相談や評価の対象としているか見通すとともに、その層に見合う相談技法が選択される必要がある。

すなわち、実際のメンタルヘルス相談においては、社員との間で一～三回（一週一回、一回四〇分）のアセスメント面接のセッションを設定して、社員自身の問題点の所在を判断評価し、見通しをはかり、相談の目的と技法を選択してゆくことになる。

メンタルヘルス相談の目的は、問題点の把握に加えて、職場状況への再適応をどのように図るかにある。具体的には、メンタルヘルス相談にかかわる際、後に事例で示すが、表12-1で説明すると、第1層の職場内での問題にまず注目して、つまり、職種との不適合、配転・昇進などの喪失体験、職場の対人関係や葛藤などである。その観点と第2層、第3層の社員個人の内的な課題などを絡めて理解する力動的な方法が、経験上有効に機能しているように思う。

技法的には第1層の場合は、助言が主なかかわりになることが多いが、次第に内面に課題を深めてゆくに従って、明確化や直面化などの精神分析的な介入方法のかかわりとなる。

b　相談のかかわりへの準備

今述べた表12-1のアプローチが有効に機能するには、第一のアセスメント・ポイントにあった企業・職場での問題点、特に事前に一般社員が会社生活において、「どんな問題や課題で躓き不安に陥るかの共通する職場ストレス要因」や「その職場特有の不適応階層」について、臨床家として知っておくことが、社員の問題点をすばやく把握し対処する上でも肝要となる。

そのような準備を持った上ではじめて、社員の不適応は「いつから、何をきっかけに発生した」か、あるいは職場での配置転換、昇格などの異動や対人関係の変化を知り、的確に社員の問題を再構成し、適切な方針をメンタル

表12-1　評価面接（社員の問題の所在の発見）

		理解のレベル	カウンセリングのかかわり
第1層	職場との不適合から理解	〈意識的レベル〉問題点を説明されるとわかる	助言 指導 説明
第2層	全人格的な観点からの理解	⇩ 〈前意識的レベル〉自覚的に努力されるとわかる	質問 明確化 直面化
第3層	ものの見方、感じ方、受けとり方（性格特性など）		
第4層	精神病理現象からの理解	⇩ 〈無意識レベル〉十分に掘り進めないと理解ができない	明確化 直面化 解釈

ヘルス相談に提示できる。以下に、「職場に共通するストレス要因」「不適応階層」などについて触れてゆく（乾、二〇一一b）。

① 社員に共通する職場のストレス要因

一般に、社員に共通した不安や葛藤を引き起こす職場の課題は、「配置転換」と「職種との適合性や役割の変更をめぐる問題」である。しばしば社員の心身の不調の背景として関与している可能性が大きい。

特に、サラリーマンにとって、配置転換はほぼ二〜三年毎に経験する、いわば日常的な出来事である。組織の新陳代謝を意図する企業は、社員に種々の職種を経験させるとともに、役割の変化や組織の活性化を図るが、その変化をめぐって問題が発生する。配置転換によるパニック（配転パニック）と呼べるほど、配置転換（転入・転出、転勤、遠隔地赴任、昇格、職種の変更など）を契機に、身体愁訴や不調・内的不適応を訴える事例が多いことに驚くほどである。

つまり、配置替えによる職種や役割の変更などの喪失体験が、もともと持っていた社員の内的な喪失感を賦活し、軽いものは分離不安から不適応反応や一過性の身体不調に悩んだりする。重くなると、喪失の悲しみ、怒り、悔やみ、失望などの感情反応から引きこもりやうつ状態を示し、さらに社員の内的な問題が加わったりすると、反抗的な出勤拒否や上司への暴力などの行動化も見られる。

② 職場不適応階層の認識

以上に述べた一般社員との共通特性の観点を、さらに詳細に検討して行くと、各企業や職場において、社員の性別、年齢、学歴、職種、職域、役割そして職場とのかかわりの年数や経験などから、不調・不適応に陥りがちな社員階層や職場状況を捉えることができる。これを小此木ら（小此木・花岡、一九八二）は職場不適応階層と呼んでいる。

たとえば、不調や不適応に陥りがちな社員階層や職場状況を数項目あげると、(i) 多数の大卒者の中での高卒者をめぐる問題、(ii) 高度成長下での大量採用によるポスト不足に悩む中堅社員の問題、(iii) 販売実績や研究業績のノルマ過剰な職種や職場、(iv) 営業不振の職場、今日ではリストラや業務委託・派遣による不適応階層などである。もちろん、社会変動や企業の経営方針によっても、この社員階層や職場状況はさまざまに変化する。

この職場特有の不適応に陥りがちな社員階層や職場状況を捉えておくことは、社員の問題を即座に理解するのに役立つばかりか、この観点からの提言は、企業組織への評価・診断的な機能を持つものであり、広い意味での企業内メンタルヘルスの予防的な対応を促進させる認識を含んでいる。この点から、経営者への連携を行い、社員の精神健康の施策に影響を与えることも、広義のメンタルヘルス相談と捉えることができる。

③ 職業人としての対応や職場環境の利用を心がけること

職場から来て職場に戻る企業内相談では、メンタルヘルス相談の場で一時的な退行は生じても、職業人としての役割が終始保たれているところに特徴がある。たとえば、強圧的な上司や先輩社員との対人関係がなじめない、職種内容との適合性を欠く、多忙過ぎて支援が受けられないと当初訴えていても、その整理の段階から、やがて自己と職場とのかかわりについて、社員自ら客観的対応を模索しだす。

職場領域で働く臨床家は、この社員が行う職業人としての再適応の努力を支援しながら、他方で上司との同席面接や職場調整を行い、社員としての自己愛の回復と再適応を図ることになる。もちろん重度神経症やパーソナリティ障害の場合には、社員に問題を明確にし、精神科医や内科医との役割分担を心がけながら、長期のカウンセリングに導入する場合もある。

このように、職場のメンタルヘルス相談では、職業人としての社会的役割を充分に尊重した上で、社員自身の不適応を際立たせる職場内の不安定要素を、整理し捉え返す支持的対応が功を奏することが多い。ところが同じ問題レベルの社員を外部の医療機関に紹介すると、今まで述べてきた職業人としての対応や職場環境の利用を心がけることよりも、むしろより〝患者〟として内的問題が深められるので、社員は治療的退行に戸惑い、治療継続がむずかしくなったり、病的退行が深められ職場への適応が著しく脅かされたりする場合が認められる。

つまり、相談と生活の場が一致している企業内メンタルヘルス相談の特質は、外部医療や相談機関とは異なり、職場関係者をアフターケアのキーパーソンに据え、そこからの情報や協力によって、しっかりと社会復帰援助の体制を維持することが可能となる。しかも無料で十分な時間保証された相談対応は、じっくり腰を落ち着けて定年まで付き合うことを意図した支持的かかわりを技法的に選ぶことも可能である。このような職場環境を十分に留意した技法的な対応が、メンタルヘルス相談を有効に機能させ、時に重症の心身の課題を持つ社員でも定年まで支えることを可能にしているのである。

以上述べた基本的な心身の力動的な枠組みやかかわりを事例で例示してみたい。

4 事例

四十代後半の営業部次長（A氏）が、営業部に転入後三カ月してもなお、極度の食欲不振と吐き気に悩まされていた。「食事は自宅で夜しか食べられない」と内科産業医を受診。胃の症状以外問題なく胃炎として投薬を受けていた。食欲不振は、受診後四カ月になるが一向に改善せず、一〇キロも体重が減少し、メンタルヘルス相談が依頼された。

私の役割や評価面接の必要性を最初に説明し、依頼内容や経過を伺い、その後、週一回四〇分の相談を開始した。当初「会社も家も問題なし」と語り、相談は数回で当たり障りのない膠着となった。そこで私は、吐き気や食欲不振の身体問題なのに、思いもよらず心理相談に回され当て外れで不快になっていると、メンタルヘルス相談への否定的気持ちを取り上げた。その中で、〈「会社も家も何も問題ない」と言い切るのは、もしかして言えん話があるので、そのため胃炎症状になったかもしれませんね〉と呟いた。*

するとA氏は、大笑いしたあと実はと、「営業部に転入前（七カ月前）は、研修センターで国際ビジネスマン研修を一〇年間課長としてやっていた。営業部に久しぶりに戻ったら驚くことに、これまで実施した研修成果はまったくなし。朝のミーティングには客先直行と集まらない。もっと腹立たしいのは、一カ月後にしか納入見込みがない製品を二週間後に入りますと偽りを言って売り込む。あるいは別な客に話を掛けながら、その客を無視して他所に売り捌くなど。会社が期待する国際ビジネスマンらしくない無様な仕事ぶり。精鋭の営業がこれでは情けない。この職場が嫌になった」と。営業部内の仕事態度への不満や怒りを、躊躇いがちだが時に激しい調子を込めながら、諄々と語られた。

そのような苛立ちや不満を口に出すにつれ、相談開始から三カ月頃になると徐々に、自宅で朝も食事ができるようになった。しかし〝なお〟会社や客先接待での昼食時食欲不振や吐き気が強くあり、依然食べられなかった。相談継続を本人から依頼された。もちろん私は、この〈食べられない。食欲不振の意味〉をA氏と整理したことは言うまでもない。そこでわかった一つは、A氏が〝営業という仕事を食べたくなかった〟のだった。

当初は営業部の仕事ぶりに腹立て、不満を抱き、国際研修を一〇年間も無駄に担当させた、会社の経営や研修施策に苛立ちを募らせていた。また、おざなり研修でお茶を濁す営業社員に、自分が虚仮にされ馬鹿にされたと激しい憤りを彼らに向け続けた。

私は、A氏の会社への怒りや部下への憤りを受け止めながら、その一方で、国際研修部での一〇年間の仕事ぶりや転出後の喪失感情を取り上げていった。すると次第に、改めて思い返してみると、グローバル化が叫ばれているこの時代、会社は社員に国際研修を受けさせたいことは了解できる。一方、研修を数週間受けたとしても、営業成績に追いまくられている社員の現実を見ると、きれいごとでは確かに済まされない。営業部に次長赴任した当初は、気負いもあって研修の理想論から苛立っていた。研修成果が散々で研修時代の自分や仕事ぶりを、部下にあざ笑われていると傷ついていた。

改めて先生と振り返ることは、前任の仕事が無駄で実りのないものと突きつけられ辛かった。何度も相談を辞めようと思ったかしれない。でも、あるとき先生から〈お金勘定（営業）より研修が好きだった〉と言われたのを思い起こし、ふっと自分の傷つきばかりに目が行っていたと浮かんだ。前任の国際研修の仕事ぶりを考えたとき、現場と遊離した研修になっていたことや、教えること自体がとても楽しく心地よかった。天職と感じ、会社にも貢献していると信じていた。この度の次長栄転もそれを評価されたと思い込んでいたと、思い起こした。

食欲不振や吐き気は、会社や部下への腹立ちや憤りでしたね。転入後、無理に抑えて平然と仕事していたけど、ずいぶん苛立っていたなーと思ったら、不思議と会社でも食べられるようになった。A氏自ら、もしかすると〝私は営業という仕事が好きでないし、食いたくなかったのですかね〟と彼の生い立ちと職業選択が課題となっていった。

A氏は教える研修が好きだった。実家は両親ともに教員で、多くの生徒が家に出入りしており、金儲けよ

＊ 身体愁訴の激しい方や身体化に固執している場合、身体症状を心理的な課題にしてゆく際に「器官言語的アプローチ」を使用することがある。たとえば、同上の〝胃炎症状〟と〝言えん話〟であるし、〝(上の口で) 言えないことを下痢症状 (下の口) で言う〟など、器官言語的アプローチは有効に機能する場合もある。

り人を教え、世話することが大切と考える家だったという。この度研修から営業に転出したとき、何か違和を感じたが、それがこのこととは気づかず、やたらと部下の仕事ぶりに苛立ち、何とか反省させ善処させねばと躍起になっていた。ところが、出社したくなかった理由が本当は自分にあったかもしれないと、相談八カ月を過ぎたころ述懐されだした。赴任し部下の仕事ぶりを見たときに、ふっと「生徒のあり様は教師の鏡」との両親の口癖を思い出したこと。そして、赴任一週目に数日浅い眠りで夢見（父親に教え方を注意されている夢〈超自我不安夢〉）も悪く、これまでの研修が自己本位の仕事ぶりかどうかと迷い、少々落ち込んだことがあったこと。その迷いを部下に再研修や怒りの形で転嫁していたかもしれないと想起された。その点が話し合われて行くにつれて、強固な食欲不振と激しい吐き気は消退した。

A氏はその後、「自分の育ちを尊重し、仕事内容（職務）との折り合いをつけることが大切とわかった。自分は職業アイデンティティの獲得に、四十代後半になって失敗したんだと思う。適材適所を探すべきではないか」と語り、メンタルヘルス相談終了後七年後に、早期退職制度を使い、日本語教師海外協力派遣員として資格を取得して退職して行かれた。

〈理解のレベルと介入方法〉

以上が事例の概要である。本事例は、仕事の役割変更が、個人のもともとの〝育ち〟や〝生き方〟あるいは、性格とのバランスを欠くことになり、心気症状の出現をみた事例である。先述した「理解のレベルと介入方法」から表12-1（二四六頁）を用いて、面接経過を簡単に説明する。

食欲不振、吐き気の背後にあった、第1層の役割変化、転出などの仕事内容の課題を明確化し、それと第2層、第3層の問題と絡めて深め、無自覚であった食欲不振、吐き気の力動的な意味を解明していった。症状形成の契機となった現在の職場への怒りと幻滅、そして前職場での一〇年間の仕事の意味の喪失感を深く味わうことになった。営業部や会社への怒りは、自分が最も大切にしていた生き方（研修部業務）を乱され、蔑ろにされたと受け止められ、激しく自己愛が傷ついた。その憤怒が心気症状に転換されていたことを知った。やがて、無意識裡に過ごしてきた職種内容と自らの育ちの連続性に気づき、無自覚だった第3層の自らの育ちと両親への超自我不安を自覚した。その理解をもとに、日本語教師の新たな職業アイデンティティの獲得へと、約一〇カ月間のメンタルヘルス相談で深めて行くことになった。

5　メンタルヘルス相談を有効にするために

メンタルヘルス相談を有効に機能するための留意点を以下に若干まとめておく。第一は、メンタルヘルス相談への不安と偏見に対応すること。第二は、退行を防ぐ面接技法を心がけること。第三は、企業内相談の特質の利用を考えることである。

(1) 社員の不安と偏見への対応

事例A氏でも示された、社員が精神健康について相談する上での不安と偏見に早めに対応をしておくことである。相談は恥ずかしい、根性のない人間や変人と思われるなどと考え、内科医からメンタルヘルス相談へ紹介されたことを否定的に捉えることもある。この不安と偏見（否定的動機づけ）に早めに対応しておく必要がある。

(1)　そのためにはメンタルヘルス相談に当たり、最初に私たちから臨床家としての立場や役割、さらに会社との関係性などを、社員や職場関係者に明確に伝える必要がある。また、メンタルヘルス相談の開始にあたり、一～二回程度のアセスメント面接（先述した四つの観点）を必ず実施し、問題の所在を社員とともに掴んでおくことが不安や偏見を小さくするために肝要である。特に、職場関係者から〝不適応社員で対処に困る〟と一方的に依頼される場合は、このアセスメント面接が必須である。不適応と指摘する背景には、必ずしも社員だけが問題とは限らず、職場の組織要因や関係者とのコミュニケーションの齟齬が指摘できる場合も多いからである。

つまり、この社員と職場関係者との食い違いやその食い違いに伴って生じる、社員のメンタルヘルス相談への否定的動機づけに適切に対処する視点を踏まえた、力動的な整理明確化と調整能力、さらに社員と職場関係者との調整を含むコンサルテーションの枠組みの用意も必要とされる（乾、二〇一〇a、二〇一一b）。

(2)　社員は〝患者としてではなく、特にコンサルティー（相談者）としての社員の立場であること〟を臨床家自身十分に留意しておかねばならない。臨床家の中には、第一義に支援・援助したいと、善意から軽々に社員に踏み込みがちとなる。その際、社員のコンサルティーとしての立場を見誤ってしまうと、退行促進や依存性を強め、主体的に問題に取り組む社員の意欲を削ぐことになることを十分に慎まねばならない。

(3)　職場との関係は、社員自身が所属長と相談することを原則としている。しかし、問題によっては、所属長と社員の同席面接を行い、調整にわれわれが手を貸すこともある。その際臨床家は、コンサルテーション技法を十分に準備した上で、調整を行い、最終的に社員の側に立つとしても、できる限り所属長（会社）と社員から等距離にいることが必要である（乾、二〇一一c）。

(4)　メンタルヘルス相談は、常に社員の側に決定権がある。(2)、(3)でも述べたが、どこまでメンタルヘルス相談を行うかの内容、期間等については、常に社員の側に決定権があることを明確に伝えるべきである。つまり、どのような立場で相談を行うのかをはっきりと伝えて、社員の立場と臨床家の立場を常に相互確認しておくことは、メンタルヘルス相談を適切に維持してゆく上で大切な認識である。

(5) その他、秘密遵守のこと、あるいは人事、労務との関係については、精神的相談の一般的原則に準じることとなる。

(2) 〝職業人〟としての対応と退行を防ぐ面接技法

職場から来て職場に戻る企業内メンタルヘルス相談は、前述した来談をめぐる否定的課題は認められるが、医療とは異なり退行(患者化)させない形での面接が可能となる。さらに既述したように、不調・不適応の発生メカニズムをまず第一に取り上げ、知的に整理し理解する技法的なかかわりからも退行を防ぐ。臨床家の背広姿やオフィススタイルの相談場面も、職業人としての距離を保つ関係を強化する。

つまり、部分的退行は生じても職業人としての役割を保ち続けることは、社員にとっては臨床家へ一時的に不安等を投げかけるが、自ら職場との改善を模索しだす。臨床家は、この社員の職場との再適応を支えるが、必要に応じて性格傾向やものごとの捉え方など職場適応を阻む社員の課題を明確化する。またメンタルヘルス相談過程と並行して、上司との同席面接や職場調整が行われるので、その両面から社員の回復再建が図られ、再適応して行くことができる。

(3) 企業内相談の特質の利用を心がける

相談と生活の場が一致している企業内相談の特質は、職場関係者をアフターケアのキーパーソンに据え、その情報や協力によって、しっかりと社会復帰援助の体制を維持することも可能となる。しかも無料で十分な時間を保証されたコンサルテーションの対応は、じっくり腰を落ち着けて定年まで付き合うことを意図した、メンタルヘルス相談の支持的かかわりを技法的に選ぶことが可能となる。

したがって、われわれにはあらかじめ、そのような職場の特性を認識し準備すること（既述した「職場に共通するストレス要因」「不適応階層」などの認識と準備）が要請されるし、また、このようなアフターケアが可能なのは、企業内でしかできない特徴であろう（乾、二〇一一b、二〇一一c）。

6　おわりに

以上、企業内でのメンタルヘルス相談を実施する際の、精神力動的理解と応用について基本的な枠組みや準備について述べた。枚数の関係で、特に、社員の個別的な心身の問題の解明とメンタルヘルス相談機能をめぐる課題や準備について主に説明した。一方、企業内メンタルヘルス相談として、職場医療スタッフや外部医療機関との連携、伝達、情報交換などの機能や職場関係者への精神健康の予防的対応としての教育と啓蒙普及、さらには経営者への助言を行うなどのリエゾン機能の問題は、十分に取り上げられなかったが、それらは成書などで検討して欲しい。

最後に、本章で述べたメンタルヘルス相談の実際が、現状では残念ながら、企業場面で一般化された認識になっているとは言いがたい。というのは二つの要因が考えられる。第一は、すでに述べた職場と社員との相互関係を細かく把握する、心身に対する精神分析的（力動的）な捉え方の認識と経験が基本的に準備されていないこと。第二は、産業場面で相談を受けながら、職場状況やその構造特性にあまりにも臨床家として関心が乏しいからである（乾、二〇〇七、二〇一一b）。したがって、このような臨床姿勢は、メンタルヘルス相談の実際においても心身疾患の有無のみが重視されることとなり、疾病範疇に入らない力動的問題

（事例性）は無視される。これではわれわれは臨床家として産業場面での社員のメンタルヘルス（精神健康）を豊かに手助けすることはできない。以上のような問題点を指摘して本章を終えたい。

〔文献〕

乾 吉佑（二〇〇七）「第二章　精神分析と医療心理学」乾 吉佑『医療心理学の実践の手引き』金剛出版、五八-六七頁
乾 吉佑（二〇一〇a）「精神分析的アプローチの実践と臨床の「場」を読むこと――心理臨床のコンサルテーションの視点から」『精神分析研究』五四巻二号、一〇五-一一一頁
乾 吉佑（二〇一〇b）「治療ゼロ期の精神分析」『精神分析研究』五四巻三号、一九一-二〇一頁
乾 吉佑（二〇一一a）「第一〇章　産業場面でのカウンセリングにおける精神分析技法」乾 吉佑『働く人と組織のためのこころの支援――メンタルカウンセリングの実際』遠見書房、一三二-一四三頁
乾 吉佑（二〇一一b）「第九章　カウンセリングに影響する企業内の構造特性」乾 吉佑『働く人と組織のためのこころの支援――メンタルカウンセリングの実際』遠見書房、一一九-一三一頁
乾 吉佑（二〇一一c）「第一一章　産業場面におけるコンサルテーション・リエゾン機能」乾 吉佑『働く人と組織のためのこころの支援――メンタルカウンセリングの実際』遠見書房、一四四-一五五頁
岩倉 拓（二〇一四）「心理臨床における精神分析的実践――治療0期の「耕し」と「治水」」藤山・中村（監修）『事例で学ぶアセスメントとマネージメント』岩崎学術出版社、九一-一〇七頁
金井篤子（編）（二〇一六）『産業心理臨床実践――個（人）と職場・組織を支援する』ナカニシヤ出版
小此木啓吾・花岡直子（一九八二）「職場における不適応階層」『精神医学』一一巻九号、六七七-六八四頁

▼臨床コラム８

産業における支援

前川由未子

「家に帰ると、過去が襲ってくるんです」。会社員のAは三十年前の記憶に悩まされていた。Aは大手企業の工場に勤める四十代後半の男性である。うつで休職を繰り返したために工場へ異動となり、ラインの管理を担当することになった。いわゆる〝左遷〟だ。その頃から、帰宅すると過去の記憶が次々思い出されるようになり、あまりの鮮明さにAはそれを「タイムスリップ」と呼んでいた。

その現象は、しばしば面接室の中でも起きた。Aは舞台役者のようにドラマチックな口調に変わり、自らの美しくも悲しい過去を語るのだった。その内容は華々しいものだった。タイムスリップしたAは高校生で、某難関進学校でトップの成績を収めていた。「誰かを救いたい」と医者を目指して勉強に励む傍ら、西洋文学やクラシック、絵画、馬術などを楽しんだ。女性にもモテた。何人もの女性から言い寄られ、彼女たちとのデートに忙しかった。しかし、そんな中で悲劇は起きた。関係があった女性の一人が、自殺したのである。Aは彼女の死を自分の不義のせいだとし、自分こそが彼女を殺したのだと涙するのだった。

その後のAの人生は、見事に転落していった。Aはショックから不登校になり、医学部もあきらめた。友人らはAを非難し、周囲からは孤立した。そんな環境から逃れるように地方の大学へ進学し、地味な大学生活を送った。卒業後、現在務める企業に就職。本来医者になりたかったAにとっては、不本意極まりなかった。親戚の勧めで結婚するも妻が強迫症状を発症。もともと悪かった夫婦仲はさらに悪化し、離婚に至った。

過去にすがるしかないのだろう、と治療者は思った。Aにとって良いものはすべて過去にあり、現在には何も残っていなかった。職場では目立った問題こそ起こしていないものの、同僚や上司との付き合いは一切なく、ただ淡々とロボットのごとく業務をこなしているようだった。生きたAは過去の中にしかいないようにも感じられた。

マズロー（Maslow, 1954）は、人間の最も高次な欲求を「自己実現の欲求」とし、この達成こそが心理的健康をもたらすと唱えた。職業とは、自己実現を叶える主要なフィールドの一つである。私たちは何らかの夢や理想を抱いて職に就き、その実現を目指す。とはいえ、望む職業に就けないことや、実際の職務が想定と異なることは決して珍しいことではない。そうした欲求不満に陥ったとき、私たちは目標を設定し直したり、自分なりのやりがいを見つけたりすることで現実との調整を図り、適応しようとするのである。適応に成功すればそれが自信となり、その上にキャリアが積み上げられて行くだろう。しかし、失敗すると自尊心は深く傷つき、自己実現の欲求は行き場を失うこととなる。

Aは夢を絶たれ、職場にも適応できなかった。また、そこでの傷つきを癒し、支えてくれる家族もいなかった。職業人としても家庭人としても自己実現できなかったのである。孤独なAは過去へ逃避し、夢と希望に満ち溢れていた頃にタイムスリップすることで、どうにか自分を支えていたのだろう。そして現実世界ではこころを殺し、労働マシンとなることで傷つきや虚無感から自らを守っていたと考えられる。柴山（二〇一二）は、他者とのつながりが希薄化している現代社会では、自己の同一性や居場所が失われ、人は主体を拡散させることで苦痛を回避すると述べている。Aのタイムスリップは、そのような解離による防衛として理解することが可能である。

Aほど極端ではなくとも、現代の労働者は同様の困難を抱えやすい状況にあるのではないだろうか。教育現場では、一人ひとりの個性を尊重し、個人の能力を伸ばすことが重視されるようになった。また、経済発展とともに生活水準が向上し、人々には「食べるための就労」から「自己実現のための就労」を求める余裕が生まれた。そうしたポストモダン的な仕事観は「自己実現至上主義」とも呼ばれている（渡辺ら、二〇〇八）。一方、先にも述べた通り現実はそう甘くはない。一部の大手企業では、それまでの画一的・管理的な組織体制から社員個々人を大切にしていこうとする動きもみられ始めている。しかし、現状では会社の都合一つで職務内容や勤務地が左右され、個人の希望が反映されることは未だ少ない。ここに理想と現実とのギャップが生まれる。そしてこのギャップがうまく消化されないとき、労働者は生き生きと働くことができなくなると考えられる。

ならば転職すればよいではないか、と思われるかもしれない。しかし、事はそう単純でもないようである。松山（二〇一四）は、「自己性」と「他者性」という心理構造の二重性を示し、集団主義である日本では「他者性」が優位に働くと指摘している。すなわち、わが国では社会的強制力が強く、他律的な帰属意識により会社にとどまることを余儀なくされているというのである。実際に、国際比較調査（西・荒牧、二〇〇九）によると、日本人労働者の仕事満足度や職場に対する誇りは非常に低い一方で、転職希望率は世界最低レベルだった。終身雇用制や年功序列制により共同体化した日本企業においては、「自己性」を優先し、自己実現を図ることは決して容易ではないことが推察される。

労働者のこころの支援において、このような二重構造やそれによる葛藤を理解することは特に重要といえるだろう。「ウチとソト」「ホンネとタテマエ」といった表現があるように、わが国の共同体では、こうした二重性を抱えながら生きることが古くから求められてきた。それは先に述べた「自己実現欲求と欲求不満」「理想と現実」にも見ることができるだろう。これらはすべて、自らの内から湧いてくるものと、外から強いられるものという対比を含んでいる。それは、フロイトが示した「エスと超自我」とも重なるように思われる。そしてその調整に失敗したとき、こころの健康が損なわれるのである。

職務ストレスによるうつ病や過労死などは、外的な力に従い続けた結果であり、近年みられる新型うつは、外的な力と折り合えなかった結果と考えることができるだろう。企業文化や雇用体制が容易には変化しないことを考えると、労働者が二重性を抱え、調整できるようになることが重要ではないだろうか。産業領域における支援は短期的・単発的になりやすい側面をもつが、こうした長期的な目標を据えた心理療法もまた、有効な支援になると考えられる。◆

［文献］

Maslow. A. H. (1954). *Motivation and Personality*. New York: Harper & Row. 小口忠彦（訳）（一九八七）『人間性の心理学——モチベーションとパーソナリティ［改訂新版］』産業能率大学出版部
松山一紀（二〇一四）『日本の労働者の帰属意識——個人と組織の関係と精神的健康』ミネルヴァ書房
西 久美子・荒牧 央（二〇〇九）「仕事の満足度が低い日本人——ＩＳＳＰ国際比較調査「職業意識」から」『放送研究と調査』六月号、一八-三一頁
柴山雅俊（二〇一二）『解離の病理——自己・世界・時代』岩崎学術出版社
渡辺聰子／アンソニー・ギデンズ／今田高俊（二〇〇八）『グローバル時代の人的資源論——モティベーション・エンパワーメント・仕事の未来』東京大学出版会

おわりに

祖父江典人

錚々たる方々に寄稿いただきました。しかも、私の還暦記念という、身に余る光栄に浴しながら。こんな機会ですから、まず私事から書き始めることをお許しください。

「はじめに」において、細澤先生が私のことを「人生を真の意味で愛することができる人」と持ち上げてくれていますが、実のところ私は、パーソナルな関係も愛することももともとは苦手な人間だと自認しています。そうした内的現実を踏まえた上で、いかに生きるかが人に問われるところだと思っています。

こうした問題意識は、人生の生きる意味を問う対象関係論によく馴染む問いの形だと思います。私が対象関係論の世界に魅惑されたのも、故なしとはしなかったのでしょう。

そもそも精神分析自体、創始者フロイトからして、人生の出発点を「ありふれた不幸」に置いています。そのありふれた不幸は、「愛の不在がもたらす人生の困難」と言い換えてもよいように思われます。フロイトもクラインもウィニコットもビオンも、人生の生き難さの出発点を「ありふれた不幸」、すなわち「愛の不在」に見ていることには変わりありません。私たちは、環境因にしろ生得因にしろ、多かれ少なかれ充分愛されてこなかった〝障害者〟なのだと言ってもよいのかもしれません。

ですが、その「愛の不在」に対する臨床アプローチは、人によって、それぞれ異なります。フロイトは、一番に愛されることではなく、〝二番目に甘んじる〟ことの社会性を説きました。クラインは、愛されないことの〝自己責任〟を問いました。ウィニコットは、愛されないことの〝苦痛を遊ぶ〟ことを教えてくれました。ビオンは、愛されないことの〝未来への可能性〟をもの想いました。

私は当初、クライン派の卓越した認識眼に魅了されましたが、歳を取るにつれて、〝陰性転移を生き抜く〟中での逆説的な愛の現実受容が性に合わないと思うようになりました。私には重苦しすぎたのです。

クライン派は、〝生きられなかった愛〟の復活を断念する中での生への慈しみを嗜好しているように思われます。クライン派においては、そもそも「対象との分離」から生が始まるとされています。すなわち、〝愛の一体化などない〟が基本テーゼでしょう。独立学派は、〝生きられなかった愛〟の復活への希望が礎となっています。それをもたらすのがウィニコットの言う「組織的退行」であり、バリントの言う「新規まき直し」でもあるのでしょう。独立学派は、そもそも「対象との融合」を生の出発点に置いていますので、それを〝夢見〟ることにこそ人生の生きる意味を見出しています。

私はと言えば、生の始まりが対象との分離にしろ、融合にしろ、多かれ少なかれ「不在の乳房」（愛の不在）が私たちの人生の出発点に大きな影を落としていることに変わりはないと思っています。ビオンは「対象が不在でなければ問題は何もない」と言いました。晩年ビオンは、不在の中に〝未来の影〟を見る中で〝不在からの蘇生〟の可能性を探ろうとしました。取り返しのつかない人生という不可能態に未来への可能性を見ていこうとする、そんなビオンの臨床姿勢が私は好きです。ビオンの場合は、多分に認識論的な形を取りましたが、ウィニコットは〝不在の痛み〟を生涯かけて文化・芸術などの中間領域において、創造的に遊ぶことを人生の核に据えました。〝不在の痛み〟を創造的な遊びの中で〝生き直す〟、そんなウィニコットの臨床も私は好きです。

いずれにしろ、人生はビオンの言うように「単に消える」だけの夢幻です。その現実を踏まえながらも、現実受容に留まらない、人生の可能性や希望を痛みとともに探らんとする、ビオンやウィニコットの臨床に、私は強く惹かれるようになっていきました。

さて、本書は「日常臨床に活かす精神分析」をテーマにしています。これも、精神分析という堅固な教義に基づく臨床実践を日常臨床という時に無構造な臨床実践に活用してしまうことを〝夢見〟ています。両者は本来相容れない性質を有しているかもしれません。精神分析の原則では、週四日以上の毎日分析がスタンダードとして課せられています。今日、普通の臨床心理士が働く現場では、三〇分面接などの簡易化された面接がしばしば課せられています。精神分析の原理と臨床の現実は、次第に大きな懸隔を見せ始めて、すでに久しいと言ってもよいでしょう。その大きな隔たりに架橋することの一助ともならんことが、本書の〝夢見〟です。

執筆陣は多士済々ですが、必ずしも臨床観が一致している方々ばかりではありません。しかし、私自身が何らかのパーソナルな繋がりを感じるか、パーソナルな生き様を感じる方々に、細澤先生と相談の上執筆をお願いしました。

パーソナルな繋がりやパーソナルに生きようとすることは、必然的にその人の内的な創造を促します。なぜなら、パーソナルな領域には、先達の影響を色濃く受けながらも、自らこころを使って感じ取り、考え抜かれたその人固有の「血球と共にめぐる真実」（小林秀雄）が表れ出ないわけにはいかないからです。本書は精神分析の伝統を踏まえながらも、その枠組みに縛られない、パーソナルな感性に溢れた論述が揃いました。

なかでも、馬場禮子先生、成田善弘先生、乾吉佑先生、松木邦裕先生には、たいへんお忙しいにもかかわらず、ご無理を言ってお願いしました。ここに改めてお礼申し上げます。また、本書には、中堅の臨床家の各章とともに、これからパーソナルな臨床的感性を育んでいくであろう若手の臨床家の執筆も「若手による臨床コラム」として載せています。ベテランの重厚さ、中堅の脂の乗った執筆とともに、若手による瑞々しい論述も違った味わいを添えています。

最後に、共同編者となっていただいた、盟友細澤仁先生にお礼を述べます。細澤先生は、まさにパーソナルな世界でしか生きられないような人で、生き方において私よりずっと不器用です。しかし、パーソナルな世界を一点突破で突き抜けるような魅力に溢れ、〝感じ取ったことしか信じない〟人です。彼との友情は、臨床や生きることの原点に私を立ち返らせてくれます。

また、誠信書房編集部の児島雅弘さんには、いつも私の書くものにパーソナルな関心をお寄せくださり、今回も大きな力添えをいただきました。改めてお礼申し上げます。

このように本書はさまざまなパーソナルな感性が紡ぎ出した〝臨床の織物〟のようです。読者の皆様の琴線に触れ、臨床的感性の新たな種子の萌芽となれば、この上ありません。

編者紹介

■**祖父江典人**（そぶえ のりひと）〔第1章、おわりに〕
一九五七年生まれ。東京都立大学人文学部卒業。博士（心理学）。臨床心理士。愛知教育大学大学院教育学研究科教授。著書に『対象関係論に学ぶ心理療法入門』『ビオンと不在の乳房』以上 誠信書房、『対象関係論の実践』新曜社、他。

執筆者紹介〔執筆順〕

■**細澤 仁**（ほそざわ じん）〔はじめに、第4章〕
一九六三年生まれ。神戸大学医学部卒業。フェルマータ・メンタルクリニック院長。著書に『実践 学生相談の臨床マネージメント』『実践入門 思春期の心理療法』以上 岩崎学術出版社、『心的外傷の治療技法』みすず書房、他。

■**成田善弘**（なりた よしひろ）〔第2章〕
一九四一年生まれ。名古屋大学医学部卒業。成田心理療法研究室主宰。著書に『精神療法を学ぶ』中山書店、『精神療法家の仕事』金剛出版、『贈り物の心理学』名古屋大学出版会、他。

■**松木邦裕**（まつき くにひろ）〔第3章〕
一九五〇年生まれ。熊本大学医学部卒業。京都大学名誉教授。精神分析個人開業。著書に『改訂増補 私説 対象関係論的心理療法入門』金剛出版、『こころに出会う』創元社、『耳の傾け方』岩崎学術出版社、他。

■**馬場禮子**（ばば れいこ）〔特別寄稿〕
一九三四年生まれ。慶應義塾大学大学院社会学研究科心理学専攻修士課程修了。博士（医学）。臨床心理士。中野臨床心理研究室室長。著書に『精神分析的人格理論の基礎』『精神分析的心理療法の実践』以上 岩崎学術出版社、『心理療法と心理検査』日本評論社、他。

■**木村宏之**（きむら ひろゆき）〔第5章〕
一九六八年生まれ。東京慈恵会医科大学医学部卒業。博士（医学）。名古屋大学大学院医学系研究科精神医学分野講師。著書に『面接技術の習得法』金剛出版、『精神科必修ハンドブック 改訂版』〔分担執筆〕羊土社、他。

■江崎幸生（えさき こうせい）〔第6章〕
一九七一年生まれ。藤田保健衛生大学大学院医学研究科博士課程修了。藤田保健衛生大学医学部精神神経科学講師。著書に『境界性パーソナリティ障害の精神療法』〔分担執筆〕金剛出版、他。

■奥田桃子（おくだ ももこ）〔臨床コラム1〕
一九八七年生まれ。椙山女学園大学大学院人間関係学研究科修士課程修了。聖十字病院（土岐市）臨床心理士。

■西岡慶樹（にしおか よしき）〔臨床コラム2〕
一九八一年生まれ。愛知教育大学大学院教育学研究科修士課程修了。可知記念病院（豊橋市）臨床心理士。

■中川麻由子（なかがわ まゆこ）〔臨床コラム3〕
一九七八年生まれ。中京大学大学院心理学研究科修士課程修了。愛知県精神医療センター（名古屋市）臨床心理士。

■北島智子（きたじま ともこ）〔臨床コラム4〕
一九七二年生まれ。椙山女学園大学大学院人間関係学研究科修士課程修了。藤田保健衛生大学病院精神科臨床心理士。

■岡田暁宜（おかだ あきよし）〔第7章〕
一九六七年生まれ。名古屋市立大学大学院医学研究科博士課程修了。名古屋工業大学保健センター教授。著書に『精神分析と文化』〔共編著〕岩崎学術出版社、『精神分析から見た成人の自閉スペクトラム』〔分担執筆〕誠信書房、他。

■上田勝久（うえだ かつひさ）〔第8章〕
一九七九年生まれ。兵庫教育大学大学院学校教育研究科修士課程修了。京都大学大学院教育学研究科臨床教育学専攻在籍。著書に『松木邦裕との対決』〔分担執筆〕岩崎学術出版社。

■和田浩平（わだ こうへい）〔臨床コラム5〕
一九八四年生まれ。名古屋大学大学院教育発達科学研究科博士課程単位所得満期退学。博士（心理学）。三河病院（岡崎市）臨床心理士。著書に『小学生・中学生 情緒と自己理解の育ちを支える』〔分担執筆〕明石書店。

■浜内彩乃（はまうち あやの）〔第９章〕
一九八四年生まれ。兵庫教育大学大学院学校教育研究科修士課程修了。臨床心理士。大阪バイオメディカル専門学校医療福祉心理学科主任講師。

■木谷秀勝（きや ひでかつ）〔第10章〕
一九五八年生まれ。九州大学大学院教育学研究科博士課程単位取得退学。臨床心理士。山口大学教育学部附属教育実践総合センター教授。著書に『子どもの発達支援と心理アセスメント』『発達障害の「本当の理解」とは』〔分担執筆〕以上 金子書房、他。

■平野直己（ひらの なおき）〔第11章〕
一九六六年生まれ。東京都立大学大学院人文科学研究科心理学専攻博士課程単位取得退学。臨床心理士。北海道教育大学札幌校准教授。著書に『乳幼児期・児童期の臨床心理学』〔共編〕培風館、『学校臨床心理学入門』〔共編〕有斐閣、『対人援助職の条件』〔分担執筆〕金剛出版、他。

■松平有加（まつだいら ゆか）〔臨床コラム６〕
一九八二年生まれ。椙山女学園大学大学院人間関係学研究科修士課程修了。桶狭間病院藤田こころケアセンター（豊明市）臨床心理士。

■豊田佳子（とよだ よしこ）〔臨床コラム７〕
一九七九年生まれ。中京大学大学院文学研究科心理学専攻修士課程修了。共和病院／桜クリニック（大府市）臨床心理士。著書に『思春期以降の理解と支援』〔分担執筆〕金子書房。

■乾　吉佑（いぬい よしすけ）〔第12章〕
一九四三年生まれ。上智大学理工学部・早稲田大学第二文学部卒業。専修大学名誉教授。臨床心理士。多摩心理臨床研究室室長。著書に『働く人と組織のための心の支援』『思春期・青年期の精神分析アプローチ』以上 遠見書房、『出会いと心理臨床』金剛出版、他。

■前川由未子（まえかわ ゆみこ）〔臨床コラム８〕
一九八九年生まれ。名古屋大学大学院教育発達科学研究科博士課程修了。博士（心理学）。臨床心理士。金城学院大学国際情報学部国際情報学科講師。著書に『産業心理臨床実践』〔分担執筆〕ナカニシヤ出版。

人名索引

アルメイダ　74
ウィニコット, D. W.　50, 51, 58, 153, 166, 185, 188, 191, 225
植木田潤　69
上田順一　69
植山起佐子　161
内田　樹　225
エヴァリー, G. S.　160, 163
エクスタイン, R.　213
奥寺　崇　78
オコーナー, L. E.　166
小此木啓吾　30, 247

ガーランド, C.　166
狩野力八郎　30
カミュ, A.　225
神田橋條治　96, 97
カンバーグ, O. F.　196
北山　修　207, 209
木部則雄　14, 15
キューブラー=ロス, E.　89
窪田由紀　154, 159, 163
クライン, M.　60
ゴッホ, V. van　62
小林秀雄　62
小林隆児　195, 209

聖徳太子　74
鈴木　誠　69, 70
祖父江典人　70, 149, 209, 228

高橋　智　203
滝川一廣　208
タスティン, F.　15
タスマン, A.　107, 108
土居健郎　30
ドゥルーズ, J.　60, 61
中井久夫　49, 96, 156, 157
成田善弘　96
西園昌久　97
忍性上人　74

バーンフェルト, S.　213, 225
蓮實重彦　61, 62
長谷綾子　69
春木繁一　28〜30,
ビオン, W. R.　4, 46, 70, 153, 161, 164, 165
人見健太郎　69
平井正三　69
フィルデス, S. L.　75
フェレンツィ, S.　30
ブロイアー, J.　75
フロイト, A.　212〜214
フロイト, S.　5, 17, 29, 30, 43, 45〜47, 60, 75, 130, 212

前田重治　195, 206, 209
マスターソン, J. F.　196
松木邦裕　5
丸田俊彦　30
ミッジリィ, N.　213
ミッチェル, J. T.　160, 161, 163
村上春樹　225
村田豊久　195, 208, 209
メルツァー, D.　51
モト, R. L.　213

山口直彦　156, 157
ユング, C. G.　30

レドル, F.　214
ロジャーズ, C. R.　3, 19

事項索引

アルファベット

ADL（Activities of Daily Living） 86
A-T スプリット 143
DSM-5 203
EAP 239
Overdose（OD） 101
QOL 201
Shared Decision Making 96
The Doctor 75

ア 行

愛着 189
アスペルガー症候群 197
遊ぶこと 50
ありきたりの不幸に耐える 5
アンナ・O 75
言い知れぬ不安 6
怒り 102
生きづらさ 45
移行期 185
医師-患者関係 96
意識障害 86
移植 82
一次過程 43
一者関係 185
一体化 188
医療事故調査制度 77
医療法 76, 77
岩倉使節団 76
陰性治療反応 4
陰性転移 37
液剤 106
エナクトメント 146
エビデンスに基づく医療（EBM） 73
往診 75
オテルデュー 74

カ 行

解離性同一性障害 56
抱えること 158, 170
家族歴 87
可能性空間 135
過量服薬 101
考える人のいない考え 15
感覚障害 203
環境調整 199
患者への同一視 25
器官言語的アプローチ 251
期間限定 137
企業特有の職場風土 240
企業内相談の特質の利用 255
企業内メンタルヘルス相談 239
——の特質 249
基底的想定グループ 153, 161
逆転移 27, 37, 68, 139
——感情 104, 107
急性期 86
境界性パーソナリティ障害 101
境界例 25, 26
強度 63
拒薬 97
緊急支援 149, 150
薬箱 75
桑谷病舎 74
限界設定 103
原初的対象-自己喪失 15
小石川療養所 74
攻撃性の解釈 5
向精神薬 103
行動化 38, 68

告知　86
国民皆保険　77
根拠に基づいた精神医学　136
コンテイナー　153, 169
コンテイン　169

サ　行

罪悪感　102, 152, 166
錯覚　58, 189
産業における精神健康相談　239
三者関係　185
死　150, 151, 169
　——の世界　17
　——の本能　17
自我　159, 160
　——の器作り　7
　——の強度　5
事件　62
自己喪失　15
自己モニタリング　37
自死　149～155, 160, 162, 164～169
シゾイドパーソナリティ　196
児童精神医学　201
自閉症スペクトラム障害　197
自閉スペクトラム　134, 135, 140
自閉のカプセル　14～16
自閉の繭　16, 17
社員自身の内的な問題　244
社員に共通する職場のストレス要因　247
社員の不安と偏見への対応　253
社員の問題の所在と発生の力動的な理解　243
社員の問題の所在の発見　246
宗教と精神分析　47
就職相談　132, 134
終末期　89
自由連想　67
ジュネーブ宣言　76
衝動コントロール　101
初回面接　139
職業アイデンティティの獲得　252
“職業人”としての対応と退行を防ぐ面接技法　255
職種との適合性や役割の変更をめぐる問題　247
職場状況と社員の力動的な相互関係　242
職場という構造特性　240
職場内精神健康相談　239
職場不適応　240, 241
　——階層の認識　247
知ること　6
侵襲　153
心身への力動的な理解　240
診断　35
心的外傷　151, 152
心理アセスメント　198
ストレス　163
生活歴　87
精神医学的治療の目標　42
精神科臨床　33
精神の病　18
精神病床　77
精神分析家　130
精神分析的精神療法　131, 143
精神分析的理解　79
精神分析の本質　44
精神分析療法　130
精神療法　93
生存者罪悪感　165, 166
西南の役　76
青年期　136
生命維持装置　80
絶対的依存期　185
先進医療　78
セント・トーマス病院　74
羨望　5
臓器移植　79
臓器不全　80, 84
双極性障害　97
喪失体験　30
創造性　131
創造的体験　51

相対的依存期　185

タ　行

退行　38, 57, 158～160, 168
対象喪失　46, 78
　——の恐怖　15
対象と関係すること　191
怠薬　99
代理　189
多義性　131
多職種カンファレンス　77
多職種チーム　77
脱価値化　103
脱錯覚　58
注射　99
超自我　166
重複性　133
直面化　100
治療関係　96
治療構造　68
治療者-患者関係　96
定型抗精神病薬　95
デブリーフィング　156, 160, 161
転移　23, 36, 68, 146
投影同一化　169
統合失調症　94, 97
透析患者　28
トラウマ　152, 155, 163
虎の皮の縞模様　4

ナ　行

ニード　64
二次過程　46
二者関係　185
二重人格　200
日常生活を支援する　208
乳児　169
乳幼児観察　69, 70
人間観　22, 31
寝椅子　67

ハ　行

配転パニック　247
バウムガルテン児童養護施設　213
迫害不安　152
発達障害　195
発達促進　191
母親　169
ハムステッド戦時保育所　214
ハラスメント相談　132, 134
悲嘆反応　90
非定型抗精神病薬　95
否定的動機づけ　253
美的体験　51
否認　78, 101
ヒポクラテスの誓い（紀元前四世紀）　75
病識　99
費用対効果　135
病歴　86
附着同一化　15, 17
府内病院　74
プラセボ　94
ブラックホール　15
分離　189
ベッドサイド面接　85
防衛　69
　——機制　21, 22
母子密着　182
戊辰戦争　76
ほどよい母親　190

マ　行

マネージメント　59, 149
慢性期　88
短い面接　19
見捨てられ不安　6, 15
診立て　35
無意識　107, 169

無意識的な意味と意図　243
メンタルヘルス相談の実施上の準備　242
メンタルヘルス相談の目的　246
妄想　95
妄想-分裂ポジション　152～154, 162, 165
モーニングワーク　153
喪の哀悼　46
喪の作業　166, 169
物語　62

ヤ　行

薬剤因性　86
よい治療者　26
陽性転移　37
抑うつポジション　152, 153, 165
四か院　74

ラ　行

リエゾン精神医学　77
力動的学生相談　131
リストカット　101
リビドー　191
療育的アプローチ　140
療病院　74
連続性　133

ワ　行

ワークディスカッション　69, 70
悪い治療者　26

日常臨床に活かす精神分析
——現場に生きる臨床家のために

2017年3月10日　第1刷発行
2018年8月30日　第2刷発行

編　者	祖父江典人 細澤　仁
発行者	柴田敏樹
印刷者	西澤道祐

発行所　株式会社 誠信書房
〒112-0012　東京都文京区大塚3-20-6
電話　03 (3946) 5666
http://www.seishinshobo.co.jp/

あづま堂印刷　協栄製本
検印省略　　落丁・乱丁本はお取り替えいたします
ISBN978-4-414-41624-4　C3011　　Printed in Japan

学校臨床に役立つ精神分析

平井正三・上田順一 編

子どものその後の人生を左右する学校現場を読み解き，児童生徒を見守り理解するうえで精神分析の考え方がどのように活かされ役立つかを豊富な実践例を通して紹介する。

目次

第１章　学校現場で役に立つ精神分析
第２章　学校現場における心理職の専門性
第３章　特別支援教育の基礎知識
第４章　スクールカウンセリングに精神分析的観点を利用する
第５章　教室にいる発達障害のある子どもと教員を支援する
第６章　中学校における精神分析的志向性を持つカウンセリングの意義
第７章　高校生の分離を巡る葛藤と家庭環境
第８章　高校の統廃合という現代的事象とそこで惹起されるもの
第９章　高校における「いじめ」と関わる
第10章　教職員チームへの支援
第11章　学校現場に精神分析的観点を育む

A5判並製　定価(本体2500円＋税)

対象関係論に学ぶ心理療法入門

こころを使った日常臨床のために

祖父江典人 著

さまざまな臨床現場で日常臨床に勤しむ一般の臨床家に向けて，対象関係論の技法が身につき，それを現場で実践できるよう噛み砕いて書かれた入門書。

主要目次

序章　こころを使った日常臨床の意義
第一章　対象関係論の特色
　第一節　一者心理学から二者心理学へ
　第二節　抑圧から排除への時代的変化 / 他
第二章　対象関係論における見立ての仕方
　　　――「ハード面」と「ソフト面」
　第一節　見立てにおけるハード面
　第二節　見立てにおけるソフト面
第三章　こころの動き方を知る
　第一節　情動・思考の動き方を知る
　第二節　情動・思考の動き方の四系列 / 他
第四章　見立てから面接方針へ
　第一節　見立てをまとめる視点
　第二節　面接方針を立てる / 他
補遺　こころの痛みと防衛機制

A5判並製　定価(本体3200円＋税)